Quant 퀀트의정석

**현직 퀀트
트레이더**가
알려주는
퀀트 투자를 위한
7가지 빌딩블록

Quant 퀀트의정석

지은이 김성진(퀀트대디) **1판 1쇄 발행일** 2023년 2월 10일

펴낸이 임성춘 **펴낸곳** 로드북 **편집** 홍원규 **디자인** 이호용(표지), 심용희(본문)

주소 서울시 동작구 동작대로 11길 96-5 401호

출판 등록 제 25100-2017-000015호(2011년 3월 22일) **전화** 02)874-7883 **팩스** 02)6280-6901

정가 23,000원 **ISBN** 979-11-978880-8-3 93320

이메일 chief@roadbook.co.kr **블로그** www.roadbook.co.kr

퀀트의 정석

Quant

추천사

몇 년 전부터 국내에서 가장 흥미로운 퀀트 블로거 중 한 명이 '퀀트 대디'로 잘 알려진 'Antifragile Domain' 블로그의 주인장이자, 이 책의 저자인 김성진 작가라는 생각을 했다.

그의 블로그를 읽어본 사람들이라면 그 이유에 공감하리라 생각한다. 퀀트에 대한 쉼 없는 열정과 그로 인한 박학다식은 물론, 인문학적인 비유들을 섞어 퀀트를 풀어내는 능력이 탁월했기 때문이다. 더욱이 다루고 있는 내용이 퀀트 애호가의 수준을 아득하게 뛰어넘어, 현업에서 일하고 있는 신성이라는 확신이 들었다. 초기에는 이 블로그 주인의 정체가 공개되지 않아 누군지 궁금했으나, 운 좋게 몇 년 전 기회가 되어 지금은 김성진 작가의 운용 성취 등을 직접 확인할 수 있는 인연이 되었다.

김성진 작가는 보기 드물게 증권사 프랍 (자기 자본 운용 부서) 현업에서 광범위한 글로벌 자산들을 운용하며 퀀트를 실무에서 성공적으로 접목하고 있어 얼마나 반가웠는지 모른다. 실제 우리나라의 자기 자본 운용 부서에서는 십수 년간 퀀트를 접목하기 위한 시도들이 있어왔지만 여러 이유로 주목할만한 성공사례를 많이 만들지 못했다. 다만 이런 성과가 나온 이후 결과론적으로 본다면, 탄탄한 지식과 실력을 토대로 운때를 맞이한 세대가 없었기 때문은 아니었을까 싶다.

이 책은 계량적이고 과학적으로 투자를 접근하는 소위 '퀀트'라는 영역에 대해 포괄적인 그림을 그려주는 책이다. 쉽고 간결하게 쓰여있으나, 퀀트에 필요한 요소들을 모두 포괄하기 위한 노력을 하였다. 다시 말해, 빠짐없이 퀀트 내용을 모두 다루고 있다는 점이 특징이다. 그리고 그 핵심에는 팩터factor, 즉 요소를 분해하고 분석하는 팩터 모델링의 내용이 있다. 또한 이 책은 퀀트를 처음 접하는 분들에게 길라잡이가 되기 위한 목적을 훌륭히 수행하고 있다. 책과 블로그에 빼곡히 담겨있는 참고도서들을 읽어보며 이후 스스로 지식의 깊이를 더해나가면 좋을 것 같다. 여기에는 필자도 개인적으로 좋아하는 책들이 포함되어 있을 뿐만 아니라 대단히 방대한 서적들의 내용을 잘 정리해놨는데, 이로 말미암아 퀀트에 대한 작가의 열정을 가히 느낄 수 있었다.

찰리 멍거의 정신적 격자모델로부터 큰 영향을 받은 작가는 어려운 내용들 사이에 인문학적 고민들을 심심치 않게 잘 섞어내고 있다. 그 내용들이 심오하여 실제로 작가에게 더 많은 내용을 묻고 싶은 호기심이 계속 생겨났다. 애초에 인문학적 내용과의 융합이 이 책의 접근성을 높이고 있는 것 같다. 마치 금융공학 전공자가 아니어도 얼마든지 환영한다는 부드러운 느낌이다.

최근에 한국퀀트협회(KQA)의 협회장을 맡게 된 필자 역시 평소에도 많은 고민을 하고 있는 부분은, 어쩌면 퀀트의 이점들을 일반 대중에게 널리 알릴까 하는 것이다. 퀀트라는 것은 얼핏 보면 딱딱한 주제 같지만,

사실 합리적 사고를 추구하는 대한민국의 중산층들에게 그 무엇보다 속시원한 답을 주는 이상적이면서도 현실적인 투자 방법론이다. 복잡한 공학을 이해할 필요는 없지만, 그 기저에 있는 핵심 원칙들과 철학들에 공감할 수 있다면 인생을 변화시킬 투자 기회들을 찾고 활용하는 데 큰 도움이 될 것이다. 또한 그런 원칙들이 되려 눈치게임에 가까운 금융 전문가들의 복잡하고 파편적인 주장보다 훨씬 더 공감이 많이 가리라 생각한다. 그런 의미에서 이 책은 퀀트라는 합리적 사고 방법에 대한 훌륭한 입문 과정을 충실히 제공하고 있다.

이 책에도 등장하고 있는, 필자 또한 숭배하며 좋아하는 격언 중 하나는 바로 경영학의 아버지 피터 드러커가 말한 '측정할 수 없는 것은 관리할 수 없다'는 말이다. 물론 측정할 수 있다고 모두 관리가 된다는 뜻은 아니며 측정은 단지 시작일 뿐이다. 그러나 측정하지 않으면 모든 것이 눈치싸움이 되고, 정치판이 되기 쉽다는 것을 사회생활을 해본 분들은 뼈저리게 느끼리라 생각한다. 투자의 세계에서 측정되지 않는 것은 미신의 영역이 되기 쉽다. 복잡하기 이를 데 없는 현상일수록 우리는 우리의 직관만으로는 그 기저 원리를 영영 이해하지 못 할 가능성이 높은데, 금융시장이야말로 그중 가장 대표적인 것이다. 그렇기에 우리는 측정을 통해 우리의 직관을 되려 더 잘 활용할 수 있다고 생각한다.

또 한 가지 중요한 격언을 꼽자면 조지 박스의 '모든 모델은 틀렸다, 그러나 몇몇 모델은 유용하다'는 말이다. 퀀트나 데이터 과학, 인공지능에 대한 회의적인 입장에서는 '모델을 어떻게 믿을 수 있느냐?'라고 반문한다. 하지만 누구나 자신만의 모델을 통해 세상을 바라보고 있다는 것을 인식하고, 각각의 사고 체계가 각자 나름대로의 결함이 있다는 것을 겸허히 받아들인다면 퀀트를 논하기가 쉬워질 것이다. 결국 애초에 모든 모델은 틀렸다. 다만 오늘보다 더 나은 내일을 추구하듯이 유용한 모델을 끊임없이 찾아나가는 것이야말로 제대로 된 우리의 학습 과정이 아닐까 한다. 다시 말해, 컴퓨터로 데이터를 분석한 모델이라는 것을 100% 신뢰할 수 있는지에 대한 지나친 논쟁은 할 필요가 없다는 뜻으로 이해해주시면 좋겠다. 그보다는 유용한 모델을 찾기 위해 조금이라도 시간을 할애하는 것이 더 중요하지 않을까 한다. 투자에서든, 인생에서든 말이다.

이 책은 이러한 맥락에서 볼 때 겸허하고 중립적이며 실용적이다. 그 가치를 오롯이 이해해주신다면 좋겠다.

두물머리 CEO
천영록

프롤로그

"퀀트에 관심은 있는데 어디서부터 어떻게 시작을 해야 할까요?"

퀀트 투사에 관심있는 분들이 자수 물어보는 질문이다. 또한 이 질문은 내가 처음 퀀트라는 것에 관심을 가지게 되었을 때 했던 질문이기도 하다. 나는 현재 제도권 금융에서 퀀트 트레이딩을 업으로 삼고 있지만, 누구에게나 처음인 시절이 있듯, 나 또한 퀀트가 처음인 시절이 있었다. 이 책은 그때 그 처음의 경험과 느낌을 되살려 퀀트의 처음을 준비하고자 하는 분들을 위해 쓴 일종의 가이드북이다.

일반적으로 퀀트 투자라고 하면 수학과 프로그래밍에 능통한 이공계열 출신들만의 영역이라고 생각하는 경향이 있다. 그렇기 때문에 설사 퀀트에 관심이 있다고 해도 지레 겁을 먹는 경우가 있는데, 이러한 생각은 사실 퀀트에 대한 오해에 불과하다. 물론 퀀트 투자를 위해서는 어느 정도의 수학과 프로그래밍 지식이 필요한 것은 사실이지만, 이것들은 퀀트 투자를 위한 필요조건이지 절대로 충분조건이 될 수는 없다. 정작 더 중요한 것은 퀀트 투자라는 시스템의 본질을 파악하는 것이다. 아무리 좋은 스킬을 가지고 있어도 본질을 꿰뚫어 볼 수 있는 안목이 없다면 그 스킬을 제대로 활용할 수가 없다. 따라서 이 책은 미적분도 제대로 모르던 상경계열

문과 출신인 내가 퀀트 트레이딩을 배우고 익히며 알게 된 퀀트 투자의 본질과 그 구조를 인문학적 감성으로 풀어낸 퀀트 에세이자, 퀀트 투자의 기본 구조를 알려주는 개론서다.

앞서 말했듯이 퀀트 투자를 위해 가장 먼저 필요한 것은 수학도 코딩도 아닌 바로 퀀트 투자라는 시스템의 본질을 이해하는 것이다. 이것이 전제되어야만 그 이후에 세부적인 지식들을 습득하는 것이 의미가 있다. 돌이켜 생각해보면 나는 퀀트를 학습하는 과정 내내 굉장히 많은 시행착오와 실수들을 경험했다. 속된 말로 '맨땅에 헤딩'하는 식으로 덤벼들었던 것이다. 그런데 왜 이렇게 비효율적으로 공부를 했는가를 이제와서 돌이켜보면 결국 그때는 이 본질을 파악하려 하지 않고 오직 기교, 즉 테크닉적인 부분에만 집중하려 했기 때문이다. 시중에는 이미 퀀트에 관한 여러 좋은 책이 있지만, 퀀트 투자에 대한 또 하나의 책을 내기로 결심한 이유는 결국 이 본질의 중요성을 이야기하고 싶었기 때문이다.

이 책은 향후 퀀트를 공부하고자 하는 분들이 나와 같은 시행착오를 겪지 않고 좀 더 빠르고 효율적으로 학습을 하면 좋겠다는 생각에 나온 책이다. 그렇기에 이 책은 퀀트 투자라는 시스템을 온전히 이해한 후 비로소 우리에게 필요한 도구들, 즉 퀀트 투자를 위한 각각의 빌딩블록들을 제시한다. 다시 말해, 나무보다는 숲을 먼저 전체적으로 바라보고자 하는 것이다. 결국 이 책은 퀀트 투자라는 시스템을 머릿속에 직관적으로 스케치할 수 있도록 돕기 위한 책이며, 퀀트 학습을 위한 로드맵이다.

대상 독자

이 책은 크게 세 부류의 독자를 모시고자 한다.

첫 번째는 퀀트 투자에 관심이 있는 일반인이다. 최근 개인투자자들 사이에서도 퀀트 투자에 대한 관심이 매우 지대하다. 심지어 최근에는 전문가 수준의 퀀트 방법론을 구사하시는 개인투자자분들도 종종 찾아볼 수 있을 정도다. 그만큼 한국의 개인투자자들 또한 해를 거듭할수록 계속해서 스마트해지고 있다는 것을 알 수 있다. 개인적으로는 이러한 투자문화가 올바른 방향으로 서서히 정착되어 가고 있는 과정이라고 생각한다. 개인투자자의 입장에서 볼 때 뇌동매매(雷同賣買)가 아닌 합리적이고 논리적인 방식의 투자는 장기적이고 안정적으로 자산을 불려갈 수 있는 최적의 방법이기 때문이다. 이 책은 개인투자자들 또한 퀀트 투자 시스템의 본질을 좀 더 쉽게 이해할 수 있도록 가능한 어려운 수식과 코드는 배제하고자 노력하였다. 이 책을 통해 퀀트 투자라는 것에 흥미를 느끼게 된다면 이후 좀 더 테크니컬한 내용을 담고 있는 책들을 찾아가면서 DIY 퀀트가 되어 보는 것을 추천한다. 앞으로 개인투자자가 스스로 퀀트 투자를 직접해 볼 수 있는 플랫폼이나 상품들은 더 다양해질 것이고, 이 시장은 해가 갈수록 자연스럽게 더 커질 것이 분명하기 때문이다.

두 번째는 바로 제도권 퀀트로 커리어 방향을 잡은 학생들이다. 퀀트를 목표로 하는 학생들이 가지고 있는 가장 큰 애로사항은 바로 퀀트 커리어를 준비하기 위한 커리큘럼 자체가 존재하지 않기에 어떻게 공부를 해야할지 막막하다는 것이다. 그도 그럴 것이 퀀트에게 요구되는 지식 스펙트럼은 단순히 단일 전공으로 커버할 수 있는 것이 아닌 매우 넓은 영역들에 발을 걸치고 있다. 가령 퀀트가 하는 일은 금융 데이터 분석에 기반한 투자 의사결정이기에 퀀트는 수학과 프로그래밍을 소화할 수 있어야 할 뿐만 아니라 분석의 대상인 금융시장 자체에 대한 도메인 지식까지도 필요로 한다. 더불어 퀀트는 계량적 방법론이라는 도구를 사용한다 뿐이지 결국은 다른 투자자들과 마찬가지로 투자 의사결정을 내린다는 것은 동일하기에 본질적으로 인간, 그리고 인간이 창조해낸 시장에 대한 이해가 필수적이다. 금융시장에서 발생하는 패턴이라는 것도 사실은 다양한 인간 군상들에 의한 상호작용의 과정 속에서 만들어진 현상이기 때문이다. 따라서 패턴 발생의 근본적인 원인을 추적하는 것은 인간을 조금 더 깊게 탐구하고자 하는 시도다. 그렇기 때문에 퀀트는 수학과 컴퓨터 과학 같은 지식뿐만 아니라 철학, 인문, 역사, 예술 등과 같은 다방면의 지식이 필요하다. 이러한 지식들은 코어 근육처럼 겉으로는 잘 드러나지 않지만 단단한 내공을 길러준다. 따라서 이러한 퀀트의 지식 스펙트럼은 마치 찰리 멍거(Charles Thomas Munger)가 제시한 정신적 격자모델을 연상시킨다. 결국 퀀트는 다양한 분야의 지식들을 씨실 날실로 켜켜이 엮어 자신만의 고유한 지식 격자 모델을 완성해나가고자 하는 사람들이다. 만약 퀀트 커리어를 염두에 두고 있는 학생이라면 이 책을 통해 제도권 퀀트에게 필요한 지식체계가 무엇인지 파악할 수 있으며, 나아가 자신만의 지식 격자 모델을 만들어가기 위한 학습 플랜을 만들어 실천해볼 수 있다.

마지막은 이미 제도권 금융에서 종사하고 있지만 퀀트에 대해 좀 더 공부하고 싶고, 또 이쪽으로의 비즈니스 기회를 확장하고 싶은 실무자다. 최근 금융투자업 비즈니스의 전반적인 트렌드를 한 마디로 정리하자면

'액티브 투자의 쇠퇴와 패시브 투자의 영역 확장'[1]이라고 할 수 있다. 이러한 트렌드의 주요 원인은 바로 전통적인 액티브 펀드의 지속적인 성과 부진이다. 액티브 펀드란 우리가 일반적으로 생각할 수 있는 포트폴리오 매니저의 통찰력에 기반해 투자 의사결정이 이루어지는 펀드를 의미한다. 문제는 수수료가 높은데도 액티브 펀드의 성과가 좋지 못하다는 것이다. 그렇기 때문에 투자자들은 액티브 펀드의 효용성이 떨어진다는 것을 절감하고 있고, 이에 따라 글로벌 투자자금은 단순히 시장을 추종하거나 혹은 철저히 규칙에 기반해 운용되는 패시브 투자로 옮겨가고 있는 상황이다. 또한 설사 액티브 투자의 요소가 필요하다고 해도 최근에는 이것을 오히려 패시브 투자 상품에 녹여낸 액티브 ETF나 스마트베타 ETF 같은 상품들이 매니저 기반의 액티브 펀드를 속속들이 대체하고 있는 상황이다. 이러한 금융투자업계의 흐름은 최근 10년간 지속되어 왔으며 앞으로도 이러한 흐름이 이어질 가능성은 농후하다고 볼 수 있다. 더불어 현재 글로벌 탑 헤지펀드 중 절반 이상이 퀀트 펀드이며 이들이 지속적으로 뛰어난 성과를 내고 있다는 점은 많은 투자자가 퀀트 투자라는 방법론을 새로운 시선으로 바라보게끔 만들었다. 다시 말해 퀀트 투자라는 방법론은 이미 글로벌 금융 시장에서 하나의 주류로 자리잡았다. 이처럼 데이터에 기반한 객관적이고 합리적인 투자를 지향하는 퀀트 투자는 앞으로도 금융 시

---

1 • 액티브 투자(Active Investment): 펀드매니저 등 전문가가 개별 종목의 강점과 약점을 분석, 선별적으로 주식을 사고파는 투자 방식이다. 시장 평균을 웃도는 수익률을 내는 게 목표다. 패시브 상품에 비해 운용 비용이 많이 든다.
　• 패시브 투자(Passive Investment): 코스피 200 등 주요 지수의 등락에 따라 기계적으로 편입된 종목을 사고파는 투자 방식이다. 시장 평균 수익률을 올리는 것을 목표로 한다. 액티브 투자에 비해 비용이 덜 든다. 상장지수펀드(ETF), 인덱스펀드 등이 대표적이다. (출처: 한경 경제용어사전)

장의 주요 플레이어로서 그 포지션을 공고히 해나갈 것으로 보인다. 따라서 이 책의 마지막 목표는 이러한 새로운 금융 비즈니스 트렌드 속에서 새로운 투자상품을 만들거나 새로운 투자전략을 만들어내기 위해 밤낮없이 고군분투하고 있는 실무자분들께 조금이나마 보탬이 되는 것이다.

이 책의 구조

이 책은 퀀트 투자라는 하나의 프레임워크를 직관적으로 이해할 수 있도록 돕는 일종의 개론서다. 따라서 이 책은 수식이나 코드 같은 테크닉적인 요소들을 최대한 배제하기 위해 노력했으며, 일반적으로 '퀀트'하면 떠오르는 그런 테크닉적인 요소보다는 퀀트 투자의 본질에 좀 더 집중하고 있다.

이 책의 구조에 대해 간단히 설명하자면 이 책은 프롤로그와 에필로그를 제외한 총 8개의 장으로 구성되어 있다. 1장에서는 퀀트 투자의 본질과 그 방향성에 대해서 이야기한다. 퀀트 투자를 한마디로 표현하자면 결국 팩터 포트폴리오 운용이다. 1장에서는 팩터 포트폴리오가 무엇인지 설명하며 결국 퀀트가 팩터 포트폴리오 운용을 통해 달성하고자 하는 궁극적인 지향점이 무엇인지 제시한다.

1장이 중요한 이유는 퀀트의 목적과 본질을 바로 이해해야만 비로소 이를 위해 필요한 것들이 무엇인지를 알 수 있기 때문이다. 항상 모든 동기 부여는 'Why?'에서 출발하는 법이다.

1장에서 퀀트 투자가 무엇인지 그리고 이것이 어떤 목표를 추구하는지를 이야기했다면 2장부터 8장까지는 퀀트 투자를 위한 각각의 빌딩블록들을 하나씩 소개하고 있다. 각 장은 하나의 독립된 주제로서 퀀트 투자를 위한 개별적인 빌딩블록이지만 전체적으로는 순서에 따라 이러한 빌딩블록이 층층이 쌓여가는 적층 방식으로 구성되어 있다. 물론 이러한 순서가 절대적인 것은 아니나 경험상 앞의 내용을 알고 있는 경우에는 그렇지 않은 경우보다 뒤의 내용에 대한 이해도가 훨씬 더 높아진다. 각 장에서는 각각의 주제에 대해 소개하고 이것들이 퀀트 투자라는 전체 시스템 상에서 어디에 위치해있으며 왜 필요한지 그리고 과연 이것들이 어떻게 사용되고 있는가를 상세하게 서술한다.

또한 이 책은 퀀트 투자를 위한 자기계발서이기에, 향후 자신만의 퀀트 투자 시스템을 만들고자 하는 독자들을 위해 도움이 될 만한 참고문헌과 추천도서를 리스트 형태로 정리해두었다. 퀀트 투자를 어떻게 공부해야 할지 막막하다면, 이 책에 있는 참고문헌과 추천도서 리스트를 활용하여 나만의 학습 계획을 세워 실천해보는 것도 좋을 것 같다. 혹은 만약 주변에 뜻이 맞는 사람들이 있다면 해당 자료를 가지고 스터디를 하고 논의를 해보며 서로 성장해가는 스터디 그룹을 만들어 운영해보는 것도 서로의 성장을 위한 좋은 방법이 될 수 있다. 남들에게 자신이 배운 지식을 설명하는 과정에서 자신의 지식 수준은 한층 더 높아지기 때문이다.

감사의 글

퇴고하며 돌이켜보건대 만약 주변분들의 절실한 도움과 응원이 없었다면 이 책은 세상에 나올 수 없었을 것입니다. 우선 퀀트 투자라는 주제에 대해 관심을 가져주시고 이 책이 세상에 나올 수 있도록 먼저 흔쾌히 연락을 주신 로드북 출판사 임성춘 대표님께 감사의 말씀을 드립니다. 또한 책을 출간할 수 있도록 배려해 주신 하나증권 S&T그룹장 홍용재 부사장님, 하나증권 주식본부장 이상호 상무님, 글로벌마켓운용실 이동혁 실장님께도 감사의 인사를 전합니다. 그리고 흔쾌히 책을 리뷰해주시고 추천사를 써주신 두물머리 천영록 대표님, QRAFT 오기석 법인장님, KB증권 김진 이사님, NICE P&I 홍창수 박사님, 유안타증권 홍용찬 과장님, 그리고 강환국 작가님께도 에둘러 감사하다는 말씀을 전하고 싶습니다.

마지막으로 항상 묵묵히 저를 응원해주시는 부모님, 힘든 내색 하나 하지 않고 책이 나올 수 있도록 항상 곁에서 탄탄한 내조를 해준 내조의 여신 사랑하는 아내 송이, 그리고 건강하게 무럭무럭 자라나주고 있는 우리 집의 귀한 보물 로은이에게도 무한한 감사와 사랑의 마음을 전합니다.

2023년 2월
김성진(퀀트대디)

차례

2장 심리와 메타인지

5장 팩터 모델링

6장 시스템 구현

7장 금융공학

8장 금융 머신러닝

1장

퀀트와 팩터 포트폴리오

퀀트 투자의 목적은 무엇이며, 퀀트는 과연 어떠한 형태의 투자 시스템을 만들고자 하는 것일까? 또 퀀트 투자 시스템이 가지고 있는 특징과 위험성은 무엇이며, 사람들은 퀀트 투자에 대해 어떤 오해를 가지고 있을까? 퀀트 투자라는 시스템의 내부로 들어가 세부적인 요소들을 파악하기 전에 가장 먼저 해야할 것은 바로 거시적이고 종합적인 관점에서 퀀트 투자를 바라보는 것이다. 마치 나무보다는 숲을 볼 줄 아는 안목이 필요한 것처럼 말이다. 이 장에서는 퀀트 투자의 빌딩블록들을 살펴보기에 앞서 퀀트 투자가 궁극적으로 만들고자 하는 팩터 포트폴리오에 대한 기본적인 개념을 개괄적으로 이해한다.

1.1 퀀트 투자의 목표

　퀀트 투자의 목표는 무엇인가? 다시 말해 퀀트 투자로 이루고 싶어하는 것은 무엇이고 이를 위해 어떤 시스템을 만들려고 하는 걸까? 퀀트 투자의 목표를 한마디로 정의하자면 '어떠한 시장 상황에서도 지속적이고 안정적으로 수익을 창출할 수 있는 투자 시스템을 만드는 것'이라고 할 수 있다. 쉽게 말하자면, 항상 돈을 버는 시스템을 만드는 것이다. 시장 상황에 상관없이 항상 돈을 벌 수 있다니, 말만 들어도 짜릿하다. 이는 마치 우리 집 앞마당에 매일 돈이 열리는 나무가 심어져 있는 셈이 아닌가.

　퀀트는 이러한 목표를 위해 팩터 포트폴리오를 만들어야 한다. 즉, 팩터 포트폴리오는 퀀트 투자의 목표를 이루어줄 수단인 셈이다. 퀀트는 팩터 포트폴리오를 운용함으로써 지속적이고 안정적인 수익을 창출할 수 있다.

그렇다면 과연 팩터 포트폴리오란 무엇이며, 이것이 전통적인 개념의 포트폴리오와는 어떻게 다른 것일까? 퀀트 투자를 처음 접하는 사람에게 있어 팩터라는 단어는 매우 생소하다. 팩터라는 것이 익숙하지 않기에 팩터 포트폴리오라는 것의 의미 또한 아직까지는 직관적으로 와닿지 않는다. 과연 팩터는 무엇이고 팩터 포트폴리오는 무엇일까? 퀀트 투자의 수단인 팩터 포트폴리오를 이해하려면 우리는 먼저 팩터가 무엇인지 그 정의를 살펴볼 필요가 있다.

1.1.1 팩터, 그게 뭐지

우선 퀀트 투자를 이해하기 위해서는 퀀트들이 말하는 팩터라는 것을 이해해야 한다. 팩터 포트폴리오를 구성하는 가장 기초적인 구성요소가 바로 이 팩터이기 때문이다. 따라서 이 팩터라는 것은 레고 블록과도 같다. 레고 블록들을 조립하여 마침내 하나의 완성된 결과물을 만들 수 있는 것처럼 퀀트는 팩터들을 서로 결합하여 자신만의 팩터 포트폴리오를 만든다.

영어사전에서 '팩터Factor'라는 것의 사전적 의미를 찾아보면 팩터는 '요인'이라고 해석된다. 그렇다면 퀀트 투자에서 말하는 요인이란 도대체 무엇을 의미하는가? 퀀트 영역에서의 요인은 바로 '금융시장에서 수익의 원천이 되는 어떠한 원인 혹은 변수'를 의미한다. 다시 말해, 금융시장에서 돈이 될 만한 아이디어 그 자체가 바로 팩터인 것이다. 따라서 이러한 팩터를 정의하고 만드는 데에는 한계가 없다. 돈이 될 만한 모든 아이디어가 바로 팩터이기 때문이다.

가령 아침에 일어났는데 날씨가 좋으면 그날의 증시가 상승하고 반대로 날씨가 흐리다면 증시가 하락하는 규칙이 존재한다고 해보자. 물론 이 규칙은 현실 세계에는 존재하지 않는 가상의 규칙이다. 그런데 이런 규칙이 실제로 존재한다면 우리는 매우 간단하게 돈을 벌 수 있다. 왜냐하면 아침에 일어나서 오늘의 날씨를 확인한 다음, 날씨가 좋으면 주식을 사고 날씨가 흐리다면 아무것도 하지 않으면 되기 때문이다.

매우 비현실적인 아이디어를 예시로 들었지만 팩터라는 것은 이처럼 시장에서 돈을 벌 수 있는 규칙, 그 이상도 이하도 아니다. 문제는 이렇게 돈이 될 만한 규칙을 찾는 것이 쉽지 않다는 점이다. 이러한 규칙들은 시장에 꼭꼭 숨겨져 있다. 퀀트가 해야할 일은 이처럼 숨겨진 규칙을 찾기 위해 금융 데이터를 수집하고 분석하는 것이다. 퀀트는 데이터 분석을 통해 금융시장에서 돈이 될 만한 투자 아이디어를 찾아내고 또 이를 활용하여 실제로 수익을 창출해낸다.

더불어 퀀트의 아이디어는 객관적인 수치로 계량화시킬 수 있어야 한다. 따라서 퀀트 투자의 본질은 투자 아이디어의 계량화다. 그렇기에 사실 퀀트 투자는 전통적 투자 방식과 크게 다르지 않다. 다만 전통적 투자 방식과 달리 퀀트 투자는 전통적 투자 방식이 가지고 있는 투자 아이디어와 논리를 철저히 계량화시켜 투자 의사결정을 내린다. 실제로 많은 팩터는 단순히 전통적 투자 아이디어를 수치적 모델로 변환시킨 경우가 많다. 결국 금융시장을 설명하는 메커니즘을 찾으려는 노력은 전통적 방식의 투자나 퀀트 투자나 모두 동일하다.

그렇다면 과연 좋은 팩터란 무엇인가? 통상적으로 좋은 팩터는 크게 두 가지의 특징이 있다. 우선 좋은 팩터는 장기적으로 수익을 가져다준다. 퀀트는 이를 "양(+)의 프리미엄이 있다"라고 표현한다. 당연히 좋은 팩터는 과거에 좋은 성과를 보여주었어야 한다. 결국 팩터를 발굴하고 여기에 투자를 하는 이유는 돈을 벌기 위해서이기 때문이다.

다음으로, 좋은 팩터가 되려면 그 수익의 원천이 합리적인 경제 논리에 기반하고 있어야 한다. 팩터라는 것은 인과성이 존재하는 메커니즘이다. 따라서 좋은 팩터는 그 기저에 설득력 있는 인과관계 메커니즘이 자리하고 있어야 한다. 팩터에 합리적인 경제 논리가 존재하지 않는다면 그것은 단순히 과거 데이터를 고문하여 얻어낸 거짓 발견에 불과할 확률이 매우 높다. 다시 말해, 단순히 우연의 일치에 의해 과거 기간에만 기가 막히게 들어맞았던 과최적화의 산물일 가능성이 높은 것이다. 이러한 과최적화는 퀀트가 항상 경계해야 할 사항이다. 역사의 뒤안길로 사라진 대부분의 퀀트 펀드들은 이러한 과최적화의 결과를 실제 의미있는 팩터라고 착각하여 비판적 자세 없이 그대로 사용했던 경우가 많다. 따라서 좋은 팩터는 언제나 이 아이디어가 왜 수익을 가져다줄 수 있는지를 논리적으로 설명할 수 있어야 한다.

1.1.2 팩터의 결합, 팩터 포트폴리오

퀀트 투자의 최소 단위인 팩터를 이해했다면 퀀트가 궁극적으로 만들어내고자 하는 결과물인 팩터 포트폴리오를 이해하는 것 또한 어렵지 않다.

투자 세계에서 포트폴리오란 다양한 성질을 지니고 있는 자산들을 한데 모아 투자하는 것을 의미한다. 이러한 포트폴리오를 만들어 투자를 하는 이유는 바로 분산투자의 효과를 누리기 위해서다. "모든 계란을 한 바구니에 담지 말아라"라는 격언처럼 자금을 여러 곳에 분산투자하면 손실의 위험을 줄이고 포트폴리오의 안정성을 확보할 수 있다. 포트폴리오를 운용하는 목적은 바로 여기에 있다.

그렇다면 팩터 포트폴리오란 무엇인가? 팩터 포트폴리오를 이해하기 위해서는 앞서 언급한 자산이라는 단어를 팩터라는 단어로 치환해주기만 하면 된다. 즉, 팩터 포트폴리오란 다양한 성질을 지니고 있는 팩터들을 포트폴리오로 구성하여 투자하는 것을 의미한다. 전통적인 자산배분에서는 단순히 어떤 자산들에 자신의 투자자금을 분산투자할 것인가에 대해서만 골몰했었다. 배분의 대상이 되는 것은 자산 그 자체였던 것이다. 그렇기 때문에 전통적인 자산배분 포트폴리오 관점에서는 투자 목표와 시장 상황에 따라 투자자금을 주식, 채권 등에 쪼개어 투자하기만 하면 됐었다.

하지만 이러한 전통적 자산배분은 2008년 글로벌 금융위기를 기점으로 그 효력이 점점 시들어가기 시작했다. 그 이유는 낮은 상관관계를 유지해오던 여러 자산들의 상관성이 글로벌 금융위기가 발발하면서 급격하게 높아졌기 때문이다. 투자에서 상관계수는 매우 중요한 요소다. 분산투자의 효과는 바로 낮은 상관계수의 결과이기 때문이다. 포트폴리오를 구축하는 목적은 결국 상관관계가 낮은 자산들을 하나의 포트폴리오에 편입시켜 전체 포트폴리오의 안정성을 높이는 것인데, 만약 글로벌 금융위기와 같은 블랙스완 이벤트[1]가 시장을 강타하게 되면 이러한 낮은 상관관계 구조는 깨져버리게 된다. 다시 말해, 사람들이 일순간 공포에 빠지게 되면 전 자산군의 투매가 발생하게 되고 이는 자산배분 포트폴리오의 급격한 손실로 이어진다.

실제로 글로벌 금융위기가 발생하고 포트폴리오에 대한 패러다임이 바뀌면서 글로벌 투자회사들은 본격적으로 팩터 연구에 매진하기 시작했다. 자산의 이면에 숨어있어 잘 보이지는 않지만 금융시장 움직임의 원인을 규명할 수 있는 팩터라는 것에 비로소 관심을 가지기 시작한 것이다. 비유하자면 이제 투자자들은 식품포장지의 뒷면을 들춰보며 영양성분표를 챙겨보기 시작한 것이다. 자산이라는 식품보다 팩터라는 영양소가 투자 수익의 더 본질적인 부분을 잘 설명해줄 수 있기 때문이었다. 따라서 글로벌 금융위기는 기존의 자산배분에서 팩터배분으로의 대전환을 야기했다고 해도 과언이 아닌 사건이었다. 퀀트들은 이후 어떻게 하면 조금 더 좋은 팩터, 조금 더 나은 팩터 포트폴리오를 구현할 수 있을지 연구를 이어나갔다. 글로벌 투자은행들과 헤지펀드들이 발간한 팩터에 관한 주요 리서치 자료들이 글로벌 금융위기 직후인 2010년대 초에 대부분 발간되었다는 사실은 이를 반증한다.

---

1 금융시장을 뒤흔들 수 있는 예상치 못한 큰 사건이다.

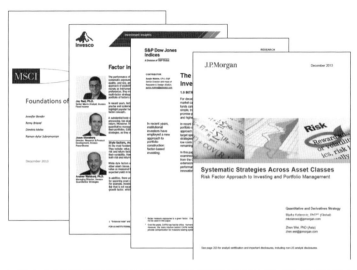

[그림 1-1] 글로벌 투자은행들과 헤지펀드들이 발간한 팩터에 관한 주요 리서치 자료

1.1.3 왜 팩터 포트폴리오인가

그렇다면 왜 퀀트는 단일 팩터에 투자를 하는 것이 아니라 팩터들을 결합하여 팩터 포트폴리오를 만들려고 하는 것일까? 그 이유는 어떠한 단일한 팩터도 절대 완벽하지 않기 때문이다. 각각의 팩터는 결국 금융시장의 한 단면만을 설명할 수 있는 불완전한 존재다. 그렇기 때문에 무적불패의 단일한 팩터는 결코 이 세상에 존재하지 않는다. 즉, 어떤 팩터도 그 효력은 영원하지 않다. 우리가 팩터를 사용하는 이유는 이 팩터의 효력이 미래에도 동일하게 혹은 어느 정도 유지될 것이라고 생각하기 때문이다. 하지만 우리는 미래에 이러한 효력이 지속될 수 있을지 아니면 불현듯 사라지고 말지를 절대로 알 수 없다.

퀀트가 팩터 포트폴리오를 만드는 이유는 다양한 팩터를 가지고 복잡한 금융시장을 좀 더 입체적으로 이해할 수 있는 안목을 기르고 다양한 시장 상황에서도 꾸준한 수익을 낼 수 있는 투자 시스템을 만들기 위해서다. 다시 한번 강조하지만 한 가지 팩터만으로 시장에서 지속적인 수익을 창출하겠다는 건, 마치 한 가지 과목만 공부해서 전교 1등이 되겠다는 것처럼 불가능한 일이다.

수익을 내기에 앞서 퀀트의 1차적인 목적은 다른 투자자들과 마찬가지로 금융시장에서 생존을 지속하는 것이다. 금융시장은 피도 눈물도 없는 정글이다. 이러한 정글에서 생존하기 위해서는 어떻게 해야 할까? 진화론에서는 생존을 위해 필요한 요소로써 다양성을 꼽는다. 환경이라는 것이 언제 바뀔지 또 어떻게 바뀔지 모르는 것이므로 종의 번식과 생존을 위해서는 필연적으로 돌연변이에 의한 개체 속성의 다양화가 필요한 것이다.

[그림 1-2] 찰리 멍거[2]

2 출처: 위키피디아

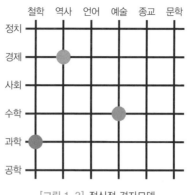

[그림 1-3] 정신적 격자모델

워런 버핏의 파트너이자 많은 투자자들의 멘토인 찰리 멍거는 정신적 격자모델이라는 아이디어를 통해 이러한 다양성의 중요성을 설파했다. 우리는 어떠한 모델도 세상을 정확하게 묘사할 수 없다는 것을 알고 있다. 모델은 세상을 좀 더 쉽게 이해할 수 있도록 도와주는 편리한 도구이지만, 이것은 동시에 세상의 단편만을 보여줄 뿐이다. 즉, 모든 모델에는 한계가 있다. 찰리 멍거는 그렇기 때문에 우리에게 정신적 격자모델이 필요하다고 주장한다. 정신적 격자모델을 통해 여러 분야의 지식들을 흡수하여 세상을 입체적이고 완전하게 바라볼 수 있는 안목을 길러야 한다는 것이다.

퀀트 투자 영역의 구루 중 한 명인 월드퀀트의 창업자, 이고르 툴친스키 또한 이러한 팩터 포트폴리오의 중요성을 그의 저작들을 통해 강조하고 있다. 특히나 퀀트 투자로 투자 업계의 거물이 된 그이기 때문에 왜 팩터 포트폴리오를 구축해야 하는지에 대한 그의 주장은 조금 더 설득력있게 다가온다.

[그림 1-4] 이고르 툴친스키[3]

이고르 툴친스키의 퀀트 투자 철학은 한 마디로 '탈규칙(UnRules)' 이다. 이 탈규칙이라는 단어는 그가 새롭게 만들어낸 용어다. 탈규칙이 의 미하는 바는 바로 세상에 존재하는 모든 규칙, 즉 모델은 정확하지 않으며 오직 단 하나의 규칙만이 부정할 수 없는 진리라는 것인데, 이 규칙은 바 로 "모든 규칙은 틀렸다"는 규칙이다. 그는 세상에 정말 무한한 수의 규칙 이 존재하지만 어떠한 규칙도 완벽할 수는 없기 때문에 탈규칙의 역설을 호소한다. 이러한 탈규칙의 개념은 미국의 전직 재무장관 로버트 루빈이 1999년 펜실베이니아대학 졸업식 연설에서 제시한 의사결정 4원칙 중 가장 첫 번째 원칙과도 일맥상통한다.

"세상에 확실한 것이 존재하지 않는다는 사실이야말로 세상에서 가 장 확실한 사실이다."

---

3   출처: World Economic Forum

찰리 멍거와 이고르 툴친스키의 이러한 생각들은 사실 칼 포퍼의 반증주의를 계승한 것이다. 오스트리아의 과학철학자 칼 포퍼는 모든 과학적 법칙은 진실이 될 수 없다고 주장했다. 그 이유는 미래에 오직 단 하나의 반례만 등장해도 우리가 지금까지 믿어왔던 법칙이 순식간에 폐기될 수 있기 때문이다. 검은 백조의 등장으로 인해 "세상의 모든 백조는 희다"라는 명제가 한순간에 폐기되었던 것처럼 말이다. 따라서 그는 어떠한 법칙도 절대적 진리가 될 수는 없다고 주장한다. 다시 말해, 모든 모델과 이론에는 항상 결함이 있을 수 있으며, 그렇기에 금융시장을 완벽하게 설명해내는 것은 불가능하다는 것이다. 물론 좋은 모델은 금융시장의 단면을

[그림 1-5] 세상의 모든 백조는 희다

꽤 잘 설명하고 있기에 각각의 모델은 그 나름대로의 가치가 있다. 따라서 우리가 해야 할 일은 이러한 좋은 모델들을 우리의 도구상자에 넣어 사용하되 그것을 맹신해서는 안 되며, 상황의 변화를 인지하고 어떤 상황이 오든 상황에 맞게 이것들을 잘 활용하여 문제를 해결하는 것이다.

이고르 툴친스키는 자신의 저서 〈초과수익을 찾아서〉에서 이러한 탈규칙에 기반해 퀀트 투자를 위한 세 가지 금언을 제시했다.

1. 가능한 한 많은 좋은 규칙을 마련할 필요가 있다.
2. 어떤 하나의 규칙도 완전히 신뢰할 수 없다.
3. 규칙을 동시에 사용하는 전략을 개발할 필요가 있다.

이 세 가지 금언은 팩터 포트폴리오의 정수를 정확히 묘사하고 있다고 해도 과언이 아니다.

우선 "가능한 한 많은 좋은 규칙을 마련할 필요가 있다"는 것은 최대한 많은 수의 팩터를 확보하는 것이 퀀트 투자에서는 필요하다는 것을 의미한다. 하지만 여기서 중요한 것은 좋은 팩터를 확보해야 한다는 것이다. 좋은 팩터란 합리적인 경제적 논리에 의해 설명이 되면서도 역사적으로 꾸준한 성과를 냈던 팩터를 의미한다. 많은 사람이 퀀트 투자를 하다 실패하는 이유는 논리에 대한 검증없이 단지 데이터 마이닝[4]을 통해 과거에 잘 먹혔던 팩터를 찾아내기에 급급하기 때문이다. 이렇게 데이터 마이닝

---

4 통계적 분석을 통해 데이터 상에서 유의미한 패턴을 찾으려는 시도다.

을 통해 팩터를 찾아내는 것은 매우 쉽다. 이미 발생한 과거 데이터를 계속해서 고문하다보면 그 데이터가 어느 순간 과거에 좋은 성과를 보여주었던 팩터를 알아서 갖다 바치기 때문이다. 하지만 이러한 팩터를 사용해 실제 투자를 하게 되면 거의 대부분은 좋지 못한 결과로 귀결된다. 이는 과거 데이터에만 특수적으로 해당되었던 우연의 일치일 확률이 높기 때문이다.

둘째, "어떤 하나의 규칙도 완전히 신뢰할 수 없다"는 그가 주장한 탈규칙을 묘사한다. 아무리 좋은 팩터라고 해도 언젠가 성과가 부진한 시기는 반드시 찾아온다. 팩터의 성과에도 사이클이 있다. 다시 말해 어떤 팩터가 승승장구를 하는 시기도 있는 반면, 반대로 계속해서 연전연패를 경험하는 구간도 온다는 것이다. 따라서 우리는 금융시장에서 하나의 팩터로만 승부를 걸어서는 절대 안 된다. 그렇기 때문에 이러한 사실은 자연스럽게 마지막 금언으로 이어진다.

마지막, "규칙을 동시에 사용하는 전략을 개발할 필요가 있다"는 바로 퀀트에게 팩터 포트폴리오가 필요함을 주지시키고 있다. 앞서 말했듯이 개별 팩터는 금융시장의 단편적인 부분만을 설명할 수 있을 뿐이다. 따라서 우리에게는 팩터 포트폴리오가 필요하다. 슈퍼히어로 혼자서는 세상을 구해낼 수 없다. 이를 위해서는 어벤저스가 필요한 법이다. 팩터 포트폴리오는 바로 이 어벤저스 군단이다. 각각의 팩터는 고유한 장단점을 가지고 있기에 이들을 구성하여 하나의 포트폴리오로 운용을 하게 되면 서로의 부족한 부분을 보완해줄 수 있고, 나아가 어떠한 시장 상황에서도 안정적인 수익을 창출할 수 있다. 팩터 포트폴리오가 필요한 것은 바로 이 때문이다.

1.2 팩터 포트폴리오, 퀀트의 퍼즐 맞추기 게임

팩터 포트폴리오 운용은 사실 퍼즐 맞추기 게임을 하는 것과 같다. 우리는 퍼즐 맞추기 게임에서 조각조각난 퍼즐들을 맞추어 완성해 하나의 작품을 만든다. 퀀트 투자의 영역에서 개별 팩터는 바로 하나하나의 퍼즐 조각이다. 이러한 퍼즐 조각들은 금융시장 곳곳에 숨겨져 있다. 퀀트는 이렇게 숨겨져 있는 퍼즐 조각들을 찾아 맞추고 마침내 자신만의 작품을 만들어 나가는 사람들이다.

[그림 1-6] 퍼즐 맞추기 게임

보통 우리는 퍼즐을 처음 시작할 때 가장 쉬운 부분, 그러니까 꼭지점 부분이나 모서리 부분의 퍼즐을 먼저 다 맞추고나서 점차 안쪽으로 들어온다. 사실 팩터를 찾는 것도 이와 비슷하다. 팩터를 찾아 연구하고 이것이 실제 투자로 이어지는 전 과정은 끊임없는 탐구와 개선의 연속이다. 따라서 처음에는 상대적으로 접근하기 쉬운 팩터를 먼저 공략하는 것이 좋다. 비교적 쉬운 팩터들을 계속해서 연구하고 살펴보면 어느새 불현듯 새로운 아이디어가 떠오르거나 조금 더 어려운 내용들을 학습할 수 있는 힘이 생기게 되는데 이러한 과정을 반복하다 보면 내가 상대하고 있는 팩터의 난이도도 자연스럽게 올라간다. 꼭지점과 모서리 부분의 퍼즐을 다 맞추었으니 이제는 조금 더 안쪽으로 들어와서 퍼즐 맞추기를 시작하는 것이다. 팩터 포트폴리오를 만드는 것은 결국 팩터라는 퍼즐 조각들을 찾아 퍼즐판에 끼워 넣어 마침내 자신만의 작품을 완성하는 것이다.

세계적인 전략컨설팅 회사인 〈맥킨지 앤 컴퍼니〉는 처음으로 MECE라는 개념을 세상에 선보였다. MECE는 Mutually Exclusive Collectively Exhaustive의 머리글자인데, 이를 한국말로 풀어쓴다면 '상호독립 및 전체포괄' 정도가 된다. 〈맥킨지 앤 컴퍼니〉가 제시한 이 MECE는 문제해결을 위한 사고 구조화의 도구다. 나열된 개념들이 서로 중복되지 않으면서 동시에 이것들이 합쳐졌을 때 전체를 구성한다면 우리는 문제를 보다 완벽하게 파악했다고 할 수 있기 때문이다.

그런데 사실 이 MECE라는 것은 퀀트 투자의 궁극적인 지향점이다. 다시 말해, 퀀트 투자의 이데아가 바로 MECE인 것이다. 퀀트 투자가 달성하고자 하는 목표는 바로 시장 상황과 무관하게 장기적으로 안정적인 수익을 꾸준히 창출할 수 있는 견고한 투자 시스템을 만드는 것이다. 그러기 위해서는 두 가지 절대적인 조건들이 필요한데, 그것이 바로 MECE에서 말하는 ME와 CE다.

우선, Mutually Exclusive를 살펴보자. 이것을 퀀트적으로 해석하자면, "팩터들 간의 독립성이 만족되어야 한다"는 것을 의미한다. 다시 말해, 팩터들의 성격이 서로 중복되어서는 안 된다는 것을 뜻한다. 팩터 간

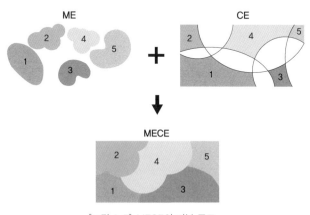

[그림 1-7] MECE의 기본 구조

의 독립성이 중요한 이유는 결국 아무리 많은 팩터가 있다고 해도 이것들이 만약 단일한 공통 요인에 의해 영향을 받는다면, 이는 결국 하나의 팩터인 셈이며 따라서 팩터 간 분산투자 효과는 사라지기 때문이다. 팩터 포트폴리오를 구축하기 위한 이유는 팩터 간 분산투자 효과를 누림으로써 최대한 포트폴리오의 안정성을 확보하기 위함인데, 만약 팩터 간의 상관성이 높다면 이는 엄밀히 말해서 참된 의미의 팩터 포트폴리오가 아니게 된다.

그다음은 Collectively Exhaustive이다. 시장 상황에 무관한 투자 시스템을 구축하려는 퀀트 투자의 목적상 당연히 좋은 팩터 포트폴리오란 어떠한 시장 상황에도 대비가 되어있는 포트폴리오다. 따라서 이상적인 팩터 포트폴리오란 독립적인 팩터들로 구성이 되어있는 동시에 당연히 시장에서 커버가 안되고 있는 공간, 즉 약점이 있어서도 안 된다. 바로 Collectively Exhaustive라는 개념이 필요한 이유다. 어떠한 시장 국면을 마주할지라도 마음 편하게 안정적으로 꾸준한 수익을 낼 수 있는 보다 견고한 시스템을 만드는 것. 이것이 전 세계 퀀트들이 궁극적으로 꿈꾸는 이상향이며, 이것이 바로 그들이 팩터 그리고 팩터 포트폴리오와 하루 종일 씨름을 하는 이유다.

1.3 왜 퀀트 투자인가

　다른 투자 기법과 달리 퀀트 투자가 가지고 있는 고유한 장점은 바로 과거 데이터를 통한 백테스팅[5]이 가능하다는 점이다. 이를 달리 표현하면 어떤 투자 전략을 과거의 특정 기간 동안 사용했다면 어느 정도의 승산이 있었을지를 가늠해볼 수 있다는 것이다. 승산을 가늠해볼 수 있다면 해당 투자 전략을 앞으로도 사용해야 할지, 만약 사용한다면 얼마만큼 사용해야 할지를 생각해볼 수 있다.

　〈손자병법〉의 '군형(軍形)' 편에는 이런 말이 있다. "승리하는 군대는 먼저 이긴 뒤에 싸움을 찾고, 패하는 군대는 먼저 싸운 뒤에 승리를 구한다." 이 문장이 의미하는 바는 무엇인가? 바로 전쟁에 임하기에 앞서 우선

5　어떤 투자 전략을 과거에 사용했다면 어느 정도의 성과를 낼 수 있었는가를 검증해보는 작업이다.

이 전쟁이 과연 이길 수 있는 것인지 그렇지 않은 것인지를 미리 따져보라는 말이다. 퀀트 투자는 손무의 이러한 가르침을 철저하게 실천하고 있는 투자 방법이다. 실제 투자를 하기 전에 이 투자 전략의 승산이 어땠었는지를 객관적으로 평가할 수 있기 때문이다.

투자란 무엇인가? 내 피 같은 돈을 실제로 금융시장에 투입하여 벌이는 치열한 전쟁이다. 전쟁의 목적은 승리하여 내가 원하는 그 무언가를 얻어내는 것이다. 따라서 전쟁에서는 이겨야만 하고 그렇기 때문에 무조건 승산이 높은 전쟁만을 해야 한다. 그렇지 않으면 단 한 번의 패배로 모든 것을 잃을 수 있기 때문이다. 손무는 전쟁의 승산이 어느 정도 되는지를 철저하게 따져보고 승산이 확실히 나에게 유리한 경우에만 전쟁을 할 것을 주문한다.

퀀트 투자는 백테스팅이라는 방법을 통해 이러한 승산을 미리 계산해 볼 수 있다는 장점이 있다. 즉, 백테스팅은 전쟁에 앞서 미리 승산을 따져보는 작업인 셈이다. 이러한 백테스팅은 데이터 기반의 투자를 지향하는 퀀트 투자만이 가지고 있는 고유한 특징이며, 퀀트는 백테스팅을 통해 자신이 사용하고자 하는 투자 전략의 승산을 가늠하여 원칙적이면서도 합리적인 투자 계획을 세우고 또 실천할 수 있다.

퀀트 투자의 또다른 장점은 투자에 있어서 독이 되는 인간의 감정, 즉 심리와 인지 편향의 개입을 어느 정도 줄일 수 있다는 것이다. 인간의 본성은 본래 투자라는 활동에는 최적화되어있지 않다. 인간은 불확실성이 존재하는 상황에서 의사결정을 해야하는 처지에 놓이게 되면 본능적으로 이성적이지 못하고 합리적이지 못한 판단을 내리게 된다. 이는 인간의 뇌

구조가 잘못 설계되었다기보다는 원시시대를 생존하기 위해 그렇게 진화되어 왔기 때문이다. 우리 인류는 800만 년 중 대부분의 기간을 원시인으로 지내왔기 때문에 그 시대에 생존 가능성을 최대화할 수 있는 방향으로 인간의 뇌구조는 진화해왔다. 문제는 이러한 인간의 뇌구조가 금융시장과 같은 곳에서는 제대로 기능을 하지 못한다는 것이다.

2020년에 발표된 조세재정연구원의 연구 결과에 따르면 개인투자자 10명 중 4명은 주식투자로 손실을 보았으며, 유의미한 수익을 내는 개인투자자는 오직 10명 중 1명에 불과하다고 한다. 다시 말해, 개인투자자들 중 대부분이 주식투자로 돈을 벌지 못할뿐더러 이들 중 거의 절반은 원금을 까먹고 있다는 것이다.

이러한 현상은 도대체 왜 발생하는 것일까? 이유야 여러 가지가 있겠지만, 나는 투자 전략의 좋고 나쁨보다는 시장의 움직임에 대한 인간의 감정적 반응과 그에 따른 비이성적 의사판단이 가장 큰 원인이라고 생각한다. 아무리 좋은 도구를 가지고 있어도 그것을 제대로 활용할 여건이 마련되어 있지 않다면 이는 단지 허울에 불과하다. 이 여건은 바로 투자자의 심리다.

	손실	0원~1000만 원	1000만 원~2000만 원	2000만 원 초과	총계
비율	40%	50%	5%	5%	100%
인원	약 240만 명	약 300만 명	약 30만 명	약 30만 명	약 600만 명

[표 1-1] 개인투자자 주식 양도차익 구간별 인원 추정치[6]

6   출처: 조세재정연구원(2020)

퀀트 투자는 전략의 설계에서부터 투자의 집행에 이르는 거의 모든 과정에서 인간의 감정과 심리가 개입할 수 없도록 여러 장치를 마련해두었다. 사실 퀀트 투자에서는 어떤 투자 전략을 사용하기로 마음먹었다면 그 이후부터는 인간이 추가적으로 시스템에 개입할 여지가 없다. 해당 전략에 기반한 트레이딩 시그널 생성에서부터 시그널에 따른 매매주문처리까지를 전부 알고리즘이 전적으로 담당하기 때문이다.

일반적으로 퀀트 투자 과정에서 인간의 주관이 개입되는 경우 그 예후는 사실 썩 좋지 못하다. 만물의 영장인 인간이 내리는 판단인데 왜 이런 현상이 발생하는 것일까? 그 이유는 앞서 말했듯이 감정적 반응에 의한 인간의 개입은 잘못된 의사판단일 확률이 높기 때문이다. 다시 한번 말하지만, 인간의 뇌구조는 야생에서 맹수를 맞닥뜨렸을 때 생존 가능성을 극대화하도록 설계되어 있으나 금융시장에서 투자라는 행위를 합리적으로 잘 할 수 있도록 설계되어 있지는 않다. 퀀트 투자는 이러한 인간의 본성을 철저히 파악하고 있기에 최대한 이를 배제할 수 있는 방향의 투자 의사결정을 하고자 한다.

하지만 그렇다고 해서 퀀트 투자가 이러한 감정과 편향의 개입을 완전히 제거해줄 수 있다는 말은 절대 아니다. 왜냐하면 어떤 형태의 투자 의사결정이건 간에 최종적으로는 인간이 판단을 하기 때문이다. 퀀트 투자도 여기에서 절대 자유로울 수 없으며, 퀀트도 결국엔 한낱 인간에 불과하다. 퀀트 또한 인간이기에 자신의 포트폴리오가 계속해서 돈을 벌고 있는 상황에서는 천국에 있는 것만 같다가도 어느 순간 손실의 규모가 걷잡을 수 없이 커지면 생지옥을 느끼게 된다. 투자 프로세스의 중간중간 특히 실제 매매를 수행할 때 퀀트가 수동으로 개입을 하는 케이스를 종종 볼 수 있는데 이는 퀀트 또한 인간임을 반증하는 사례다.

따라서 무릇 모든 투자자에게 해당되는 이야기이겠지만 특히나 퀀트는 혹독한 심리적 훈련과 엄격한 자기 규율이 반드시 뒷받침되어 있어야 한다. 퀀트라고 해서 오직 수학이나 프로그래밍만 잘하면 된다고 생각한다면 그것은 하수의 생각이다. 실제로 운용을 경험하게 되면 정작 더 중요하고 본질적인 것은 기술적인 측면보다는 자신의 심리를 다스리는 일이라는 것을 단번에 느낄 수 있다. 이 책에서는 이후 퀀트 투자를 위한 7가지 빌딩블록을 소개하고 있는데, 이 중 가장 첫 번째 빌딩블록으로 심리를 제시하는 이유는 바로 이 때문이다.

1.4 퀀트 투자에 대한 오해와 진실

퀀트 투자는 데이터와 수학, 그리고 프로그래밍을 요하는 방식의 투자인만큼 이쪽 분야에 익숙하지 않은 사람들로부터 여러 오해를 사고는 한다. 여기서는 널리 알려져 있는 퀀트 투자에 대한 대표적인 오해와 이에 대한 진실이 과연 무엇인지 파헤쳐보고자 한다.

1.4.1 퀀트는 미래를 예측한다

퀀트에 대한 첫 번째 오해는 바로 '퀀트가 미래를 예측할 수 있다'는 것이다. 하지만 이는 잘못된 생각이다. 그 이유는 퀀트가 확률적으로 금융시장을 바라보고 있기 때문이다. 확률적으로 바라본다는 것은 무슨 의미인가? 이는 단기적으로 어떤 전략이 돈을 벌지 말지 예측을 할 수 없다는 것을 뜻한다. 퀀트는 다만 어떤 전략이 역사적으로 승산이 있는 게임이었다면 동일한 방법의 투자를 계속하게 되었을 때 장기적으로 대수의 법칙[7]에 따라 돈을 벌 수 있다는 것을 가늠해볼 수 있을 뿐이다. 따라서 퀀트는 자신의 모델이 오늘 매수 시그널을 만들어냈다고 해도 그 매수가 수익으로 이어질지 손실로 귀결될지를 절대 알 수 없다. 퀀트 투자는 점쟁이가 되고자하려는 것이 아니라 카지노 비즈니스를 하려는 것이다. 카지노는 오늘 어떤 플레이어와의 게임에서 돈을 벌지 잃을지 절대 알 수 없다. 하지만 카지노가 알고 있는 사실은 통계적 승산이 카지노 측에게 있다는 것이다. 따라서 카지노는 대수의 법칙을 활용해 수십 수백만 번의 게임을 통해 그 통계적 승산을 실제 수익으로 현실화시켜낸다. 따라서 퀀트가 미래를 예측할 수 있다고 말하는 사람을 봤다면 매우 조심해야 한다. 왜냐하면 그 사람은 사기꾼 아니면 멍청이, 둘 중 하나이기 때문이다.

1.4.2 퀀트의 모델은 블랙박스다

두 번째 오해는 바로 '퀀트가 사용하는 모델이 블랙박스, 즉 깜깜이 투자이기 때문에 인간이 이해할 수 없으며 따라서 신뢰해서는 안 된다'는 것이다. 하지만 이 또한 퀀트 투자라는 시스템을 잘 모르는 데서 기인한 오해에 불과하다. 사실 퀀트 투자만큼 굉장히 투명한 투자 시스템도 없다. 왜냐하면 모든 것이 데이터와 규칙 기반으로 이루어지기 때문이다. 여기에는 어떠한 논리적 비약이나 생략이 들어갈 틈이 없다. 오히려 퀀트들은 통

---

7   표본의 크기가 증가할 때, 표본평균이 모평균에 확률적으로 수렴한다는 법칙이다.

찰력(?)이라 부르는 순전히 감에 의존한 투자 매니저의 의사결정이 블랙박스라고 생각한다. 객관적인 증거나 검증 방법이 없거니와 의사판단에 대한 문장이 대부분 다음과 같이 끝나기 때문이다. '~할 것 같다.' '~할 수도 있다.' 이런 문장들은 논리적 인과성이 결여되어 있기 때문에 사후적 분석마저 불가능하다. '만약 A라면 B다'가 아닌 '만약 A라면 B일 수도 있고 C일 수도 있고 D일 수도 있다'이기 때문이다. 퀀트 모델이 블랙박스라고 주장하는 이유는 퀀트 모델에 대한 이해가 부족하기 때문이다. 예를 들어, 나에게 있어 스마트폰의 내부 설계는 블랙박스다. 이것이 어떻게 돌아가는지 이해를 할 수 없기 때문이다. 하지만 스마트폰을 직접 설계하고 제작하는 엔지니어에게 이것은 화이트박스다. 퀀트 투자 또한 이와 마찬가지다.

1.4.3 퀀트는 알고리즘이 다 한다

세 번째 오해는 '퀀트 투자는 전부 알고리즘이 다 한다'고 생각하는 것이다. 물론 퀀트 투자에 있어 알고리즘의 활용은 매우 중요하다. 하지만 그렇다고 해서 알고리즘이 전부라고 생각하는 것은 잘못된 생각이다. 왜냐하면 어떤 종류의 투자를 하건 간에 최종적인 의사결정은 결국 인간의 몫이기 때문이다. 결국 돈의 주인은 인간이며, 그렇기 때문에 인간의 의사판단은 들어갈 수밖에 없다. 일각에서는 "인공지능을 사용하면 인간이 개입할 여지가 없지 않느냐"라는 반문을 던지는 경우도 있다. 하지만 과연 "그 인공지능의 아키텍처는 누가 설계하는가?"라는 질문에 대한 답을 생각해본다면 이러한 생각은 착각에 불과하다는 것을 알 수 있다. 당연히 전통적인 투자에 비해 퀀트 투자에서는 알고리즘의 활용도가 매우 높다. 트레이딩 전략에 대한 매매 시그널을 산출하고, 또 그 시그널을 바탕으로 하여 자동으로 매매 주문을 처리하는 등 투자의 전체 과정에서 알고리즘이 사용되지 않는 부분을 찾기가 어렵다. 하지만 알고리즘은 결국 퀀트가 사용하는 도구에 불과하다. 사실 퀀트 투자는 전통적 방식의 투자와 크게 다르지 않다. 다만 퀀트는 알고리즘을 사용해 전통적 투자 방식을 최대한 계량화하고 자동화하고자 한다. 따라서 투자 전략에 대한 아이디어를 만들고 최종적인 투자 의사결정을 내리는 주체는 바로 인간이다.

1.4.4 퀀트는 전부 똑같다

네 번째 오해는 '모든 사람이 사용하는 퀀트 투자 방식은 전부 천편일률적이다'라는 생각이다. 앞서 언급했듯이 퀀트 투자의 목표는 팩터 포트폴리오를 만드는 것이기에 기본적으로 퀀트는 여러 가지 팩터들을 동시에 운용한다. 또한 같은 종류의 팩터라고 해도 이것을 실제로 구현의 레벨로 끌어올리기 위해서는 정말 다양한 요소와 디테일을 고려해야 한다. 예를 들어, 단 하나의 팩터만을 고려한다고 해도 매매의 대상이 될 자산군은 무엇인지, 자산군 내에서는 어떤 종목들이 대상이 될지, 어떤 데이터 소스를 사용할 것인지, 데이터의 전처리는 어떻게 할 것인지, 전략의 패러미터는 어떤 값을 사용할 것인지, 매매가 실제 실행되는 시간은 몇 시인지 등 엄청나게 다양한 디테일이 존재한다. 따라서 단 하나의 팩터를 구현한다고 해도 우리가 여기서 생각할 수 있는 경우의 수는 최소 수백 가지에서 많으면 수만 가지에 이른다. 이는 심지어 단 한 개의 팩터만을 고려할 때다. 만약 "퀀트는 전부 똑같다"라는 명제가 성립되려면 전 세계에 있는 모든 퀀트가 수백만 분의 일의 확률로 자신들의 포트폴리오를 전부 동일하게 맞추어야 하는데, 사실 그럴 수 있는 확률은 매우 희박하다.

1.5 퀀트 투자의 리스크

퀀트 투자는 당연히 만능이 아니기에 이 또한 위험 요소를 내포하고 있다. 그렇다면 퀀트 투자가 가지고 있는 리스크의 종류에는 어떤 것이 있을까? 여기서는 퀀트 투자가 가지고 있는 네 종류의 리스크에 대해 살펴본다.

1.5.1 모델 리스크

첫 번째는 모델 리스크다. 모델 리스크란 퀀트가 설계한 모델 자체가 오류를 내포함으로써 발생하는 리스크다. 모델은 결국 실제 세계에 대한 근사화(近似化)인데, 만약 퀀트가 모델을 잘못 설계했다면 해당 모델은 세상을 잘못된 방식으로 묘사하게 될 것이고 이는 결과적으로 좋지 못한 성과로 귀결될 것이다. 이러한 모델 리스크는 전략의 설계 과정에서 발생할 수도 있으나 구현 단계에서 꽤 자주 발생하기도 한다. 가령 퀸트가 백테스팅을 하는 과정에서 프로그래밍 상에 오류가 발생하여 실제보다 훨씬 더 좋은 성과가 나왔다고 가정해보자. 만약 이 코드가 잘못 구현되었다는 것을 인지하지 못한다면 퀸트는 해당 전략이 정말 좋은 전략이라고 착각하게 될 것이고, 실제로 이 전략에 기반해 투자를 집행하게 될 것이다. 따라서 모델 리스크는 퀸트에게 있어서 가장 기초적인 형태의 리스크이면서도 절대 외부 요인 탓을 할 수 없는 리스크다. 다른 리스크 요인과는 다르게 리스크 발생의 원인이 오로지 퀸트 자신에게 있기 때문이다. 그렇기에 퀸트는 가능한 모델 리스크를 제거할 수 있도록 업무 프로세스와 구현 인프라를 마련해야 할 필요가 있다. 퀸트에게 있어 세심한 주의력 그리고 끊임없이 검증하려는 자세가 필요한 이유다.

1.5.2 국면 전환 리스크

어떤 스타일의 퀸트든 간에 퀸트는 필연적으로 과거 데이터에 기반한 투자 의사결정을 내릴 수밖에 없다. 따라서 퀸트가 어떤 이론이나 모델을 만든다고 해도 그것은 결국 과거를 기반으로 한 산물이다. 이 말인즉슨 퀸트 투자 모델은 과거의 패턴이 미래에도 반복될 것이라는 가정을 내포하고 있다는 것이다. 문제는 미래의 시장 상황이 과거의 그것과는 현저하게 차이를 보이는 경우다. 만약 더이상 시장이 과거처럼 움직이지 않는다면 어떻게 될까? 그런 경우 과거에 기반한 퀸트 모델은 심각한 피해를 입게 될 것이 매우 자명하다. 우리는 이러한 위험을 '국면 전환 리스크'라 부른다.

팩터 성과 분석을 함에 있어서 시장 국면 분석이 필요한 이유는 바로 이러한 국면 전환 리스크를 경감시키기 위함이다. 팩터와 관련된 시장 국면 분석에 대해서는 '5장. 팩터 모델링'에서 보다 자세하게 다룬다.

1.5.3 포화 리스크

포화 리스크는 많은 사람이 동시에 동일한 팩터를 사용하게 되어 팩터의 성과가 예상보다 줄어들거나 아예 사라질 수 있는 위험을 의미한다. 유진 파마를 위시한 효율적 시장 가설 학파는 시장이 언제나 효율적으로 작동한다고 주장하였다. 여기서 말하는 시장의 효율성을 간단히 설명하자면, 만약 돈을 벌 수 있는 좋은 정보가 있다면 많은 사람이 여기에 득달같이 달려들어 이내 해당 정보를 사용한 투자 전략의 수익성은 사라진다는 생각이다. 따라서 포화 리스크는 이러한 시장의 효율성이 실제로 발현되었을 때 팩터의 성과가 줄어들거나 사라지는 것을 의미한다. 다시 말해, 동일한 팩터에 너무 많은 자금이 집중되다 보면 팩터의 성과는 점점 줄어들게 된다. '소문난 잔치에 먹을 것 없다'라는 표현은 바로 이를 두고 한 말이다. 우리는 이를 팩터의 캐파(Capacity)에 포화가 발생했다고 표현한다.

1.5.4 전염 리스크

마지막으로는 전염 리스크가 있다. 전염 리스크는 앞서 언급한 포화 리스크와는 조금 다른 결의 위험이다. 전염 리스크는 퀀트들이 운용하는 팩터의 종류가 같지 않아도 발생할 수 있고, 사실 이 리스크는 퀀트만의 리스크는 아니다. 전염 리스크는 블랙스완 이벤트가 발생하여 특정 포지션에 큰 손실이 발생하게 되면 마진콜[8] 이슈를 해소하고자 울며 겨자 먹기로 다른 포지션이나 전략도 청산해야 하는 리스크를 의미한다. 어떤 포지션의 강제 청산은 또 다른 펀드나 전략의 강제 청산을 야기할 수 있으며, 이것이 몇 번 이어지다 보면 시장이 전반적으로 크게 하락하게 된다. 만약 이러한 연쇄적 청산이 금융투자업 전체로 퍼져나가게 되면 여러 투자회사는 동시에 대량의 포지션 청산 절차를 밟을 수밖에 없다. 1998년 8월의 LTCM 사태나 2007년 8월의 퀀트 퀘이크 같은 사건은 모두 이러한 전염 리스크가 실제로 현실화된 사건이었다. 퀀트들이 사용하는 전략이 모두 다르다 하더라도 이러한 상황은 언제든지 발생할 수 있다.

---

8 이미 계좌에 납입한 증거금보다 훨씬 손실의 규모가 커져서 거래소에서 추가적으로 증거금을 납입하도록 요청하는 행위다.

퀀트 투자를 위한 7가지 빌딩블록

퀀트 투자를 결국 한마디로 정리하자면 팩터를 찾고 또 이를 결합하여 투자를 하는 것, 즉 팩터 포트폴리오를 운용하는 것이다. 팩터 포트폴리오 운용은 퀀트 투자의 본질적인 시스템이며 퀀트는 이러한 시스템을 활용해 어떠한 시장 상황에서도 꾸준한 수익을 창출하고자 한다.

그렇다면 이러한 팩터 포트폴리오를 구축하고 운용하기 위해서 퀀트에게는 어떤 지식 체계들이 필요할까? 이 책에서는 퀀트 투자를 위한 총 7가지의 빌딩블록을 제시할 것이다. 여기서 간단하게 나열해보자면 각각의 요소는 [그림 1-8]과 같다.

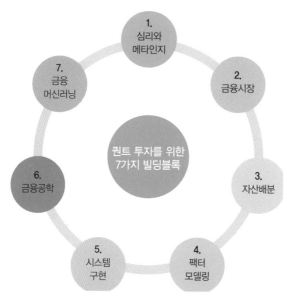

[그림 1-8] 퀀트 투자를 위한 7가지 빌딩블록

이 7가지의 빌딩블록은 조금 더 온전한 퀀트 투자 시스템을 만들기 위해 없어서는 안 될 필수요소다. 각각의 빌딩블록은 퀀트 투자라는 거대한 시스템 내에서 저마다의 고유한 역할이 있다. 각 장에서는 이들을 조금 더 세부적으로 파악하고 이것이 왜 필요한건지 그리고 이것들이 퀀트 투자 영역에서 어떻게 활용되고 있는지를 다룰 것이다. 그럼 지금부터 퀀트 투자라는 시스템을 보다 더 온전하게 이해하기 위한 여정을 떠나보자. 이 책을 마지막까지 읽고 다시 이 장으로 돌아와 한 번 더 전체적인 구조를 상기시켜본다면 비로소 퀀트 투자에 대한 본인만의 입체적인 구조도를 가져갈 수 있게 될 것이라 확신한다.

참고문헌 및 추천도서

- 〈통섭과 투자〉 마이클 모부신, 에프엔미디어 (2018)

- 〈현명한 투자자의 인문학〉 로버트 해그스트롬, 부크온 (2017)

- 〈부의 인문학〉 브라운스톤(우석), 오픈마인드 (2022)

- 〈철학과 투자는 이렇게 만난다〉 오영우, 좋은땅 (2020)

- 〈초과수익을 찾아서〉 이고르 툴친스키, 에이콘출판사 (2020)

- 〈The UnRules〉 Igor Tulchinksy, Wiley (2018)

- 〈Inside the Black Box〉 Rishi K. Narang, Wiley (2013)

Quant 퀀트의정석

2장

심리와 메타인지

퀀트 투자를 위한 첫 번째 빌딩블록은 바로 심리다. 그런데 언뜻 생각하기에 '심리'라는 단어는 퀀트와 다소 괴리감이 있어 보인다. 철저하게 계량적 방법을 사용하여 항상 합리적 의사결정을 내릴 것 같은 퀀트에게 심리가 왜 중요하단 말인가? 수학이나 통계학 같은 엄밀한 계량적 방법을 사용하고 있기에 퀀트는 이러한 심리적 영향으로부터 자유로운 것 아닌가? 하지만 사실 이 심리라고 하는 것은 모든 투자 형태에 공통적으로 적용되는 가장 본질적이면서도 중요한 요소다. 퀀트 또한 이러한 심리의 영향력을 피해갈 수는 없다. 그 이유는 자신의 심리가 올바로 정립되어 있지 않다면 아무리 좋은 투자 모델과 이론을 가져다주어도 그것을 제대로 활용할 수 없기 때문이다. 다시 말해, 퀀트 또한 인간이기에 인간의 본성으로부터 절대 자유로울 수는 없는 것이다. 따라서 이 장에서는 투자의 가장 기본 토대가 되는 강건한 심리 체계란 무엇인지, 그리고 인간의 감정이 어떻게 시장에서 수익의 기회를 만들어주는지를 살펴본다.

2.1 투자의 8할은 심리다

　많은 사람이 돈을 벌기 위해 금융시장에 호기롭게 뛰어들지만 사실이 중에서 장기적으로 생존하여 유의미한 수익을 꾸준히 만들어내는 사람은 많지 않다. 이렇듯 돈을 벌기가 쉽지 않은 이유는 도대체 무엇 때문일까? 제대로 된 투자 기법을 갖고 있지 못하기 때문에? 좋은 정보를 빠르게 얻을 수 없어서? 개인투자자를 털어먹는 세력들 때문에? 사람들은 이에 대해 여러 이유를 들지만, 사실 투자 세계에서 돈을 벌기가 쉽지 않은이유는 제대로 된 심리 체계가 갖추어지지 않은 채 시장에 뛰어들기 때문이다.

　전설적인 투자자들은 하나같이 입을 모아 이렇게 말한다. 중요한 것은 '투자 기법'이 아니라 '투자 심리'라고. 서로 다른 투자 기법을 사용하는 그들이지만 그들 모두는 공통적으로 심리의 중요성을 수백 번 강조하고 있다. 즉, 모든 투자의 기본 토대는 강건한 심리 체계인 것이다. 퀀트 투자를 이야기하는 이 책에서조차 가장 처음 제시하는 빌딩블록이 '심리와 메타인지'인 이유도 사실은 이 때문이다. 아무리 기똥찬 투자 기법과 도구를 손에 쥐고 있더라도 이를 올바르게 사용할 수 있는 마음가짐이 되어있지 않다면 결국 투자 수익은 그림의 떡일 뿐이다.

결국 성공적인 투자를 위한 선결조건은 '인간이 왜 선천적으로 투자라는 행위를 잘 못할 수밖에 없는가?'를 이해하는 것이다. 만약 인간의 본성이 이미 투자에 최적화되어 있었다면 우리는 딱히 투자를 위한 마음가짐에 대해 신경을 쓸 필요가 없었을 것이다. 그저 본능대로만 한다면 시장에서 쉽게 돈을 벌었을 것이기 때문이다. 하지만 심리가 중요한 이유는 인간의 본성이 그렇게 생겨먹지 않았기 때문이다. 따라서 인간의 본성을 철저하게 이해하는 것이야말로 올바른 투자를 위한 첫걸음이라고 할 수 있다. 이러한 인간의 본성은 당연히 인간의 뇌로부터 기인한다.

2.1.1 투자에 최적화되어 있지 못한 인간의 뇌

인정하기 죽도록 싫지만, 우리가 인정해야 할 정말 참담한 사실 하나는 바로 인간의 뇌가 투자에 적합하지 않도록 설계되어 있다는 것이다. 그렇다. 인간은 본래 선천적으로 투자를 잘 못할 수밖에 없도록 태어났다. 즉, 천성이 그렇다는 말이다. 왜 그럴까? 그 이유는 원시시대에 생존확률을 극대화하도록 현생 인류의 뇌가 진화해왔지만 사실 이러한 방향의 진화는 투자에 있어서 취약이기 때문이다.

사실 우리 인류가 지금처럼 고차원의 문명을 이룩해 살아온 기간은 인류 전체의 역사 중 찰나에 불과하다. 인류는 약 7백만 년 전 처음 지구에 출현했지만 인류가 살아온 전체 기간 중 99.8% 동안 인류는 뗀석기를 사용하는 원시인이었다. 진화생물학적으로 진화라는 것이 매우 천천히 점진적으로 진행되는 지루한 과정임을 상기시켜볼 때 아직 우리의 뇌구조는 우리 조상인 원시인의 뇌와 크게 다를 바가 없는 것이다.

이러한 원시인의 뇌 구조는 원시시대에서 생존의 확률을 극대화시켜주는 도구였다. 야생에서 위험에 맞닥뜨렸을 때는 이성적으로 복잡한 사고를 거치는 대신 편리하지만 즉각적인 감정적 반응과 행동이 생존을 지속하게 해주는 무기였던 것이다. 하지만 문제는 이러한 우리의 뇌 구조가 불확실성 그 자체인 주식시장에서는 계속해서 옳지 못한 의사결정을 하도록 만든다는 것이다. 다시 말해 원시시대에 생존을 위한 무기였던 휴리스틱heuristic[1]이 금융시장에서는 필패의 요인으로 작용하게 된 셈이다. 행동경제학에서는 이러한 인간이 가지고 있는 인지적 편향의 일부로써 이러한 휴리스틱을 설명하고 있다.

또한 인간이 가지고 있는 여러 인지적 편향 중 대표적인 것이 바로 스토리텔링이다. 인간은 스토리를 매우 좋아하며, 모든 현상에는 원인과 결과가 반드시 존재한다고 생각한다. 그 이유는 우리는 항상 확실한 것만을 좋아하기 때문이다. 즉, 우리는 불확실한 것을 싫어한다. 하지만 안타깝게도 시장의 본질은 불확실성 그 자체다. 우리가 시장 움직임의 원인을 규명

---

[1] 직관적으로 대충 어림짐작하기

하기 위해 매일매일 시황에 대한 뉴스를 들춰보는 이유는 바로 이 때문이다. 사실 이러한 시황 분석이라는 것이 사후적으로 인과관계를 끼워 맞추기 위한 시도에 불과한 데도 말이다. 사후적인 시황 분석을 매일 보는 이유도 인간이 스토리를 좋아하기 때문이며 스토리만큼 인과관계와 기승전결이 확실한 것이 없기 때문이다.

이 밖에도 우리는 정말 다양한 종류의 인지편향을 가지고 살아간다. 이익의 기쁨과 손실의 고통을 비대칭적으로 느끼는 것, 분노와 고통을 느끼는 상황에서는 판단력이 저하되는 것, 자기 자신을 실제보다 과대평가하는 경향, 무심코 다른 사람의 행동을 따라 하는 군중심리, 현재의 이익을 보전하는 데 급급하면서도 이미 발생한 손실은 제멋대로 방치하는 경향 등 우리가 투자를 하면서 저지르는 모든 실수가 사실은 이러한 인지편향의 범주 하에 있다. 그중에서도 올바른 투자를 방해하는 가장 대표적인 오류는 바로 다음 절에서 소개할 '인지와 실천의 괴리'다. 이는 개인적으로는 인간이 극복하기 가장 어려운 편향이라고 생각한다.

2.1.2 인지와 실천의 괴리

여기 모두가 답을 알고 있는 질문 하나가 있다. "살을 빼려면 어떻게 해야 할까요?" 우리는 이 질문에 대한 답을 정말 잘 알고 있다. 살을 빼려면 운동을 꾸준히 하고 평소보다 조금 적게 먹는 습관을 유지하면 된다. 또한 군것질을 멀리하고 늦은 밤에는 아무것도 먹어서는 안 된다. 이는 우리 모두가 알고 있는 다이어트에 대한 정답이다. 하지만 생각해보자. 살을 빼기

[그림 2-1] 다이어트를 위한 식단 조절

위해 곧이곧대로 이를 꾸준히 실천하는 사람은 과연 얼마나 될까? 장담하건대 거의 없을 것이다. 더군다나 기간을 계속해서 늘리다 보면 이를 달성할 확률은 기하급수적으로 줄어든다.

이는 전형적인 인지와 실천의 괴리다. 단순히 아는 것과 실제 행동하는 것에는 엄연한 차이가 존재하는 것이다. 이처럼 인지와 실천의 괴리는 사실 투자뿐만이 아니라 인생의 전반적인 영역에 있어 우리의 발목을 잡는 무서운 녀석이다. 1983년 터틀 프로그램의 원년 멤버이자 〈터틀의 방식〉 저자인 커티스 페이스는 이러한 인지와 실천의 괴리에 대해 다음과 같은 말을 했다.

"성공적인 투자를 위해 필수적인 것은 바로 좋은 시스템이 아니라 그 시스템을 실행할 수 있는 능력이다."

실제로 터틀들이 사용했던 트레이딩 전략은 매우 단순한 추세추종 전략이었다. 문제는 터틀들의 아버지인 리처드 데니스와 윌리엄 에크하르트가 모든 터틀들에게 이 전략을 똑같이 알려주었는데도 불구하고 어떤 터틀은 이를 우직하게 따라함으로써 좋은 성과를 거둔 반면, 다른 터틀은 가르쳐준대로 하지 않고 감정적인 오류와 왜곡으로 인해 끝까지 생존하지 못했다. 전형적인 인지와 실천의 괴리가 그들에게 발생한 것이었다. 터틀 트레이딩은 이러한 인지와 실천의 괴리를 매우 적나라하게 보여준 흥미로운 사회적 실험이었다.

따라서 우리가 아무리 성공에 대한 해답을 잘 알고 있다 하더라도 이 해답을 실천하는 것은 결국 다른 차원의 문제다. 이는 다이어트와 공부를 비롯한 모든 정신적 노력이 필요한 일들에 적용되며 투자 또한 마찬가지다. 따라서 어떤 원칙을 단순히 머리로만 이해하는 것과 이를 가슴으로 받아들여 직접 실행하는 것에는 엄청난 간극이 존재한다. 지식의 습득은 쉬우나 지식의 응용이 어려운 이유는 바로 이러한 인간의 본성 때문이다.

2.1.3 퀀트는 왜 퀀트를 하는가

퀀트가 퀀트를 하고자 하는 이유는 바로 이러한 인간의 불완전한 심리와 본성을 잘 알고 있으며 나 또한 인간이라는 사실을 인지하고 있기 때문이다. 퀀트라고 하면 사람들은 보통 영화 〈아이, 로봇〉처럼 알고리즘이 처음부터 끝까지 투자의 전과정을 알아서 스스로 한다고 생각하는 경향이 있지만 사실 퀀트 투자에서도 인간의 판단과 의사결정은 항상 필요하다.

어떤 전략을 쓸 것인지, 어떻게 전략을 설계할 것인지, 언제 얼마나 자금을 투자할 것인지에 대해 생각하고 판단하여 알고리즘에게 지시하는 모든 과정에서 퀀트의 의사결정이 들어간다. 그런 의미에서 사실 전통적 투자방식과 퀀트 투자는 크게 다르지 않다. 퀀트 투자의 차이점은 단지 전통적 투자 매니저들이 하던 전략 구상과 설계 및 투자 실행을 최대한 합리적이고 객관적으로 하기 위해 데이터와 알고리즘의 힘을 빌린다는 것이다.

그렇다고 해도 결국 퀀트 또한 한낱 인간에 불과하다. 퀀트 또한 시시각각 각종 인지편향과 감정의 소용돌이에 휩싸인다. 퀀트 투자를 한다고 해도 최종적인 의사결정을 하는 주체는 인간이다. 어떤 퀀트들은 충분히 검증된 좋은 전략을 개발했다고 머릿속으로는 이해를 했으면서도 막상 해당 전략에 돈을 투입하는 순간 계속해서 계좌를 열어보고 자꾸 손으로

[그림 2-2] 무심하게 매수 매도를 하는 기계와 떨어지는 주가지수를 보며 공포를 느끼는 투자자

매매에 개입을 하고 싶어하는데, 이러한 행동이 나오는 이유는 인류의 뇌 구조가 수백만 년의 세월 동안 원시시대를 생존해오면서 그렇게 진화되었기 때문이다.

결국 기계가 투자를 더 잘하는 이유는 투자 전략이나 기법이 뛰어나서가 아니라 투자라는 행위를 실행에 직접 옮길 때 어떠한 감정적 변화도 경험하지 않기 때문이다. 다시 말해, 투자의 과정에서 감정이 개입될 요소가 전혀 없는 것이다. 중요한 것은 결국 지식의 유무가 아닌 실행능력의 유무다.

2.2 시장 효율성과 인간의 비이성적 마인드

2.2.1 인간의 본성, 퀀트가 먹히는 이유

금융시장에서 시장을 이기는 초과수익의 기회는 왜 발생하는 것일까? 결론부터 이야기하자면 결국 이는 시장의 비효율성 때문이다. 다시 말해, 시장 자체가 합리적으로 작동하지 않기 때문이다. 시장이 합리적으로 작동하지 않는 이유는 결국 시장을 만들어가는 시장 참여자들, 즉 우리 인간이 결코 합리적인 존재가 아니기 때문이다.

　오직 정해진 규칙대로만 하는 퀀트 투자가 작동하는 이유는 바로 이러한 인간의 본성 덕택이다. 인간의 감정은 금융시장에서 새로운 투자 기회를 만들어낸다. 하지만 이와 동시에 감정은 이를 느끼는 비이성적 투자자 자신에게 있어 투자를 올바르게 할 수 없도록 만드는 장애물이다. 결국 꾸준히 수익을 내는 투자자는 다른 투자자들이 시장에서 일관되게 보여주는 비이성적 행동 패턴 덕분에 돈을 번다. 이에 대해 초기 터틀 중 한명이었던 커티스 페이스는 자신의 저서 〈터틀의 방식〉에서 다음과 같이 말하고 있다.

> "모든 사람에게는 체계적이고 반복적인 비합리성이 내재돼 있고, 터틀은 여기서 비롯된 시장 변동을 토대로 트레이딩을 하기 때문에 성공하는 것이다."

하지만 대부분의 투자자들은 올바른 투자를 하기 위한 심리적 준비가 되어 있지 않은채 무작정 시장으로 뛰어든다. 이성보다는 감정이 앞설 수밖에 없는 자신의 뇌구조에 대한 인지를 하지 못한 채 말이다. 결국 이러한 인간의 본성은 비이성적인 행동 패턴을 만든다. 앞서 언급한 시장이 비효율적이라는 말은 이처럼 시장 참여자들이 합리적인 의사결정을 하지 못한다는 것을 의미한다.

그런데 사실 이전부터 학계에서는 인간의 합리성과 이성을 바탕으로 시장은 효율적이라고 가정을 해왔다. 다시 말해, 시장의 모든 사람이 언제나 합리적인 판단을 하기 때문에 시장은 언제나 효율적으로 돌아가며 그렇기 때문에 시장을 이길 수는 없다고 주장을 한 것이다. 하지만 실제 현실은 그러지 않았다. 실제 시장은 그들이 생각하는 것보다 비합리적으로 움직였던 것이다. 다음 절에서는 이전부터 끊임없는 토론과 논쟁이 지속되어 왔던 시장 효율성이란 개념에 대한 서로 다른 시각을 제시한다. 또한 나아가 팩터 포트폴리오를 운용하는 퀀트는 이에 대해 어떤 입장을 취하고 있는지도 제시할 것이다.

2.2.2 시장 효율성을 바라보는 세 가지 관점

2.2.2.1 효율적 시장 가설

금융이나 투자에 대해 공부를 해보았던 사람이라면 대부분 효율적 시장 가설이라 불리는 주장을 들어본 적이 있을 것이다. 효율적 시장 가설은 말 그대로 "시장이 전적으로 효율적이다"라고 주장한다. 다시 말해, 효율적 시장 가설의 기본 골자를 간단히 설명하자면 한 마디로 "현재의 가격에는 과거 가격에 있던 모든 정보가 포함되어 있을 뿐만 아니라, 현재 시점의 정보 또한 모두 포함되어 있기 때문에 시장을 이기는 초과수익을 창출하는 것은 불가능하다"는 것이다. 따라서 이러한 효율적인 시장에서 시장보다 더 나은 성과를 창출했다면 그것은 그 트레이더나 투자자의 실력에 기인한다기보다는 순전히 운 때문이라고 말하는 것이 바로 효율적 시장 가설 학파의 주장이다.

효율적 시장 가설은 기존의 현대 경제학 체계에 매우 뿌리 깊게 박혀 있는 이념이다. 효율적 시장 가설은 기본적으로, 인간은 합리적인 주체이기 때문에 금융시장에서는 모든 정보가 즉각적으로 반영되며, 따라서 가격은 랜덤워크를 따르고 결국 금융시장에서 예측 행위를 통한 수익 창출의 기회는 존재하지 않는다고 생각한다. 효율적 시장 가설의 아버지, 유진 파마 교수는 "가격에는 모든 정보가 반영되어 있다"라는 한 마디로 효율적 시장 가설의 아이디어를 정리했다. 그는 이러한 아이디어에 대한 공로를 인정받아 2013년 노벨경제학상을 수상했다.

이러한 효율적 시장 가설의 아이디어가 탄생할 수 있었던 근본적인 원인은 현대 경제학이 경제학이라는 학문을 물리학적 관점에서 바라보았기 때문이다. 고전 경제학은 물리학에서 힘의 균형이라는 아이디어에 영감을 받아 경제 시스템 또한 장기적으로는 균형 상태를 유지하도록 수렴한다고 주장하였다. 이러한 균형 상태가 바로 금융시장에서의 효율성이 최대치에 달하는 상태인 것이다. 경제학에서도 균형이라는 개념을 중요시하는 이유는 바로 폴 새뮤얼슨 교수를 위시한 고전경제학자들이 물리학을 찬양하며 경제학이 물리학처럼 딱 떨어지는 성질을 가지기를 원했기 때문이다.

하지만 인간들의 상호작용에 의해 존재하는 경제 시스템이 어디 물리학적 법칙과 같은 일관성을 보이는 것이던가? 인간들의 상호작용과 감정, 그리고 그에 따른 수만 가지 의사결정은 원자들의 움직임보다 훨씬 더 복잡한 양상을 보인다. 결국 경제 시스템과 금융시장은 몇 가지 절대 원칙들에 의해 정리될 수가 없는 것이었다. 다시 말해, 인간의 행위는 매우 휴리스틱적이고 같은 상황과 조건이라도 감정에 따라 전혀 다른 결과를 보이기 때문에 이러한 인간의 상호작용을 물리학적 원칙에 기반해 모델링한다는 것은 말처럼 그렇게 쉬운 일이 아니었다. 결국 시간이 지나면서 효율적 시장 가설은 점점 그 아성에 도전을 받게 된다.

2.2.2.2 행동경제학

효율적 시장 가설은 겉보기에는 매우 그럴듯해 보이며 논리의 전개 과정 또한 흠잡을 데 없이 완벽했다. 하지만 시간이 지나면서 효율적 시장 가설은 몇몇 경제학자로부터 비판을 받았다. 그 이유는 효율적 시장 가설이 실제 금융시장의 현실과 시장 참여자들의 행동을 제대로 설명할 수 없었기 때문이었다. 특히나 심리학에 기반하여 경제적 현상을 설명하고자 하는 행동경제학에서는 효율적 시장 가설이 말하는 완전한 합리성이란 존재할 수 없다고 주장하였다. 그들은 오히려 반대로 인간은 구조적으로 예측가능한 비이성적 행동 패턴을 지속한다고 주장했다.

행동경제학의 창시자인 다니엘 카너먼과 그의 동료인 아모스 트버스키는 각종 실험을 통해 불확실한 상황 하에서 인간의 의사결정은 구조적으로 비이성적인 패턴을 보인다는 것을 밝혔다. 이러한 인간의 행동 패턴은 결코 효율적 시장 가설 학파가 주장하는 효용함수의 최적화와는 매우 거리가 먼 것이었다. 그들의 주장은 투자자들은 비이성적이며 그렇기 때문에 이러한 비이성적 행동 패턴이 금융시장에서 생각보다 자주 발생한다는 것이었다. 행동경제학자들은 이러한 투자자들의 비이성적 행동 패턴을 '인지적 편향'이라고 명명했다. 나아가 사람들이 비합리적 의사결정을 내리는 이유는 바로 이러한 과신, 과잉반응, 손실회피 성향, 심리 계좌, 군집효과 등의 각종 인지적 편향들로부터 자유롭지 못하기 때문이라고 그들은 주장했다.

그렇다면 과연 어떤 주장이 옳은 주장인가? 시장 참여자들은 합리적이며 따라서 시장은 효율적이라고 주장하는 효율적 시장 가설 학파인가, 아니면 인간의 뇌 구조는 구조적으로 비합리적으로 설계되어 있기에 금융시장 또한 비효율적이라고 주장하는 행동경제학인가? 이러한 논쟁에 대해 수많은 학계 및 업계 전문가들이 끊임없는 토론을 벌였지만 누가 옳은지에 대해서는 쉽사리 결론이 나지 않았다. 사실 두 가지 주장 모두 다 꽤 설득력이 있었기 때문이었다. 이는 마치 짜장이냐 짬뽕이냐를 놓고 싸

[그림 2-3] 짜장면 vs. 짬뽕이 아닌 짬짜면이 답이다

우는 격이었다. 그런데 어느날 이렇게 정답 없는 싸움판에 "바보들아, 결론은 짬짜면이야"라고 외치는 한 사나이가 혜성처럼 등판한다.

2.2.2.3 적응적 시장 가설

시장의 효율성에 대한 이러한 이분법적 논쟁 속에서 MIT의 앤드류 로 교수는 기존의 틀을 뛰어넘는 혁신적인 새로운 방향의 프레임워크를 제시한다. 이는 바로 효율적 시장 가설과 행동경제학, 두 가지 모두를 통합하는 이른바 적응적 시장 가설이었다.

그의 관점에서 시장의 효율성은 환경이라는 맥락에 의존하고 있는 개념이다. 다시 말해, 시장 효율성의 정도는 고정불변의 것이 아니며 현재 시장을 구성하고 있는 시장 참여자들이 집단적으로 얼마나 합리적인지 비합리적인지에 달려 있는 것이다. 또한 시장 참여자들의 다양성이 확보되어 있는지 아니면 모두가 똑같은 생각을 하고 있어 시장이 한쪽으로 치우쳐져 있는지에 따라서도 시장의 효율성은 달라진다.

이러한 적응적 시장 가설은 기본적으로 진화생물학적 관점에서 금융 시장을 바라보고 있다. 적응적 시장 가설이 말하고자 하는 요체는 유기체인 생물체가 계속 환경 변화에 따라 적응해가고 진화해나가는 것처럼 시장 또한 끊임없이 변화한다는 것이다. 즉, 야생에서 동물들이 생존을 위해 경쟁하고, 진화하고, 재생산을 해나가는 것과 같이 새로운 시장 환경에 적응하지 못한 투자자들은 멸종하고 또 언젠가는 그러한 환경에 적응한 새로운 투자자의 종이 탄생한다는 것이다.

적응적 시장 가설은 시장이 효율적이냐 비효율적이냐를 이분법적으로 나누어 판단해서는 안 되며 현재의 시장이 얼마나 효율적인가, 즉 효율성의 정도를 판단해야 한다고 말한다. 적응적 시장 가설에서 합리적, 비합리적이라는 단어는 적응적, 부적응적이라는 언어로 대체된다. 변화하는 시장에 적응을 해나가는 투자자들은 적응적이고 합리적인 개체들이며, 반대로 이러한 변화에 적응하지 못하는 부류는 비합리적이고 부적응적인 개체들인 것이다. 결국 시장의 알파[2]는 존재하지만 상황에 따라 알파가 늘어나기도 하고 줄어들기도 한다는 것이 적응적 시장 가설의 주장이다. 이러한 주장은 각종 헤지펀드들의 부침, 그리고 알파를 추구하는 트레이딩 전략의 성과가 가변성을 보이는 것을 매우 명쾌하게 설명하고 있다.

---

2 시장 수익률을 능가하는 초과수익을 뜻한다.

2.2.3 시장 효율성에 대한 퀀트의 시각

팩터 포트폴리오를 운용하는 퀀트의 입장에서 볼 때 퀀트는 적응적 시장 가설을 주장하는 앤드류 로 교수의 주장을 따른다. 왜냐하면 어떠한 단일 팩터도 무적불패의 전략은 아니기 때문이다. 다시 말해, 어떤 팩터가 장기적으로는 우상향의 수익 곡선을 그릴지라도 시장 상황에 따라 해당 팩터는 좋은 성과를 내는 시기가 있는 반면 성과가 부진한 시기 또한 겪게 된다. 팩터의 성과 또한 그 팩터의 성질에 따라 경기 사이클처럼 지속적인 부침을 보이는 것이다. 정리하자면 팩터 포트폴리오를 만들고자 하는 이유 자체도 비효율성이 항상 고정적으로 존재하는 것은 아니기 때문이다. 현재 시장 참여자들의 성향이 어떤가, 그들은 어떻게 시장을 바라보고 있는가, 어떤 전략을 사용하고 있는가, 사람들의 의사결정이 너무 한쪽으로 쏠려있지는 않은가에 따라 시장의 비효율성 정도는 커지기도 하고 작아지기도 한다.

그렇기 때문에 퀀트는 단일한 팩터에 절대로 올인하지 않는다. 한두 가지 팩터에만 올인하는 것은 자살행위에 가깝다. 만약 그 팩터가 힘을 낼 수 없는 시장 상황에 맞닥뜨리면 무조건 그 팩터의 성과는 처참하게 박살 날 것이 자명하기 때문이다. 시장은 하나의 생태계와도 같기 때문에 끊임없이 변화한다. 따라서 유동적인 시장의 상태에 따라 특정 분석 기법이나 실행 방법은 더 좋은 성과를 낼 수도 있고 그렇지 않을 수도 있다.

따라서 팩터 포트폴리오는 다양성과 독립성을 가지고 있는 자신만의 팩터 생태계를 구축하려는 시도다. 팩터의 다양성과 독립성이 올라갈수록 퀀트는 시장이라는 정글에서 생존확률을 높일 수 있다. 팩터 포트폴리오가 필요한 이유는 미래의 시장 국면이 어떤 방식으로 펼쳐질지 우리는 절대 알 수 없기 때문이다. 공룡이 한 순간에 멸종한 이유는 적응에 실패했기 때문이며, 우리 인류가 다양한 지역과 기후에서 생존을 지속해올 수 있었던 이유는 적응에 성공했기 때문이다. 좋고 나쁨은 존재하지 않는다. 오직 적응을 했는가 못했는가만이 있을 뿐이다.

2.3 강건한 투자 심리를 위한 7가지 계명

결국 시장에서 비효율성을 만들어내는 것은 바로 인간의 비이성적 행동 패턴이다. 이러한 비이성은 이성적이며 합리적인 사고를 할 수 있는 투자자들에게 수익 창출 기회를 제공한다. 이러한 기회가 물론 시장에 항상 존재하는 것은 아니지만 효율적 시장 가설이 주장하는 것처럼 쉽사리 없어지는 것도 아니다. 시장의 상황과 환경, 그리고 시장 참여자들이 현재 표출하는 비이성성의 정도에 따라 달라지는 것이다. 따라서 이러한 기회를 적시에 포착하고 실제 수익으로 실현시키기 위해서는 투자자인 나 자신이 스스로 감정에 휘둘리지 않는 자세를 견지할 필요가 있다.

그렇다면 이러한 심리적 태도와 자세를 유지하기 위해 우리 스스로는 우리에게 어떤 주문을 걸어야 할까? 결국 강건한 투자 심리를 유지한다는 것은 끊임없는 나 자신과의 싸움이니 말이다. 역사적으로 보았을 때 전설적인 투자자들은 올바른 투자를 위해 공통적인 몇 가지 심리적 규율을 스스로 정하고 이를 우직하게 지키는 사람들이었다. 여기서는 그들이 자주 이야기하는 중요한 심리적 규율들에 대해 하나씩 살펴보고자 한다.

2.3.1 절대 예측하지 마라

시장이라는 것은 본질적으로 예측 불가의 영역이다. 내일 시장이 얼마나 어떻게 움직일지는 오직 신만이 알고 있다. 그러니 절대로 시장을 예측하려 들어서는 안 된다. 시장의 방향성을 예측할 수 있다는 생각은 매우 오만한 생각이다. 왜냐하면 시장에는 말 그대로 정말 어떤 일이든지 일어날 수 있기 때문이다. 우리가 할 수 있는 유일한 예측은 바로 '내일도 시장은 움직일 것이다'라는 것밖에 없다. 시장이 어디로 움직일지에 대해 함부로 예측하는 순간 그 예측은 나의 바람이 되며 편향이 된다. 이러한 나의 개인적인 바람과 편향은 나만의 주관적인 것이지 절대 시장의 것은 아니다. 따라서 이렇게 바람과 편향을 가지게 되면 시장을 바라보는 투자자의 시각은 왜곡되게 되고 결국 이것은 재앙의 불씨를 당기는 도화선이 된다.

그럼 시장을 예측하지 말고 어떻게 해야 할까? 우리는 절대로 시장을 예측할 수 없다. 우리가 할 수 있는 것은 오직 대응뿐이다. 예측은 신의 영역이고 대응은 인간의 영역이다. 여기서 말하는 대응이라고 하는 것은 '지금 이 순간 시장이 우리에게 전달하려고 하는 메시지 혹은 신호가 무엇인가를 객관적으로 받아들인 후에 이를 바탕으로 합리적인 의사결정을 내리는 것'이다. 예측이라고 하는 것은 본질적으로 '시장은 반드시 이렇게 움직여야만 해!'라고 투자자 스스로가 매우 오만한 자세로 일관하는 것이다. 앞서 말했지만 이러한 생각은 시장의 생각이 절대로 아니다.

우리가 어떻게 생각하든 시장은 그만의 생각과 의지대로 움직인다. 따라서 우리는 시장을 함부로 예측해서는 안 된다. 대신 우리는 시장 스스로가 원하는 방향대로 자유롭게 흐르도록 내버려두어야 한다. 우리가 할 것은 그러한 흐름 속에서 시장이 제공하는 기회를 포착하고 이를 이용하는 것이다. 예측이라는 편향된 생각에 사로잡혀 있다면 우리는 시장이 주는 이러한 기회를 절대로 잡을 수가 없다. 기회가 바로 앞에 있지만 편향에 눈이 멀어 그것을 볼 수 없기 때문이다.

퀀트 투자는 예측을 하지 않는 전형적인 투자 방식이다. 퀀트는 오로지 현재 시점에서 시장이 내보내는 데이터를 기반으로 투자 의사결정을 내린다. 이처럼 다른 투자 방식에 비해 개인적인 감정이나 편향이 개입될 여지가 상대적으로 적다는 것이 바로 퀀트 투자가 가지고 있는 장점 중 하나다. 퀀트는 시장을 확률적으로 접근하기 때문에 앞으로 어느 정도의 수익 혹은 손실이 발생할지를 확률적으로 가늠해볼 수 있을 뿐이다. 따라서 퀀트는 노스트라다무스가 되기를 바라기보다는 카지노 비즈니스를 영위하는 사업가가 되고자 한다. 확률적 우위가 내 편인 상황에서 같은 행동을 수없이 반복하다보면 수익은 저절로 따라오는 것이기 때문이다.

2.3.2 시장 앞에 겸손하라

두 번째 계명은 언제나 시장 앞에 겸손해야 한다는 것이다. 앞서도 언급했듯이 시장에 대한 섣부른 예측은 결국 오만함의 표출이다. 그러한 오만함에 대한 대가는 바로 큰 손실이다. 우리는 항상 겸손한 자세를 가지고 시장을 대할 필요가 있다. 건강한 투자를 지속하고 싶다면 '시장은 언제나 옳다. 틀린 건 바로 나 자신이다'라는 글귀를 항상 모니터 앞에 붙여놓고 늘 되뇌일 필요가 있다.

투자를 통해 돈을 버는 것은 단순히 개인의 실력이 뛰어나서가 아니라 시장이 도와주었기 때문이다. 다시 말해, 내가 돈을 버는 것이 아니라 시장이 나에게 돈을 벌어다 주는 것이다. 따라서 투자자는 시장을 절대 정복하려 해서는 안 된다. 대신 시장을 존중하고 시장과의 평생 파트너십을 구축하려고 해야 한다. 시장은 올바른 투자 원칙이 있는 사람에게 오히려 돈을 벌어다 주고 싶어하기 때문이다.

따라서 내가 항상 틀릴 수 있음을 겸허히 받아들여라. 시장이 내 생각과 반대로 움직인다면 이는 내가 틀린 것이지 시장이 틀린 게 아니다. 시장은 그저 그 자신의 자유의지대로 움직일 뿐이다. 겸손한 마음을 유지하는 것은 여러 시나리오를 생각해 볼 수 있는 확률적 사고를 가능케 한다. 이처럼 확률적 사고를 가지게 되면 시장을 섣불리 예측하려고 하지 않게 되며, 설사 내 생각대로 시장이 움직이지 않았더라도 그 상황에 대해 분노하거나 좌절하지 않는다. 이번 판(라운드)에서는 내가 틀렸기에 나의 패배를 깨끗이 인정하고 보다 홀가분한 마음으로 빠르게 다음 판을 준비할 수 있는 심리적 여유를 확보할 수 있는 것이다. 따라서 겸손은 나 자신으로 하여금 감정의 늪에 빠지지 않으면서도 원칙대로 투자를 할 수 있게 만들어주는 나침반과도 같다.

2.3.3 아무것도 증명하지 마라

세 번째 계명은 시장에 절대로 증명하러 오지 말라는 것이다. 시장은 결코 무언가를 증명하기 위한 장소가 아니다. 시장에 오는 이유는 오직 단 한 가지, 돈을 벌기 위해서다. 당신은 돈을 벌러 왔는가 아니면 자기 자신을 증명하러 왔는가? 우리는 시장에서 증명할 것이 아무것도 없다. 왜냐하면 앞서 말했듯이 시장은 언제나 옳기 때문이다. 이미 시장이 옳다고 판명 난 마당에 굳이 자존심을 세워 심리적 고통을 받을 필요가 없다. 그렇기에 시장이 하는 말에 귀를 기울이지 않고 자존심만 내세우는 것은 하등 쓸모가 없는 처사다.

따라서 시장에서 돈을 벌고자 한다면 알량한 자존심 따위는 개나 줘 버리는 것이 낫다. 자존심을 내세우면 필시 인지적 편향에 빠지게 되고 그렇게 되면 올바른 의사결정을 내리기가 힘들기 때문이다. 시장에서 중요한 것은 옳고 그름이 아닌 '돈을 벌었냐 못 벌었냐'다. 자신이 옳다는 것을 증명하고 싶다면 번지수를 잘못 찾아도 한참 잘못 찾았다. 증명이란 건 수학의 영역이지 금융의 영역은 아니기 때문이다. 증명을 하고 싶다면 세계 밀레니엄 수학 7대 난제에 도전해보기를 권한다. 혹시 모르지 않는가. 문제를 풀어 수학사에 엄청난 공헌을 한 사람으로 역사에 기록될지. 에고ego는 이런 곳에서 찾는 것이지 시장에서 찾는 것이 아니다.

시스템 트레이딩의 아버지라 불리는 전설적인 트레이더 에드 세이코타는 〈시장의 마법사들〉에서 이런 말을 했다. "따든 잃든 모두가 시장에서 자기들이 원하는 것을 얻어요. 어떤 사람들은 오히려 잃고 싶어하는 것 같아요. 그들은 돈을 잃음으로써 성공하는 것이죠." 이처럼 사람들은 모두 시장에 와서 각자가 원하는 것을 가지고 돌아간다. 돈을 원하는 사람은 돈을 가지고 돌아가고, 화끈한 변동성에 의한 쾌락과 스릴을 느끼고자 하는 사람들은 시장에 와서 한판 게임을 즐기다가 돌아간다. 시장에 자신을 증명하기 위해 오는 사람들은 결국 돈이 아닌 자신의 에고를 챙김받고 돌아갈 뿐이다. 당신이 원하는 것은 무엇인가, 돈인가 에고인가?

2.3.4 감정적으로 반응하지 마라

매우 냉정하게 들릴 수도 있지만 사실 시장은 당신의 감정 따위에는 아무런 관심이 없다. 시장은 언제나 감정중립적이다. 시장에게는 희로애락의 감정이 없다. 감정은 오로지 인간의 소유물일 뿐이다. 문제는 이러한 감정의 발현이 성공적인 투자를 위해서는 걸림돌이 된다는 사실이다. 인간이 가지는 각종 인지적 편향과 마찬가지로 인간의 감정 또한 진화의 산물이다. 만약 원시시대를 살아가는 인류에게 두려움이라는 감정이 없었다면 현재의 인류는 아직까지 생존해있지 않았을 수도 있다. 이미 맹수의 밥이 되었을 것이기 때문이다.

인간의 감정은 변연계라는 대뇌피질의 안쪽에 자리한 뇌의 일부로 인해 발생한다. 이 변연계는 포유류의 뇌라고도 불리는데, 포유류가 파충류와 달리 감정과 기분을 느낄 수 있는 것은 바로 이 때문이다. 문제는 투자를 잘하기 위해서는 이 변연계가 아닌 영장류의 뇌, 즉 대뇌피질을 사용해야 한다는 것이다. 인간의 이성과 합리적 판단은 바로 이 부분에서 나온다.

문제는 다니엘 카너먼이 주장한 바와 같이 우리 인간은 시스템 2(이성)보다는 시스템 1(직관, 휴리스틱, 본능)에 즉각적으로 반응하고 행동한다는 것이다. 즉, 이성을 사용하려 하기도 전에 감정은 먼저 행동의 통제권을 쥐게 된다. '머리로는 이해하나 몸이 안 따라준다'는 말은 바로 이를 두고 한 표현이다. 영국의 철학자 데이비드 흄 또한 일찍이 이러한 인간의 행동방식을 깨우치고 '이성은 감정의 노예다'라는 말을 남겼다. 그만큼 우리 인간은 대뇌피질 덕분에 합리적 사고를 할 수 있는 능력이 있지만, 이를 사용하기 위해서는 감정이라는 벽을 먼저 뛰어넘어야 한다. 많은 투자자는 대개 이 벽을 넘지 못해 실패하는 투자자가 된다.

2.3.5 자신의 투자 결과에 책임을 져라

다섯 번째 계명은 바로 스스로 내린 투자 의사결정에 대한 책임을 지라는 것이다. 타조는 머리를 모래 속에 파묻는 습성이 있다고 한다. 사람들은 이러한 타조의 습성을 보고 타조증후군이라는 단어를 만들어 냈다. 이 타조증후군이라는 것은 어려운 일이나 겁이 나는 상황 혹은 위기가 닥쳤을 때 이를 단순히 회피하려는 사람들의 심리를 묘사하는 용어다.

투자의 세계에서도 이러한 타조증후군을 쉽게 찾아볼 수 있다. 퀀트가 투자 책임을 회피하고자 자신이 만든 모델 뒤로 숨어버리는 것이 가장 대표적인 사례라고 할 수 있다. 투자의 실패가 자신의 탓이 아니며 모델이 제대로 작동하지 않았기 때문이라고 핑계를 대는 것이다. 하지만 문제는 그 모델을 과연 누가 만들었는가다. 그렇다. 그 모델은 퀀트 자신이 만들어낸 것이다. 손실이 나면 자신이 만든 모델 탓을 하며 모델 뒤로 숨어버리는 이러한 습성, 전형적인 타조증후군이 아닐 수 없다. 영화 〈월스트리트〉에서 고든 게코는 이러한 회피 성향에 대해 다음과 같이 묘사하고 있다. "대부분의 투자자가 손실에 대응하는 방법은 부인하기, 무대책, 혼란 그리고 분노다."

퀀트가 아니더라도 우리는 비슷한 형태의 타조증후군을 곳곳에서 엿볼 수 있다. 사람들은 자신의 투자가 실패했을 때 이를 남의 탓으로 돌리는 경향이 있다. 대표적으로 이러한 탓의 대상이 되는 표적은 시장, 정부, 세력 등이다. 시장이 정상적이지 않아서, 정부가 정책을 잘못 펴서, 세력이 주가를 조작해서 등등 각양각색의 이유로 자신의 투자 성과 부진이 자신에게 귀속된 것이 아니라고 끊임없이 부정한다. 하지만 비록 인정하기 싫어도 결국 이러한 좋지 못한 성과의 원인은 나 자신에게 있다. 원칙을 지키지 못한 비합리적 투자, 감정에 휩싸인 비이성적 투자가 나의 계좌 상태를 그렇게 만든 것이다. 또다시 똑같은 실수를 반복하지 않으려면 내 실수와 과오를 똑바로 직시하는 수밖에는 없다.

인지심리학에서 이야기하길 트라우마를 치유하는 방법은 그 트라우마를 오롯이 마주하는 것이라고 한다. 다시 말해, 모든 문제의 해결은 내가 보고 싶지 않은 부분을 똑바로 직면하는 것에서 비로소 출발한다는 것이다. 마치 알코올중독에서 벗어나기 위해 우선 본인이 알코올중독임을 인지해야 하는 것처럼 말이다. 시장에 어떤 일이 일어나더라도 결국 자신의 투자 결과는 전적으로 자기 자신의 책임이다. 시장에 판돈을 건 손모가지는 내 것이기 때문이다. 절대로 책임을 회피하지 마시라.

2.3.6 자신을 객관적으로 관찰하라

여섯 번째 계명은 바로 메타인지다. 메타인지란 무엇인가? 메타인지란 한마디로 '내가 현재 내 자신의 모습을 객관적으로 관찰하고 인식하는 것'을 의미한다. 다시 말해, 메타인지란 한 차원 더 높은 사고의 기술이다. 투자에서 메타인지가 중요한 이유는 나 스스로가 실수를 저지르고 있지는 않은지 또 어떤 감정적 편향에 휩싸여 비이성적 판단을 내리고 있지는 않은지 계속해서 지켜보고 이를 바로잡아 주어야 하기 때문이다. 투자의 세계에서는 어느 누구도 나의 생각과 판단에 대해 간섭하지 않는다. 여기엔 오직 무한한 자유만이 존재할 뿐이다. 그렇기 때문에 내가 잘못을 하고 있다면 이를 바로잡아 줄 수 있는 사람은 오직 단 한 사람, 나 자신밖에는 없다. 메타인지를 할 수 있는 능력이 필수적인 이유다.

메타인지는 내가 무엇을 알고 무엇을 모르는지 객관적으로 파악할 수 있는 능력이며, 이것이야말로 진정한 앎이다. 논어 〈위정〉 편에서 제자 자로가 앎에 대해 묻자 공자는 이렇게 설파한다. "자로야, 너에게 안다는 것이 무엇인지 가르쳐주마. 아는 것을 안다고 하고, 모르는 것을 모른다고 하는 것. 이것이 아는 것이니라." 이는 결국 진정한 앎이라는 것이 내 자신을 객관적으로 파악할 수 있는 능력이라는 것을 뜻한다.

실제로 워런 버핏과 피터 린치, 그리고 조지 소로스 같은 전설적인 투자자들은 모두 이러한 메타인지의 대가들이었다. 투자로 천문학적인 돈을 번 장본인들이지만 그들은 하나같이 미래의 시장이 어떻게 될 지는 알 수 없다고 딱 잘라 말한다. 즉, 그들은 그들이 모른다는 사실을 잘 알고 있었다. 가히 진정한 앎이 아닐 수 없다. 하지만 대부분의 투자자들은 이와 정반대다. 그들은 자신들이 알지 못하는 것조차 안다고 착각한다. 이러한 착각은 또다시 새로운 형태의 편향과 왜곡을 불러일으킨다. 결과는 불을 보듯 뻔하다.

〈소크라테스의 회상〉에서 소크라테스는 청년 에우티데무스에게 이렇게 조언한다. "자신을 잘 알고 있는 사람은 무엇이 자신에게 적절한지를 알 수 있고, 자신이 할 수 있는 것과 할 수 없는 것을 구분할 수 있어. 사람은 자기가 이해한 것을 함으로써 필요한 걸 구할 수 있고 성공도 누릴 수 있어. 또 사람은 자기가 이해하지 못한 것을 하지 않음으로써 실수를 저지르는 걸 피하고 불행을 피할 수 있지." 이처럼 소크라테스는 일찍이 메타인지가 얼마나 중요한지를 알고 있었던 것이다. 따라서 무릇 투자자라면 소크라테스의 "너 자신을 알라"라는 격언을 응당 가슴 속에 새겨야 할 것이다.

2.3.7 원칙을 세우고 꾸준히 지속하라

세상에서 가장 어려운 일이 무엇인지 아는가? 그것은 바로 '계속하는 것'이다. 어떤 일을 한두 번 하기는 어렵지 않다. 하지만 그 일을 1년, 10년, 그리고 평생에 걸쳐서 하는 것은 정말로 다른 차원의 문제다. 우리는 평소에 얼마나 많은 작심을 하면서 살아가는가? 또 그러한 무수한 작심들이 어느새 초라한 삼일천하로 끝나버리지는 않는가?

'오늘은 좀 피곤하니까.'

'오늘은 좀 특별한 날이니까.'

'내일하면 되지 뭐.'

이런 생각을 하면서 나 자신과 했던 약속들을 스스로 저버리는 경우가 부지기수다. 이처럼 인간은 생각보다 나약하다. 어쩔 수 없다. 인간의 본성이 원래 그렇게 설계되어 있기 때문이다. 그래서 이를 극복하려면 분골쇄신하는 노력이 필요한 것이다. 따라서 무언가를 계속한다는 것은 세상에서 가장 어려운 일이다.

일주일 중 헬스장에 사람이 가장 많은 시간대가 언제인지 아는가? 바로 월요일 점심시간이다. 월요일 점심시간에는 주말에 쌓아놨던 칼로리를 조금이라도 소비하고자 헬스장은 사람들로 발디딜 틈이 없어진다. 그렇다면 가장 사람이 없는 시간대는? 맞다. 금요일 저녁 시간이다. 모두가 일주일 동안 쌓였던 스트레스를 해소한다는 명분으로 소위 불금을 즐기러 떠난다. 이는 인간의 본성을 여과없이 보여주는 가장 전형적인 현상이다. 이처럼 무언가를 매일 꾸준히 지속하기란 정말로 어렵다. 많은 사람이 연초에 살을 빼보고자 호기롭게 헬스장을 등록하지만 불과 한 달을 채 채우기도 전에 하나둘씩 모습을 보이지 않는 이유는 바로 이러한 인간의 본성 때문이다. 헬스장과 각종 환급반 코스, 자기계발서 등은 모두 이러한 인간의 본성을 역이용한 비즈니스다. 수익의 원천인 시장의 비효율성 또한 이러한 인간의 본성에 의해 만들어진다.

따라서 투자를 잘하기 위해서는 투자의 종류를 불문하고 이를 우직하게 꾸준히 할 수 있는 인내와 끈기, 그리고 실천 의지가 절대적으로 필요하다. 전설적인 투자자들은 언제나 이러한 꾸준함과 일관성을 투자를 하기 위한 매우 중요한 요소라 여겨왔다. 〈시장의 마법사들〉에서 터틀 트레이딩의 창시자이자 피트의 왕자로 불렸던 리처드 데니스는 이렇게 말했다. "나는 늘 우리의 트레이딩 규칙을 신문에다 공개해도 따라하는 사람은 없을 거라고 말하죠. 중요한 것은 일관성과 자제력이거든요. 우리가 터틀에게 가르친 규칙에 버금가는 규칙을 세울 수 있는 사람은 많을 겁니다. 하지만 그들이 할 수 없는 일은 상황이 안 좋아졌을 때 자신들이 세운 규칙을 고수하는 것이죠." 또한 가치투자의 아버지인 벤저민 그레이엄은 이렇게 말했다. "성공하는 투자자가 되기 위해 비범한 통찰력이나 지성은 필요 없다. 사람들에게 가장 필요한 것은 단순한 규율을 채택해 그것을 계속해서 지킬 수 있는 성격이다."

　이러한 말들은 전부 '지속하기의 중요성'을 강조하고 있다. 투자라는 것은 시장과 나의 대결이 아닌 나 자신과의 고독한 싸움이며 철저하게 내면적으로 진행되는 나 혼자만의 게임이다. 그렇기 때문에 여기서 승리하기 위해서는 내 본능이 이끌리는대로 해서는 안 된다. 투자가 어려운 이유는 많은 사람이 그저 본능에 따라 살아가기 때문이다. 투자는 이 본능과 유혹을 극복하고 내가 세운 원칙을 꾸준하게 지켜나갈 수 있는지를 평가하는 게임이다. 그렇기 때문에 좋은 투자자가 되기 위해서는 나 자신에게 자비없이 회초리질을 할 수 있는 보다 대쪽같은 선비 정신이 필요하다.

손자병법 〈모공〉 편에는 '지피지기면 백전불태'라는 말이 있다. 이는 '상대를 알고 나를 알아야만 항상 위태롭지 않는다'는 의미다. 둘 중에 하나를 모르더라도 스스로가 위태로운 상황에 처하게 될 확률이 높음을 손무는 경고한다. 그런데 여기서 중요한 것은 적을 아는 것도 중요하지만 내가 나 자신을 스스로 잘 알고 있어야 한다는 것이다. 이 말은 결국 자기 자신을 아는 사람들이 생각보다 많지 않음을 에둘러 표현한 것이다. 이미 2500년 전, 손무는 메타인지가 중요하지만 쉽지 않다는 것을 알고 있었다.

수많은 투자자가 시장에서 돈을 벌기 위해 시장을 철저히 분석하고 더 나은 투자 기법을 발견하기 위해 고군분투한다. 하지만 정작 그들은 스스로를 알기 위한 노력에는 다소 무관심한 것 같다. 지피지기의 나머지 반쪽이 자기 자신을 아는 것인데도 말이다. 성공적인 투자를 위해서는 나 자신에 대해 먼저 충분한 성찰이 필요하다. 나의 성향, 나의 목표, 나의 손실 감내수준 등 다분히 주관적인 것에 의해 투자의 성과는 크게 좌우된다. 또한 나 자신이 한낱 인간에 불과하며 그렇기 때문에 감정과 편향에서 자유롭지 못하다는 것을 받아들여야 한다. '나는 절대로 심리에 휘둘리지 않는 충분히 이성적인 존재야'라고 말하는 것은 사실 자기 기만에 불과하다. 기억하라. 우리는 모두 구석기인의 후예들이다. 그렇기에 성공적인 투자를 위해서는 끊임없는 심리훈련과 엄격한 자기규율이 필수다. 지기를 기반으로 한 극기만이 합리적인 투자를 가능케 할 수 있다.

참고문헌 및 추천도서

- 〈생각에 관한 생각〉 다니엘 카너먼, 김영사 (2018)

- 〈노이즈〉 다니엘 카너먼, 올리비에 시보니, 캐스 선스타인, 김영사 (2022)

- 〈심리투자 불변의 법칙〉 마크 더글러스, 더퀘스트 (2021)

- 〈나의 트레이딩 룸으로 오라〉 알렉산더 엘더, 이레미디어 (2009)

- 〈주식시장에서 살아남는 심리투자 법칙〉 알렉산더 엘더, 이레미디어 (2020)

- 〈터틀의 방식〉 커티스 페이스, 이레미디어 (2010)

- 〈터틀 트레이딩〉 마이클 코벨, 이레미디어 (2019)

- 〈시장의 마법사들〉 잭 슈웨거, 이레미디어 (2008)

- 〈부의 본능〉 브라운스톤(우석), 토트출판사 (2018)

- 〈투자와 비이성적 마인드〉 로버트 코펠, 비즈니스북스 (2013)

- 〈금융시장으로 간 진화론〉 앤드류 로, 부크온 (2020)

퀀트의 정석

Quant의

3장

금융시장

퀀트 투자를 위한 두 번째 빌딩블록은 바로 금융시장이다. 금융시장은 퀀트의 분석 대상인 동시에 퀀트가 살아 숨쉬고 있는 환경이다. 심리와 메타인지를 통해 자기 자신을 이해했다면 이제는 본격적으로 외부 세계로 눈을 돌려야 할 타이밍이다. 퀀트에게 있어 이 외부 세계는 바로 금융시장이며, 퀀트의 본질은 바로 이 금융시장이 어떻게 작동하는지를 계량적인 방법을 통해 보다 객관적으로 이해하는 것이다. 이 장에서는 금융시장의 본질인 리스크가 무엇인지에 대해 살펴보고 또 금융시장의 3요소라고 할 수 있는 구조, 플레이어, 그리고 상품에 대해서도 알아본다.

3.1 퀀트의 본질, 금융시장

퀀트가 하는 일에는 여러 가지가 있겠지만 그중 업무의 상당 부분을 데이터 분석이 차지하고 있다는 것은 자명한 사실이다. 퀀트를 퀀트답게 만들어 주는 요소는 바로 이 데이터 분석이라고 할 수 있다. 그런데 여기서 질문을 해보자. 퀀트가 수행하는 이러한 데이터 분석의 궁극적인 목적은 과연 무엇인가? 다시 말해, 퀀트는 도대체 무엇 때문에 금융 데이터 분석을 하는 것인가?

퀀트에게 있어 데이터 분석의 목적은 바로 금융시장의 작동원리를 발견하여 이를 투자 의사결정에 활용하기 위함이다. 즉, 퀀트가 하는 데이터 분석의 본질은 금융시장의 메커니즘이 어떻게 돌아가고 있는가를 파악하는 것이다. 퀀트는 데이터 분석을 통해 금융시장의 작동원리를 설명할 수 있는 자신만의 모델을 만들어낸다. 퀀트의 실력은 결국 자신의 모델이 시장을 얼마나 잘 설명할 수 있는가에 의해 판가름난다. 좋은 퀀트는 좋은 모델을 만들고 이 좋은 모델은 결국 시장에서 수익을 창출한다.

이런 맥락에서 보았을 때 퀀트에게 있어 금융시장을 이해하는 것은 필수다. 어쩌면 이는 수학 혹은 프로그래밍 지식보다 훨씬 더 중요하다고 볼 수 있다. 왜냐하면 통계 분석과 알고리즘은 그저 데이터가 주어지면 일련의 처리과정을 통해 분석의 결과를 제시할 뿐이기 때문이다. 정작 그 결과를 보고 시장에 숨겨진 작동원리를 발견해나가는 것은 순전히 퀀트 본인의 몫이다. 따라서 아무리 뛰어난 수학적 지식과 프로그래밍 스킬을 가지고 있다해도 이는 퀀트 스킬셋의 필요조건이 될 수 있을지언정 충분조건이 될 수는 없다. 도메인domain 지식이 중요한 이유다.

데이터 과학에서 말하는 도메인 지식이란 어떤 분야에 대한 전문 지식을 의미한다. 가령 아마존이나 쿠팡 같은 이커머스e-commerce 업계에 종사하는 데이터 과학자라면 필시 해당 분야에 대한 도메인 지식이 필요할 것이다. 예를 들자면, 고객들의 성향과 소비패턴, 물류 시스템의 흐름 등과 같은 것이 될 수 있다. 이러한 도메인 지식은 데이터 과학자로 하여금 데이터 속에서 사업성이 있는 유의미한 패턴을 발견할 수 있도록 돕는다. 이 과정에서 결국 수학, 통계, 프로그래밍과 같은 것은 데이터 과학자가 사용하는 도구일 뿐이다. 본질은 도메인 지식이다.

이러한 도메인 지식의 중요성은 퀀트 투자의 영역에서도 그대로 적용된다. 퀀트의 무대는 어디인가? 바로 금융시장이다. 그렇다면 퀀트는 당연히 금융시장에 대해 누구보다 잘 알고 있어야 한다. 퀀트에게 있어 도메인 지식이란 바로 금융시장 그 자체다. 1장에서도 살펴보았듯이 퀀트 투자라는 것은 알고리즘이 무조건 알아서 다 해주는 그런 SF 영화 같은 것이 절대로 아니다. 오히려 그 반대로 퀀트 투자를 하려면 계속해서 인간의 창의력과 통찰력, 분석능력 등이 필요하다. 결국 모델을 만드는 주체는 인간인 퀀트이기 때문이다. 수학과 프로그래밍도 중요하지만 금융시장을 이해하려는 노력 또한 게을리할 수 없는 이유다.

3.2 금융시장과 리스크

금융시장에는 수많은 종류의 상품이 존재하지만 사람들이 이러한 다양한 상품들을 거래하려고 하는 이유는 사실 단 한 가지, 바로 리스크를 관리하기 위함이다. 금융시장이란 한마디로 리스크를 거래하는 시장인 것이다. 금융시장에서 누구나 자유롭게 리스크를 측정하고 거래할 수 있다는 사실은 현대 시장경제의 핵심이라고 해도 과언이 아니다. 금융시장에서는 리스크에 대한 서로 다른 생각을 가진 사람들이 모여 거래라는 매개체를 통해 리스크를 공유하기도 하고 또 다른 누군가에 이를 전이하기도 한다. 이처럼 리스크에 대한 서로 다른 입장 차이는 금융시장에서 수요와 공급을 만들어내고 이내 거래를 발생시킨다.

16세기 대항해시대가 시작되면서 사람들은 신대륙을 찾아 모험을 떠났고 동시에 높은 투자 수익률을 올릴 수 있을 거라는 기대에 이러한 모험에 직간접적으로 투자를 하기 시작했다. 주식과 보험이라는 상품은 인류의 역사에서 이 시기에 본격적으로 등장하게 되었는데, 결국 이러한 상품이 나오게 된 계기는 바로 자신의 리스크를 관리하기 위해서였다. 시간이 지나면서 금융시장에는 다양한 형태의 금융상품들이 출시되었고, 오늘날 주식, 채권, 파생상품, ETF 등 이러한 금융상품의 종류는 무수히 많으며 투자자들은 서로 다른 리스크 선호도와 관리 방식에 따라 다양한 상품을 활용해 자신들의 포트폴리오 리스크를 관리해나가고 있다.

사실 금융시장에서 리스크와 수익은 동전의 양면과도 같다. 금융시장에서 수익을 내기 위해서는 어쩔 수 없이 무조건 시장에 발을 들여놓아야만 하기 때문이다. 시장에 진입하지 않는다면 가격 변화에 따른 어떠한 손익의 변화도 경험할 수 없다. 따라서 투자자에게 있어 리스크는 관리의 대상이지 절대로 회피의 대상이 아니다. 리스크를 무조건 회피한다면 수익을 낼 수 없다. 가격이 위로 움직이든, 아래로 움직이든 간에 가격의 움직임 자체는 결국 변동성이며 변동성은 결국 리스크이기 때문이다. 금융시장에서 돈을 벌기 위해서는 결국 가격이 움직여야만 한다. 따라서 리스크 자체는 금융시장의 본질이라고 할 수 있다. 이는 투자를 하고자 하는 모든 사람이 필히 인지하고 있어야 하는 사실이다.

3.3 금융시장의 구조

　금융시장은 퀀트가 살아숨쉬는 공간 그 자체다. 어떤 사람도 그 자신을 에워싸고 있는 그 주변 환경의 영향력으로부터 절대 자유로울 수는 없다. 마찬가지로 아무리 정량적인 데이터 분석을 수행하는 퀀트라고 하더라고 분석의 대상이 되는 자신의 환경을 이해하지 못한다면 제대로 된 분석을 할 수 없거니와 그로부터 유의미한 법칙을 발견할 수도 없다. 따라서 퀀트의 환경인 금융시장을 탐색하고 파악하는 일은 매우 중요하다. 여기에서는 금융시장의 구조가 어떻게 이루어져 있는가를 살펴본다. 이러한 구조를 파악하는 것은 다음 절에서 살펴볼 금융시장의 플레이어들을 이해하는 데에도 도움이 된다.

3.3.1 장내시장과 장외시장

금융시장의 구조를 파악하려면 우선 장내시장과 장외시장의 차이를 알아야 한다. 일반적으로 우리가 잘 알고 있는 주식시장 같은 시장은 바로 장내시장이다. 장내시장은 다른 말로 거래소 시장이라고도 불리며, 시장의 중앙에 매수자와 매도자가 동시에 호가를 제출할 수 있는 거래소가 존재한다. 거래소는 이러한 수많은 주문을 받아 매칭시켜 거래를 성사시키는 역할을 담당한다. 주식, 선물, 옵션과 같이 거래소에 상장되어 있는 상품들이 이러한 거래소 시장에서 거래가 된다. 장내시장에 상장되어 있는 상품들은 기본적으로 규격화가 잘 되어 있어 거래가 활발하고 따라서 유동성이 풍부하다.

이와 다르게 거래소가 존재하지 않고 거래 상대방들끼리 직접 만나서 일대일 거래를 성사시켜야 하는 시장을 우리는 장외시장이라고 부른다. 장외시장은 OTC(Over-the-Counter) 시장이라고 불린다. 우리가 부동산을 거래할 때 부동산중개업자를 찾는 이유는 바로 부동산 시장이 장외시장이기 때문이다. 장외시장은 시장이라는 실체가 없기 때문에 만약 내가 매수를 원한다면 매도자를, 반대로 매도를 원한다면 그것을 받아줄 매수자를 직접 찾아야 한다. 그렇기 때문에 이러한 장외시장에서는 브로커라는 사람들의 역할이 매우 중요하다. 브로커의 임무는 매수자와 매도자를 찾아 거래를 원활히 성사시키는 것이다. 장외시장에서 거래되는 상품들은 거래소 시장과 다르게 규격화되어 있지 않다. 일대일 거래인만큼 쌍방간의 합의만 된다면 굉장히 특이한 구조의 상품도 거래가 될 수 있다. 이처럼 상품 구조의 유연성은 장외시장의 대표적인 특징 중 하나다. 채권이나 외환 같은 상품들은 기본적으로 장외시장에서 거래가 된다. 이러한 장외시장에서는 일반적으로 전화나 이메일, 혹은 채팅을 통해 거래가 이루어진다.

3.3.2 발행시장과 유통시장

또한 금융시장은 발행시장과 유통시장으로도 구분할 수 있다. 우선 발행시장은 말 그대로 기존에 존재하지 않던 새롭게 발행되는 상품이 판매되는 시장이다. 가령, 어떤 기업이 새로 주식이나 채권을 발행하여 자금을 조달하고 싶은 경우 이들은 발행시장의 문을 두드린다. 반대로 투자자들은 발행시장에서 새로운 상품에 대한 투자 기회를 얻을 수 있다. 코로나19 사태 이후 일반인 투자자들에게도 어느 정도 익숙해진 IPO(Initial Public Offering, 기업공개) 같은 이벤트들은 모두 발행시장에서 일어난다. 새롭게 발행되는 상품이기에 발행시장은 다른 말로 1차 시장이라고도 불린다.

이와 다르게 유통시장은 이전에 이미 발행되었던 증권들이 중고로 나오는 시장이다. 그런 의미에서 유통시장은 2차 시장이라고도 불리며, 우리가 흔히 알고 있는 주식시장은 바로 이 유통시장이다.

유통시장에서는 수많은 매수자들과 매도자들이 동시다발적으로 호가를 제출하여 거래의사를 타진한다. 유통시장에서는 기업실적이나 뉴스 같은 새로운 정보의 유입 혹은 시장의 유동성 상황에 따라 실시간으로 증권의 가격이 재평가된다.

3.3.3 자금시장과 자본시장

마지막으로 금융시장은 자금 조달의 성질에 따라 자금시장과 자본시장으로 나뉜다. 우선 자금시장은 단기 자금시장이라고도 불리며 이름이 말하는 것과 같이 매우 단기적으로 돈을 빌리거나 빌려주기 위해 존재하는 시장이다. 자금시장은 1년 이내의 짧은 기간 동안 자금을 빌리거나 빌려주는 곳이기 때문에 일반적으로 시장의 유동성이 매우 풍부하다. 따라서 자금시장에서 거래되는 여러 상품의 리스크는 낮은 편이고 변동성 또한 작다. 자금시장에서 거래되는 금융상품에는 예금, 양도성예금증서(CD), 기업어음(CP), MMF, 환매조건부 채권(Repo) 등이 있다.

자금시장과 달리 자본시장은 상대적으로 꽤 오랜 기간 동안의 자금 조달을 위해 존재하는 시장이다. 비즈니스를 영위하기 위해 안정적인 자금 조달처를 확보하는 것은 기업의 재무활동에 있어서 필수다. 기업은 크게 두 가지 방법을 통해 자금을 조달받는데 이는 바로 '주식'과 '채권'이다. 새롭게 발행된 주식과 채권은 앞서 말한 발행시장을 통해 최초로 거래가 이루어지며 이후 이들은 유통시장으로 흘러들어가 시장 참여자들 사이에서 활발하게 거래가 된다.

3.4 금융시장의 플레이어

금융 생태계를 온전하게 이해하기 위한 두 번째 요소는 실제로 시시각각 금융시장에서 투자 의사결정을 내리는 시장 참여자들이다. 결국 이들의 행동으로 인해 시장에서는 가격이라는 것이 형성되고 거래량이 발생하기 때문이다. 따라서 금융시장을 이해한다는 것은 시장이라는 거대한 생태계 안에서 어떤 종류의 종들, 즉 어떤 시장 참여자들이 존재하는가를 이해하는 데에서 시작한다고 볼 수 있다.

금융시장의 참여자는 크게 두 가지 범주로 나뉜다. 바로 '바이사이드Buy-Side'와 '셀사이드Sell-Side'다. 이러한 구분을 이해하는 것은 다음과 같은 이유 때문에 매우 유용하다. 우선, 이러한 구분과 용어는 실무적으로 매우 일반적인 일이기 때문에, 각종 금융서적이나 뉴스를 이해하는 데 도움이 될 수 있다. 또한, 이러한 이분법적 구분은 금융시장의 메커니즘과 시장 참여자들 그리고 그들의 비즈니스 구조를 조금 더 직관적으로 이해하는 데 도움이 된다. 복잡한 실제 세상을 보다 직관적으로 이해하기 위해서는 단순한 모델과 범주화를 통해 세상을 바라보는 것이 이해의 명확성을 높여줄 수 있기 때문이다.

3.4.1 바이사이드

우선 바이사이드Buy-Side는 시장에서 수익을 창출하기 위해 실제로 자금을 투입하여 투자 행위를 하는 주체를 의미한다. 바이사이드의 '바이Buy'는 금융상품과 서비스를 구매하는 입장이라는 의미다. 바이사이드는 한마디로 투자자를 대변하는 사람들이며, 일반적으로 다수의 투자자들로부터 자금을 모집하여 거대한 자금의 풀을 형성한 다음 이를 운용하게 된다.

첫 번째 바이사이드 플레이어는 뮤추얼펀드다.

우리가 일반적으로 생각하는 자산운용사, 그 자산운용사가 운용하는 공모펀드가 바로 뮤추얼펀드다. 뮤추얼펀드는 수많은 투자자의 돈을 하나의 펀드로 만들어 투자를 집행하는 집합투자의 형태를 띠고 있다. 이 펀드를 운용하는 펀드 매니저는 수많은 투자자를 대신하여 투자 의사결정을 내린다. 펀드 매니저는 이러한 서비스의 대가로 운용수수료를 수취하며, 뛰어난 투자 성과를 낼 경우 이익의 일부를 자신의 성과보수로 가져간다. 따라서 펀드 매니저의 목표는 당연히 좋은 투자 성과를 창출하는 것이다.

두 번째로는 연기금이다.

연기금은 위에서 말한 뮤추얼펀드와는 다르게 보다 구체적인 펀드의 목표가 존재한다. 뮤추얼펀드의 목표는 일반적으로 단순히 수익을 창출하기 위해서지만, 연기금의 투자 목표는 이러한 투자 수익으로 향후 연금을 가입한 고객들에게 지급될 연금을 만들어내는 것이다. 따라서 적절한 투자 수단을 선택하는 것은 연기금을 운용하는 펀드 매니저의 역량이다. 한국의 대표적인 연기금으로는 우리가 잘 알고 있는 국민연금이 있다.

세 번째로는 보험사가 있다.

보험사는 고객들에게 보험금을 지불할 수 있도록 그들이 낸 보험료를 어디엔가 투자해야 할 필요성이 있다. 결국 보험사는 현재에 받은 보험료를 펀드의 형태로 어디엔가 투자를 하고 미래에 실제 사건이 발생했을 때 고객에게 돌려주어야 하는 비즈니스인 것이다.

네 번째로는 국부펀드가 있다.

국부펀드는 널리 알려져 있는 또 다른 유형의 바이사이드 플레이어다. 국부펀드는 말 그대로 국가의 부, 다시 말해 정부가 소유하고 있는 기금을 운용하는 것을 의미하며 이는 국가의 운영과 재정을 위해 사용된다. 대표적인 국부펀드로는 노르웨이의 노르웨이 국부펀드, 아랍에미리트의 아부다비 투자청, 싱가폴의 GIC, 그리고 한국의 KIC 등이 있다.

마지막으로 헤지펀드라는 유형의 바이사이드 플레이어다.

투자자로부터 자금을 조달받아 수익 창출을 목표로 하는 집합투자업이라는 점에서 헤지펀드는 앞서 언급했던 뮤추얼펀드와 비슷한 부분이 있다. 하지만 헤지펀드는 뮤추얼펀드와는 다르게 절대수익 창출을 목표로 한다. 여기서 말하는 절대수익이란 말 그대로 시장 상황에 관계없이 항상 절대적인 수익을 창출하고자 하는 것을 의미한다. 헤지펀드의 이름이 헤지펀드인 이유는 시장의 움직임에 무관한, 다시 말해 시장 위험을 헤지hedge하는 펀드이기 때문이다. 따라서 헤지펀드는 따로 벤치마크가 없으며, 어떠한 상황에서도 수익을 창출할 수 있어야 하므로 뮤추얼펀드와는 다르게 다양한 투자 전략을 구사한다. 그렇기 때문에 헤지펀드는 같은 집합투자업인데도 공모보다는 사모의 형태로 펀드가 만들어진다.

이처럼 금융시장에는 정말 다양한 종류의 바이사이드 플레이어들이 있다. 그들의 구체적인 목표와 업무적 맥락은 서로 다르지만 그들은 모두 공통적으로 가능한 한 적은 리스크를 부담하며 시장에서 수익 창출을 해야 한다는 목표가 있다.

3.4.2 셀사이드

셀사이드Sell-Side는 바이사이드와 다르게 실제 투자행위를 하는 주체는 아니다. 금융시장에서 셀사이드는 바이사이드가 투자행위를 순조롭게 할 수 있도록 도와주는 역할을 담당한다. 셀사이드의 '셀Sell'은 자신들의 고객인 바이사이드에게 금융상품과 서비스를 판매한다는 의미가 있다. 이들은 발행시장 혹은 유통시장으로부터 좋은 투자 상품을 조달하여 고객에게 제공한다. 이 과정에서 해결해야 하는 여러 가지 자질구레한 실무적 이슈들을 얼마나 순조롭게 그리고 효율적으로 해결할 수 있는가에 따라 셀사이드의 비즈니스 실력이 판가름난다.

셀사이드의 대표적인 기능 중 하나는 바로 브로커리지Brokerage 서비스다.

제도적으로 바이사이드 플레이어는 시장에 직접적으로 접근할 수 있는 권한이 없다. 따라서 투자를 하기 위해서 바이사이드는 반드시 라이선스를 보유하고 있는 셀사이드의 브로커리지 서비스를 경유해야만 한다. 우리가 주식을 매매하기 위해 증권사라는 주체의 HTS나 MTS 서비스를 이용하는 것도 바로 이 때문이다. 이러한 브로커의 역할은 장내시장이 아닌 장외시장에서 훨씬 더 두각을 나타내기도 하는데, 거래소가 존재하지 않는 장외시장의 경우 브로커는 시장에서 매수자와 매도자의 의견을 조율하여 거래를 원만하게 성사시키는 역할을 담당하고 있기 때문이다.

또한 셀사이드에는 브로커가 아닌 '딜러'라는 포지션도 있다.

우리가 흔히 '트레이더trader'라고도 불리는 딜러는 단지 중개만 진행하는 브로커와는 다르게 자신의 포지션을 보유하면서 직접적으로 거래에 뛰어든다. 재고 위험을 스스로 부담하면서 매매를 진행하는 중고차 딜러를 생각하면 이해가 빠르다. 딜러의 의무는 찾아오는 고객을 위해 양방향 호가, 즉 매수와 매도에 대한 호가를 모두 제시해야 한다는 것이다. 이러한 포지션을 우리는 시장 조성자라고 부르는데 시장 조성자의 역할은 말 그대로 시장에서 거래가 원활하게 발생하도록 시장에 유동성을 제공하는 것이다. 이러한 시장 조성의 대가로 그들은 비드-오퍼 스프레드bid offer spread[1]를 수익의 원천으로 가져가게 된다. 시장조성자는 언제든지 고객이

---

1   매수 호가와 매도 호가와의 차이를 말한다.

거래를 할 수 있도록 유동성을 제공하지만, 시장에는 언제나 유동성 위험이 존재하기 때문에 이에 대한 대가로 비드-오퍼 스프레드를 가져가는 것이다.

셀사이드에는 기존의 금융시장에 존재하지 않는 새로운 형태의 금융상품을 제작하여 고객들에게 판매하는 구조화상품 부서 또한 존재한다.

예를 들어, 어떤 고객은 시장에 있는 상품에 만족하지 못할 수 있고 이보다는 다소 특이한 형태의 요구(needs)가 있을 수도 있다. 가령 주식보다는 안전하지만 채권보다는 조금 더 높은 수익을 내는 그런 상품을 요구할 수도 있지 않은가. 이런 경우 구조화 부서(desk)는 이러한 고객들을 위해 커스터마이징 서비스를 제공한다. 사실 한국에서 이미 널리 알려진 투자 상품인 ELS 같은 상품은 이러한 커스터마이징의 결과다. 원래 시장에는 존재하지 않았던 상품이지만 금융공학 지식을 활용해 새로운 형태의 투자 상품을 만들어낸 것이다. 따라서 앞서 언급한 트레이더가 기존에 있던 상품을 전달만 하는 유통업자의 느낌이었다면, 구조화 상품 부서는 직접 상품을 만들어 조달하는 제조업자라고 보면 이해가 쉽다. 다만 이들은 이미 만들어진 기성품을 만든다기보다는 고객의 특별한 요구에 맞는 맞춤(tailor) 상품을 한땀한땀 만들어내는 맞춤샵이다.

마지막으로 셀사이드에는 투자 은행, 영어로는 IB(Investment Bank)라고 하는 부문도 존재한다.

이는 또다른 중요한 셀사이드 플레이어 중 하나로, 이들이 제공하는 주요 서비스는 바로 유가 증권 발행의 촉진이다. 가령 자금이 필요한 기업들이 금융시장을 찾는 이유는 자신들이 투자를 하기 위해서가 아니라 반대로 투자를 받기 위해, 즉 자신의 사업을 위해 자금을 조달받고 싶어서다. 이들은 보통 주식과 채권을 발행하여 자금을 조달받는다. 하지만 이러한 방법으로 자금을 조달받기 위해서는 금융시장에서 거쳐야 할 여러 관문들이 있다. IB 부서의 역할은 바로 이러한 자금 조달 과정이 원활하게 처리될 수 있도록 서비스를 제공하는 것이다. 이 과정에서 주식이나 채권을 사줄 고객들을 찾는 것 또한 이 IB 부서의 임무다. IB 부문은 이러한 금융 서비스를 제공하는 대가로 수수료를 받는다.

3.5 금융상품

3.5.1 퀀트의 스펙트럼에는 한계가 없다

'사일로'라는 단어를 들어본 적이 있는가? '사일로Silo'란 사전적으로 곡식을 저장해두는 큰 탑 모양의 창고를 의미한다. 가끔 미국 영화를 보면 곡창지대의 넓은 들판 한가운데 커다랗고 길쭉한 양철 통들이 줄지어 있는 장면을 볼 수 있는데 그런 것들이 바로 사일로다. 사일로에는 수확한 곡식이 담겨 있다. 각각의 사일로들은 서로 독립된 구조를 취하는데 그 이유는 저장된 물품들이 서로 섞이지 않도록 하기 위해서다. 이러한 사일로 구조의 장점은 하나의 사일로에서 문제가 발생하여도 다른 사일로에는 전혀 피해가 가지 않는다는 것이다. 사일로의 폐쇄성은 부패하기 쉬운 것을 저장하는 데 있어 장점으로 작용한다.

경영학에서는 이러한 사일로의 모양에 착안하여 사일로 효과라는 개념을 만들어냈는데, 이는 다소 부정적인 뉘앙스를 내포하고 있다. 사일로 효과(Silo Effect)란 어떤 조직 혹은 구조에서 그것을 이루고 있는 각각의 부분들이 서로서로 차단되어 있어 통하지 못하고 있는 상황을 의미한다. 대표적인 예시가 바로 회사 내에서의 부서 이기주의로 인한 사일로 효과의 발생이다. 각각의 부서들이 서로서로 사일로된 채 부서 내부의 이익을 위해서만 주장을 펼치는 경우 회사 전체적으로 보았을 때는 동맥경화가 발생한 것처럼 소통이 잘 되지 않고 결국 비즈니스의 혁신과 발전이 불가능해지게 되는데, 이러한 현상이 바로 사일로 효과인 것이다. 기본적으로 어떤 비즈니스에서건 사일로 효과의 발생은 당연히 독이다. 이는 물이 순환되지 못하고 어딘가에 갇혀버리게 되면 결국 부패하게 되는 현상과도 같다.

퀀트 투자는 퀀트 투자가 가지고 있는 고유한 특성상 이러한 사일로 효과의 발생에 매우 취약하다. 좀 더 심각하게 이야기하자면, 퀀트 비즈니스를 하는 과정에서 사일로 현상이 발생한다면 이는 퀀트 비즈니스를 장기적인 관점에서 발전시키는 것이 거의 불가능함을 의미한다.

그 이유는 퀀트 투자가 수익을 내는 방식이 기본적으로 카지노를 운영하는 것과도 같기 때문이다. 카지노의 비즈니스 모델은 사실 매우 단순하다. 일단 카지노는 플레이어 대비 약간의 확률적 우위만 있으면 된다. 그다음에는? 별거 없다. 그다음에 필요한 것은 단지 시행 횟수를 늘려 대수의 법칙에 의해 이론적인 확률적 우위가 실제 수익으로 실현되도록 만드는 것이다. 다시 말해, 확률적 기대값이 실제 수익으로 치환되는 셈이다.

따라서 퀀트 비즈니스의 핵심은 확률적 우위가 존재하면서도 서로 관련성이 없는 팩터들을 최대한 많이 확보해 대수의 법칙으로 장기적으로 안정적인 수익을 창출해 내는 것이다. 이러한 퀀트의 성과창출 방식은 1999년 그리놀드와 칸이 제시한 단 하나의 방정식으로 설명이 가능하다. 아래의 간단한 수식은 모든 종류의 액티브 투자에 적용되는 성과 방정식이다. 여기서 IR(Information Ratio, 정보 비율)은 성과, IC(Information Coefficient, 정보 계수)는 스킬, 그리고 B(Breadth, 폭)는 자산 혹은 전략의 개수를 의미한다. 우리는 이를 통해 모든 액티브 투자자들의 스타일을 파악해볼 수 있다. 가령 워런 버핏과 같은 가치 투자 스타일이 깊이 있는 통찰력(IC)을 기반으로 집중 투자를 하는 것이라면, 퀀트 투자의 묘는 두 번째 항인 B를 최대한 늘려 대수의 법칙으로 만들어진 과실을 향유하는 것이다.

$$IR = IC \times \sqrt{B}$$

그렇다면 퀀트 비즈니스에서 이 폭(Breadth)을 늘리려면 과연 어떻게 해야 할까? 답은 간단하다. 다룰 수 있는 자산과 전략의 개수를 늘리면 된다. 그런데 생각해 보자. 만약 이런 상황에서 자산군별 사일로가 발생하면 어떻게 될까? 당연히 대수의 법칙이 실현되기도 전에 비즈니스는 중단되고 투자자들은 실망감에 투자금을 뺄 것이다. 퀀트라는 방법론을 한국 주식시장이라는 매우 협소한 상황에 적용하는 것이 쉽지 않은 이유는 퀀트의 실력이나 모델의 퀄리티 문제라기보다는 사일로 효과에 취약한 퀀트 비즈니스의 구조적 특성 때문이다.

따라서 장기적으로 강건한 퀀트 비즈니스를 만들어나가기 위해서는 무조건 크로스에셋 관점에서 접근할 필요가 있다. 여기서 말하는 크로스에셋Cross-Asset이란 자산 간의 경계가 없는 상황에서 언제든지 이를 자유롭게 넘나들 수 있는 환경을 의미한다. 1장에서 언급했듯이 퀀트 비즈니스의 목표는 팩터 간 독립성과 MECE 구조를 기반으로 하고 있다. 따라서 빈틈이 생기는 순간 대수의 법칙을 가정하고 있는 퀀트 비즈니스는 오히려 역풍을 맞게 된다. 퀀트가 열린 사고를 가지고 다양한 금융상품들에 관심을 가져야 하는 이유는 바로 이 때문이다. 퀀트 투자가 다른 방식의 투자보다 훨씬 더 넓은 시야를 가지고 있어야 하는 이유다.

3.5.2 자산가격 결정원리

그렇다면 자산의 가격은 어떻게 매겨지는 것일까? 금융시장에는 정말 다양한 종류의 자산이 존재한다. 하지만 이 모든 자산의 이론적 가치 추정을 위해서는 오직 한 가지 모델만 있으면 충분하다. 우리는 이 모델을 '자산가격 결정원리'라고 부른다. 용어가 조금 어렵긴 하지만 사실 이것이 가지고 있는 기본 아이디어는 꽤 단순하다. 자산가격 결정원리는 '모든 자산의 현재 가치는 해당 자산이 미래에 제공하는 모든 현금흐름들을 현재 시점으로 현가화하여 전부 더한 것이다'라고 말한다. 이는 주식과 채권을 비롯한 모든 종류의 자산에 공통적으로 적용되는 아이디어다. [그림 3-1]은

$$\text{자산가격} = \frac{\text{추정현금흐름}}{\text{금리(할인율, 할인커브)}}$$

[그림 3-1] 자산가격 결정원리

자산가격 결정원리를 직관적으로 이해하기 위한 그림이다.[2] 이 그림은 단순히 자산가격 결정원리에 대한 위의 명제를 그대로 도식화시켜놓은 것에 불과하다.

경제학자 존 콕레인John H. Cochrane은 2001년에 저술한 그의 책 〈Asset Pricing〉에서 이러한 자산가격 결정원리에 대해 다음과 같이 직관적으로 설명하고 있다.

"자산가격 결정원리는 단 하나의 간단한 생각으로부터 시작합니다. 그것은 바로 '가격이라는 것이 예상되는 현금흐름을 현재로 할인한 값이다'라는 것입니다."

우리는 여기서 자산가격의 결정을 위해 두 가지 주요 개념이 자리하고 있는 것을 확인할 수 있다.

하나는 '미래에 예상되는 현금흐름'이며, 다른 하나는 '현재로 할인한 값'이다. 우선, '미래에 예상되는 현금흐름'이라는 것에 대해 먼저 살펴보자. 투자자가 특정 자산에 투자를 하는 이유는 미래에 창출가능한 현금흐

---

2   물론 보다 정확한 형태의 자산가격 결정원리를 표현하기 위해서는 다소 복잡한 수학적 묘사가 필요하지만 여기서는 이를 생략하였다.

름을 얻고자 함이다. 따라서 어떤 자산의 가치를 측정하기 위해 우선적으로 해야하는 일은 이 자산의 미래 현금흐름을 예상해보는 것이다. '예상되는 현금흐름'이라는 단어는 바로 이를 지칭한다. 모든 자산에 대해서 우리는 그에 상응하는 미래 현금흐름을 예상해볼 수 있으며, 그 미래 현금흐름을 합리적으로 추정하는 작업 자체가 바로 현재 그 자산의 적정가를 산출하기 위해 선행되어야 하는 가장 첫 번째 작업이다.

두 번째 개념은 '현재로 할인한 값'이다. 미래의 현금흐름을 추정했다면 그 다음에 해야할 일은 이를 현재 시점으로 당겨오는 작업이다. 상식적으로 생각해보았을때 오늘의 만 원은 10년 뒤의 만 원과 그 가치가 다를 수밖에 없다. 확실히 오늘의 만 원이 10년 뒤의 그것보다 가치가 더 클 수밖에 없는데, 우리는 이를 좀 더 고상한 말로 '돈의 시간가치'라고 표현한다. 그렇기 때문에 미래에 현금흐름이 발생하는 자산에 대해 현재 시점의 가격을 구하기 위해서는 적절한 할인율로 해당 현금흐름을 할인해 현재로 가져와야 한다.

정리하자면, 어떤 특정 자산의 현재가치를 합리적으로 추정하기 위해서는 우선 해당 자산이 창출해 낼 현금흐름을 합리적으로 미래 시점으로 투사하는 작업이 필요하고, 그 이후에는 추정된 미래 현금흐름을 합리적인 할인율을 사용하여 현재의 시점으로 다시 거둬들여야 한다. 이러한 자산가격결정의 논리는 모든 투자자산에 대해 공통적으로 적용되는 절대원칙이다.

모든 투자자의 마음속에는 '자산가격 결정원리'라고 불리는 계산기가 들어있다. 투자자들은 시시각각 자신이 시장을 어떻게 바라보고 있는가에 따라 이 계산기에 서로 다른 입력값을 넣어 자산의 가치를 계산한다. 이처럼 아무리 동일한 자산이라고 해도 이 자산에 대한 가치를 계산하는 데 있어 사람들의 견해는 모두 천차만별이다. 이것이 바로 시장에서 거래라는 것이 일어날 수 있는 근본적인 이유다.

3.5.3 금리

금리는 금융시장의 뿌리와도 같다. 시장에 존재하는 어떠한 자산도 금리의 영향력을 벗어날 수는 없다. 왜냐하면 앞서 살펴본 자산가격 결정원리에 의해 모든 금융상품의 이론적 가치는 결국 할인율이라고 하는 돈의 시간가치와 결부되기 때문이다. 금리라는 것은 돈의 시간가치의 다른 표현방식에 불과하다.

생각해보자. 왜 전 세계 투자자들은 미국의 연방준비은행(Federal Reserve Bank, 이하 미 연준)의 발언과 의사결정에 항상 예의주시를 하고 있는 것일까? 그 이유는 미 연준이 글로벌 기축통화인 달러의 금리를 결정하기 때문이다. 즉, 그들의 결정이 기축통화국인 미국의 전반적인 금리 수준을 결정하게 되며, 이는 나아가 전 세계 자산시장에 막대한 영향을 끼치게 된다. 금리가 금융시장의 뿌리라고 불리는 것은 바로 이 때문이다. 다시 한번 강조하지만, 자산가격 결정이론에 의해 전 세계의 모든 자산은 금리의 영향력에서 벗어날 수 없다.

이러한 금리에 기반한 금융상품이 바로 채권이다. 금리는 다른 말로 이자율인데 결국 채권이란 다른 사람에게 돈을 빌려주고 이자를 받기 위해 보유하고 있는 증서다. 채권은 일반적으로 고정수익(Fixed Income)

증권이라고도 불리는데 그 이유는 일반적인 채권의 경우 자산가격 결정 모델에서의 분자 부분, 즉 미래 현금흐름이 만기까지 전부 고정되어 있기 때문이다. 이는 다시 말해, 우리가 만약 어떤 채권을 보유한다면 도산의 위험이 없다는 가정 하에 만기까지 얼마만큼의 이자를 받게 될지 현재 시점에 확정적으로 알고 있다는 것을 의미한다. 물론 채권에는 미래에 지급될 이자가 현재 시중 금리에 의해 동적으로 재조정되는 변동금리 채권 또한 존재한다.

따라서 채권의 가격을 결정하기 위한 요인은 결국 자산가격 결정원리의 분모에 위치한 금리 하나밖에 없다. 시중의 금리가 올라가면 채권의 가격이 떨어지고, 반대로 금리가 내려가면 채권의 가격이 올라가는 이유는 바로 이러한 메커니즘 때문이다. 가령 내가 보유하고 있는 채권이 3%의 이자를 준다고 했을 때 만약 현재 시중금리가 5%라면 상대적으로 내가 들고 있는 채권의 가치는 하락할 수밖에 없다. 금리가 하락하는 경우에는 이와 반대로 생각하면 된다.

채권이라는 상품은 크게 두 가지 기준에 의해 상품이 분류된다. 하나는 '만기'이며, 다른 하나는 '발행자'다. 우선 채권은 주식과 다르게 만기라는 것이 항상 존재한다. 돈을 빌려주었으면 언제까지 갚아야한다는 것이 명시되어 있는 것이다. 이러한 만기에는 매우 짧은 하루짜리부터 초장기인 30년, 50년짜리, 심지어는 만기가 무한한 영구채도 있다. 당연히 동일한 주체가 발행한 채권이라 하더라도 만기에 따라 금리의 수준은 달라진다. 하루 동안 돈을 빌려주는 것과 10년 동안 돈을 빌려주는 것은 그 위험의 정도가 다르기 때문이다. 따라서 서로 다른 만기에 따라 금리 수준은

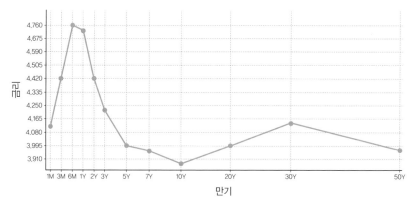

[그림 3-2] 미국 국채 금리 기간구조 예시[3]

달라질 수밖에 없으며 우리는 만기에 따른 각각의 금리 수준을 하나의 선으로 연결할 수 있다. 우리는 이 선을 금리 기간구조라고 부른다.

또한 채권은 누가 발행했는지, 즉 발행주체에 따라 특성이 달라지는 상품이다. 예를 들어, 중앙정부가 채권을 발행하면 우리는 이를 '국채'라고 부르며, 일반 기업이 채권을 발행하면 이는 '회사채'가 된다. 그리고 같은 회사채라고 해도 그 회사가 어떤 회사인지에 따라 이를 부르는 이름들이 조금씩 다른데, 은행채, 카드채, 공사채 등과 같은 것들은 이러한 다양한 회사채에 대한 예시다.

서로 다른 채권이 서로 다른 금리 수준을 내포하고 있는 이유는 각 채권이 가지고 있는 위험 수준이 당연히 다르기 때문이다. 특히나 회사채의 경우에는 기업의 파산 위험이 있기 때문에 이러한 지급불가능 위험을 반영하여 회사채 금리의 수준이 결정된다. 따라서 어떤 기업의 재무건전성

---

3   출처: 블룸버그(Bloomberg)

S&P	Moody's	Fitch	
AAA	Aaa	AAA	
AA+	Aa1	AA+	
AA	Aa2	AA	
AA−	Aa3	AA−	
A+	A1	A+	투자등급(Investment Grade, IG)
A	A2	A	
A−	A3	A−	
BBB+	Baa1	BBB+	
BBB	Baa2	BBB	
BBB−	Baa3	BBB−	
BB+	Ba1	BB+	
BB	Ba2	BB	
BB−	Ba3	BB−	
B+	B1	B+	
B	B2	B	
B−	B3	B−	
CCC+	Caa1	CCC+	투기등급(High Yield, HY)
CCC	Caa2	CCC	
CCC−	Caa3	CCC−	
CC	Ca	CC	
C	C	C	
D	−	D	

[그림 3-3] 투자등급과 투기등급

을 평가하는 제3기관인 신용평가사에서는 신용등급이라는 것을 통해 회사채의 지급불가능 위험을 추정한다. 글로벌 채권시장에서는 회사채를 신용등급에 따라 크게 두 가지 범주로 나누어보고 있는데, 하나는 투자등급이며 다른 하나는 투기등급이다.

금리의 영향을 절대적으로 받는 채권이라는 상품의 특성상 채권의 가격은 금리를 위시한 글로벌 거시경제의 흐름으로부터 자유로울 수 없다. 그중 가장 중요한 것은 역시나 앞서 언급한 중앙은행의 통화정책 스탠스다. 각국 중앙은행은 정기적으로 통화정책 회의를 개최하여 전반적인 거시경제 상황을 점검하고 이에 따라 통화정책의 향방을 결정한다. 우리가 보통 이야기하는 기준금리라고 하는 것은 이러한 의사결정의 결과물이다. 중앙은행은 통화정책을 조절함으로써 시중의 통화량을 조절할 수 있고 이는 시장 금리를 변화시키는 요인이다. 이밖에도 정부의 재정정책과 물가, 경제성장과 같은 거시경제 변수들의 변화는 시시각각 채권 가격에 영향을 준다. 채권을 다루기 위해서는 거시경제에 대한 지식과 안목이 필수적인 이유다.

3.5.4 주식

주식은 아마도 일반인 투자자들에게 가장 널리 알려져 있는 보편적인 금융상품일 것이다. 주식은 기본적으로 어떤 기업의 지분을 소유하는 것이다. 내가 이 회사에 자금을 투자한 대가로 나는 이 기업의 부분적 소유주가 되는 것이고, 기업 활동으로 나온 이익에 대한 분배를 요구할 수 있는 권리를 가지게 된다.

전 세계에는 수많은 주식이 있지만 주식이라는 상품은 크게 두 가지 기준으로 분류가 가능하다. 하나는 '의결권의 유무'다. 의결권이란 기업의 의사결정에 찬성이나 반대의 목소리를 낼 수 있는 권리를 의미하며, 일반적으로 의결권이 있는 주식인 보통주와 그렇지 않은 주식인 우선주로 나뉜다.

주식 섹터	대표 기업
기술(Technology)	애플, 마이크로소프트, 엔비디아
커뮤니케이션 서비스 (Communication Service)	구글, 메타, 넷플릭스
임의 소비재(Consumer Cyclical)	아마존, 테슬라, 홈디포
부동산(Real Estate)	아메리칸타워, 리얼리티인컴
에너지(Energy)	엑슨모빌, 쉐브론
금융(Financial)	비자, 마스터카드, 뱅크오브아메리카
헬스케어(Health Care)	존슨앤존슨, 화이자, 유나이티드헬스케어
필수소비재(Consumer Defensive)	코카콜라, 필립스
산업재(Industrials)	유피에스, 유니언퍼시픽철도, 허니웰
유틸리티(Utilities)	듀크에너지, 콘솔리데이티드 에디슨, 서던
소재(Basic Materials)	듀퐁, 셔윈 윌리엄스

[표 3-1] 주식 섹터 구분과 미국 대표 기업 예시

다른 하나는 '섹터에 따른 분류'다. 모든 기업은 비즈니스의 성격에 따른 섹터가 있다. 섹터는 일반적으로 산업군에 따라 분류가 되며 [표 3-1]과 같이 일반적으로 총 11개의 섹터로 구분된다.

주가를 결정하는 요인은 당연히 해당 기업의 수익성, 즉 '이 기업이 미래에 어느 정도 돈을 벌 수 있는가'다. 기업의 본질적인 존재 목적은 바로 이윤 창출이기 때문이다. 주주들은 회사가 많은 이익을 내서 높은 수준의 배당금을 지급받길 원하거나 혹은 시장에서 해당 주식이 좋은 평가를 받아 보유 지분의 가치가 높아지기를 기대한다.

기업의 수익성을 파악하기 위해서는 기본적으로 기업에 대한 건강검진표라고도 할 수 있는 재무제표에 익숙해질 필요가 있다. 기업의 수익성과 재무건전성, 자본구조 등과 같은 중요한 정보가 전부 재무제표에 녹아들어가 있기 때문이다. 이는 기본적으로 주식을 다루기 위해서는 어느 정도의 회계 지식이 필요함을 의미한다. 사실 퀀트가 말하는 주식투자 전략 중 상당수가 이러한 재무제표 데이터를 활용한 전략인 경우가 많다.

또한 기업의 수익성은 해당 기업 고유의 비즈니스 속성뿐만 아니라 다른 자산과 마찬가지로 글로벌 거시경제에 엄청난 영향을 받는다. 이는 주식투자에 관심이 있다고 해서 오직 미시적인 관점에서 기업 자체만을 들여다봐서는 안 된다는 것을 의미한다. 결국 기업 또한 다른 경제 주체들과 마찬가지로 글로벌 경제라는 거시적인 환경 속에서 살아가고 있는 존재다. 앞서 사일로 효과를 경계해야 한다고 말했던 또다른 이유가 바로 여기에 있다.

3.5.5 통화

통화는 사전적으로 각국의 법정화폐를 의미한다. 각 나라는 저마다의 고유한 화폐 시스템을 가지고 있으며 이러한 통화들은 서로 일정 비율로 교환이 가능하다. 우리는 이러한 통화들 간의 교환비율을 '환율'이라고 부르며, 각각의 통화들은 외환시장에서 환율을 매개로 거래가 이루어진다.

외환시장의 가장 큰 특징은 바로 언제나 하나의 통화를 매수하고 다른 하나의 통화를 매도해야 한다는 것이다. 예를 들어, 만약 우리가 달러를 사고 싶다면 우리는 달러를 사는 동시에 원화를 매도하는 셈이다. 그래서 언제나 외환시장에서의 가격인 환율은 두 통화 간의 교환비율로 표시된다.

통화라는 금융상품이 중요한 이유는 특정 통화 자체에 직접적인 투자를 할 수 있을뿐만 아니라 계속해서 해외 투자 영역 또한 그 비중이 커져가고 있기 때문이다. 해외 투자를 한다면 환율은 언제나 고려해야 할 필수 요소다. 예를 들어, 만약 한국인 투자자가 미국 주식에 투자를 했다면 당연히 미국 주식에 대한 투자 수익은 환율의 영향을 받을 수밖에 없다. 앞으로 계속해서 늘어날 것으로 예상되는 해외투자 비중을 감안한다면, 한국 경제만을 생각하는 협소한 시각에서 벗어나 글로벌 투자자의 관점에

G10 통화	이머징 통화
미국 달러(USD)	한국 원(KRW)
유로화(EUR)	싱가포르 달러(SGD)
일본 엔(JPY)	대만 달러(TWD)
영국 파운드(GBP)	중국 위안(CNY)
스위스 프랑(CHF)	브라질 헤알(BRL)
캐나다 달러(CAD)	러시아 루블(RUB)
호주 달러(AUD)	인도 루피(INR)
뉴질랜드 달러(NZD)	남아공 랜드(ZAR)
노르웨이 크로네(NOK)	멕시코 페소(MXN)
스웨덴 크로나(SEK)	태국 바트(THB)

[표 3-2] G10 통화와 이머징 통화

서 세계 경제와 환율 메커니즘을 바라볼 줄 아는 안목이 더욱더 필요할 것이다.

일반적으로 전 세계에서 거래가 많이 되는 주요 통화는 크게 두 가지 범주로 분류될 수 있다. 하나는 흔히 선진국 통화라고 불리는 G10 통화이며, 다른 하나는 개발도상국 통화인 이머징emerging 통화다. [표 3-2]는 G10 통화와 이머징 통화에 대한 리스트를 간략히 보여주고 있다. 외환시장에서는 각국의 통화를 알파벳 세 글자로 줄여 표현을 하고 있다.

환율 결정의 메커니즘을 파악하기 위해서 우리는 글로벌 거시 경제에 보다 깊은 관심을 가져야 한다. 결국 환율이란 두 통화 간의 교환 비율이며 이는 다시 말해 두 통화 간의 상대적 가치이기 때문이다. 이러한 상대적 가치는 각국의 경제적, 정치적 상황에 의해 영향을 받는다. 대표적인 환율 결정 요인에는 경제성장률, 국제수지, 금리, 물가 등과 같은 거시경제적 지표들이 있다. 이러한 거시경제적 지식은 사실 금리와 채권시장을 이해하는 데 있어서도 일맥상통하는 부분이다. 외환시장을 이해하는 것 또한 거시경제의 범주에서 크게 벗어나지 않는다.

3.5.6 원자재

마지막으로 원자재는 원유, 천연가스, 금과 같이 어떤 상품을 만들기 위해 필요한 천연자원이나 혹은 우리의 의식주 생활에 필수적인 상품들을 의미한다. 우리의 일상생활은 원자재 가격 변화의 절대적인 영향력 아래에 있다고 해도 과언이 아니다. 또한 재화와 서비스를 만들어 고객에게 판매하는 세상의 모든 기업 또한 제조와 생산의 원료가 되는 원자재 가격에 언제나 촉각을 곤두세우고 있다. 그렇기 때문에 인류의 생존에 있어 원자재는 필수재라고 할 수 있다. 사실 인류 역사에서 가장 처음 거래가 이루어졌던 상품 또한 바로 이 원자재였다.

이러한 원자재의 특성 때문에 원자재 시장을 이해하는 것은 매우 중요하다. 원자재에 직접적인 투자를 하지 않는다고 해도 우리는 항상 원자재 시장의 움직임에 관심을 가져야 한다. 원자재 가격의 움직임은 1차적으로 물가와 경제성장에 영향을 주고 이는 금리를 변화시키며, 종국에는 모든 자산의 가격에 영향을 미치기 때문이다. 우리 인간은 주식투자를 안 해도 살 수는 있지만, 먹고 마시지 않는다면 생존할 수 없는 존재다. 다시 말해, 원자재는 인류의 생존과 직결되는 자산이다. 세계 어딘가에서 전쟁이라도 터지면 원자재 가격부터 수직 상승을 하는 이유는 바로 이 때문이다.

원자재의 거래가 활발히 이루어지는 대표적인 장소는 바로 미국과 유럽의 선물거래소다. 이러한 선물거래소에는 CME, ICE, LME 등이 있다. 원자재는 원자재 자체의 특성상 주식, 채권과 같이 자유로운 이동이 쉽지 않기 때문에 투자자들이 거래하는 대부분의 원자재 상품들은 현물이 아닌 선물의 형태로 거래가 이루어진다. 실제 원자재를 주고받고 하기 훨씬 전부터 언제 얼마에 거래를 할지 미리 계약을 해놓는 것이다. 원유를 매매하기 위해 수천 톤의 원유를 매일매일 운반해야 한다면 이 얼마나 번거로운 일이겠는가. 원자재를 거래하는 투자자들은 언제든지 선물 거래를 통해 원자재를 매매할 수가 있다. 물론 이 선물 계약의 만기가 도래하면 실제 현물에 대한 인수도가 발생한다. 만약 현물 인수도를 하고 싶지 않다면 만기가 도래하기 전에 자신의 현재 선물 포지션을 정리하고 다음 월물로 넘어가면 된다. 선물시장에서는 이러한 월물 갈아타기를 '롤오버'라고 부른다.

원자재 시장에서는 정말 다양한 종류의 상품이 거래되지만 시장에서 가장 많이 거래되는 원자재 상품들을 기준으로 했을 때 일반적으로 원자재는 크게 5가지 범주로 분류가 가능하다. 주식에 섹터가 있는 것처럼 원자재 시장에도 비슷한 상품들끼리 묶어서 그룹을 지어놓은 섹터가 존재한다. 이러한 원자재 섹터는 크게 에너지, 금속, 곡물, 소프트, 가축으로 나뉜다. 물론 금속과 같이 이것이 다시 한번 더 귀금속과 비철금속으로 나뉘어지는 경우도 있다. [표 3-3]은 원자재 섹터에 따른 상품 예시를 보여주고 있다.

원자재 시장을 이해하기 위해서는 각 상품들의 수요와 공급 메커니즘에 대한 이해가 필수적이며 이 또한 사실 글로벌 경제의 영향으로부터 자유롭지 못하다. 그렇기 때문에 원자재의 경우는 이를 생산하는 주요 수출국과 이를 소비하는 주요 수입국의 경제 상황과 전체 글로벌 경기를 파악

섹터	상품
에너지(Energy)	WTI, 브렌트유, 난방유, 천연가스, 가솔린
금속(Metals)	금, 은, 구리, 알루미늄, 니켈, 아연
곡물(Grains)	옥수수, 밀, 대두, 대두박, 대두유
소프트(Softs)	설탕, 면화, 코코아, 커피
가축(Livestocks)	돈육, 생우, 비육우

[표 3-3] 원자재 섹터 분류와 상품 예시

하는 것이 중요하다. 또한 원자재 시장 고유의 특징이라고 한다면 원자재라는 상품은 다른 자산군과 다르게 단기간에 탄력적으로 공급을 늘릴 수가 없는 상품이라는 점이다. 이러한 원자재 시장의 특성상 원자재 가격은 공급 충격에 의한 가격의 방향성이 한 방향으로 꽤 오랜 시간 지속되는 모습을 보이기도 한다. 이 밖에도 곡물과 같은 원자재의 경우에는 기후 변화에 굉장히 민감하다. 농산물이 생산되는 지역에 급작스러운 가뭄이나 홍수 같은 자연 재해가 발생한다면 이는 즉각적으로 원자재 가격에 반영된다. 이는 원자재라는 자산이 계절성에 영향을 많이 받는 자산이라는 것을 의미하며, 그런 관점에서 보았을 때 원자재 시장에서 계절성은 빼놓을 수 없는 중요한 고려 요인이다.

3.6 결국은 도메인 지식

퀀트 투자에 관심있는 사람들이 종종 하는 착각은 인공지능, 머신러닝, 딥러닝에 대한 빠삭한 지식만 있다면 퀀트 투자로 돈을 쓸어 담는 것이 가능할 것이라는 생각이다. 하지만 정말로 그것은 착각에 불과하다. 만약 진짜 그것이 가능했다면 금융투자회사는 고객들을 상대로 자신들의 투자 상품을 세일즈할 필요가 전혀 없다. 왜냐하면 실리콘밸리에서 인공지능에 능통한 전문인력들을 웃돈 주고 싹쓸이해와서 투자 알고리즘을 만든 후 자기 자본을 때려 넣고 떼돈을 벌면 되기 때문이다.

마르코즈 로페즈 데 프라도 교수나 어니스트 챈 교수 등과 같은 금융 머신러닝 분야의 기라성 같은 인물들이 공통적으로 강조하는 것은 바로 금융시장에 대한 해박한 도메인 지식이다. 그들은 자신들의 실무 경험을 토대로 보았을 때 오히려 머신러닝을 금융에 잘못 사용한 경우의 문제점과 위험에 대해 항상 지적한다. 결국 머신러닝은 인간이 쉽사리 인지하지 못하는 패턴을 찾아주기만 할 뿐, 그것이 시장의 메커니즘을 합리적으로 설명해 주지는 못하기 때문이다. 퀀트가 시장을 해석하고 분석하는 이유는 시장의 법칙, 즉 경제적 논리를 가지고 있는 합리적 인과관계를 발견하기 위함이다. 다시 말해 퀀트의 본질은 금융 그 자체다. 동서고금을 막론하고 전해내려온 "기본에 충실하라"라는 격언은 퀀트에게도 응당 적용된다.

참고문헌 및 추천도서

- 〈리스크〉 피터 번스타인, 한국경제신문사 (1997)

- 〈채권 투자란 무엇인가?〉 윌리엄 그로스, 이레미디어 (2011)

- 〈외환시장의 이론과 실무〉 이영섭, 정치화, 율곡출판사 (2011)

- 〈원자재를 알면 글로벌 경제가 보인다〉 이석진, 한국금융연수원 (2014)

- 〈외환딜링〉 김운섭, 한국금융연수원 (2018)

- 〈효율적으로 비효율적인 시장〉 라세 헤제 페데르센, 워터베어프레스 (2021)

- 〈Active Portfolio Management: A Quantitative Approach for Producing Superior Returns and Selecting Superior Returns and Controlling Risk〉 Grinold, R. C. and Kahn, R. N. McGraw-Hill (1999)

- 〈Asset Pricing〉 John H. Cochrane, Princeton University Press (2005)

- 〈Bond Markets Analysis and Strategies, 9th Edition〉 Fabozzi, Pearson (2016)

- 〈Forex Exchange〉 Tim Weithers, Wiley (2006)

- 〈Commodity and Commodity Derivatives〉 Helyette Geman, Wiley (2005)

4장
자산배분

퀀트 투자를 위한 세 번째 빌딩블록은 자산배분이다. 자산배분은 말 그대로 나의 투자자금 전체를 어떻게 쪼개서 어디에 투자할 것인가를 결정하는 것이다. 자산배분이 중요한 이유는 바로 망하지 않기 위해서다. 투자를 장기적으로 지속해서 부를 일궈나가기 위해서는 일단 망하지 않아야 한다. 파산, 즉 게임오버가 되면 끝이다. 그렇기 때문에 자산배분은 투자 세계에 있어 구명조끼이자 생존의 도구다. 이 장에서는 왜 자산배분이 중요한지, 분산투자의 효과는 어디서 나오는지 살펴보고, 현대 포트폴리오 이론이 어떻게 발전되어 왔으며 어떤 다양한 포트폴리오 모델이 있는지도 알아본다.

4.1 자산배분, 생존의 도구

탈무드에는 아래와 같은 문장이 있다.

"모든 사람으로 하여금 돈을 삼등분하여, 그 돈의 1/3은 땅에,
 그 다음 1/3은 사업에, 그리고 나머지 1/3은 손에 쥐고 있게 할
 지어다."

나는 이 문장을 제갈량의 천하삼분지계에 빗대어 유대인의 자산삼분
지계라고 부르고 싶다. 그 옛날 지금과 같은 투자 방식이 있었을리 만무하
지만, 유대인들은 일찍이 자산배분이라는 개념을 머릿속에 탑재하고 있었
던 듯하다. 자산삼분지계는 2천 년 전의 생각이지만 이는 가히 자산배분
의 정수를 묘사하고 있다고 해도 과언이 아니다. 〈거인의 포트폴리오〉라
는 책을 저술한 강환국 작가는 그의 책에서 이 자산삼분지계를 ETF 포트

폴리오로 재해석하여 백테스팅 결과를 보여주고 있는데, 이 결과를 보면 시간이 지난 오늘날에도 이 자산삼분지계가 가지고 있는 자산배분이라는 아이디어는 꽤 잘 작동하고 있는 것으로 보인다.

그 옛날 유대인들이 이러한 생각을 할 수 있었던 이유는 오랜 세월 동안 다른 민족에 의해 핍박을 받고 떠돌이 생활을 하며 하루하루 생존을 도모해왔기 때문이 아닐까 추측해본다. 생존을 위한 필사의 노력이 바로 이 자산삼분지계라는 생각을 탄생시킨 것이다. 어느 한 곳에 자산을 집중했는데 어느 날 갑자기 로마인들이 들이닥쳐 그걸 전부 털어갔다고 상상해 보라. 훗날을 도모하기 위해서는 항상 다른 주머니를 차고 있어야 했을 것이다. 결국 자산배분은 생존의 도구였던 것이다.

우리가 투자를 하는 이유는 무엇인가? 그것은 당연히 잘 먹고 잘 살기 위함이다. 즉, 투자를 하는 이유는 번영이라고 할 수 있다. 그런데 여기서 짚고 넘어가야 할 점은 번영의 기본 전제가 사실은 생존이라는 것이다. 우선 생존이 담보되어야만 미래를 꿈꿀 수 있고 또 후일을 도모할 수도 있다. 그렇기에 생존이라는 것은 그 어떤 것과도 바꿀 수 없는 절대적인 것인데, 투자 세계에서 이 생존을 가능케 해주는 것이 바로 자산배분이다.

따라서 자산배분은 공격보다는 오히려 수비에 가까우며, 창이라기보다는 오히려 방패에 가깝다.

그렇기에 자산배분은 컴퓨터 게임에서의 방어막 아이템과도 같다. 방어막 아이템이 있다면 게임 플레이의 지속시간을 늘릴 수 있고 또 생존확률을 높일 수 있기에 훗날 랭커에 도전해볼 수 있는 기회도 제공한다. 이처럼 자산배분은 생존의 확률을 높여주는, 없어서는 안 될 도구다.

많은 사람이 단기적으로 수십, 수백 퍼센트의 수익률을 달성해 일확천금을 벌고자 시장에 뛰어든다. 또 주변에서 누군가 실제로 그렇게 화끈한 투자 수익률을 올리는 걸 보고 있노라면 상대적 박탈감을 느끼며 좌절감에 빠지기도 한다. 자산배분은 그렇게 화끈한 투자 방식이 아니기에 사람들은 그렇게 해서는 부자가 될 수 없다며 자산배분을 폄하하기도 한다. 하지만 공교롭게도 생존을 확보해놓지 않은 상태에서 화끈한 수익률을 올리기 위해 감당하지 못할 위험을 지는 것은 장기적으로 계좌를 깡통으로 만들기 십상이다. 자산배분은 계좌의 전투불능상태를 방지하기 위한 최소한의 방어막이다.

투자의 세계에 있어서 전투불능상태는 계좌가 아예 0이 되는 것을 의미하지는 않는다. 왜냐하면 굳이 계좌가 전소되지 않더라도 일정 손실률을 넘어가게 되면 투자자는 더 이상 계좌를 확인하고 싶지 않거나 계속 투자를 지속해나가고 싶지 않아하는 심리적 전투불능상태에 빠져버리기 때문이다. 그 이유는 같은 금액의 수익과 손실이라도 손실에 더 큰 고통을 느끼는 인간의 본성이 손익의 비대칭성이라는 시장의 속성을 만났을 때 엄청난 심리적 파급효과를 발생시키기 때문이다.

여기서 말하는 손익의 비대칭성이란 손실률을 회복하기 위해 필요한 수익률의 정도가 손실률보다 더 커야만 하는 현상을 일컫는다. 가령, 주식 투자로 인해 10%의 손실을 보았다면, 본전치기를 하기 위해서 과연 몇 퍼센트의 수익률을 내야 할까? 단순히 '10%의 수익만 올리면 본전이 되지 않을까'라고 생각할 수도 있지만, 사실 10%의 손실을 회복하기 위해서는 11.11%의 수익률이 필요하다. 왜냐하면 우리는 산술 평균의 세상이 아닌 기하 평균의 세상에 살고 있기 때문이다. 즉, 우리가 투자를 하는 과정에 있어 손실과 이익이 동시에 발생하는 것이 아니라 순차적으로 발생하는 것이기 때문에, 1.11%의 초과 수익을 더 올려야만 손익분기점에 도달할 수가 있다.

그렇다면 손실률이 점점 커지면 커질수록 손익분기점에 도달하기 위해 필요한 수익률은 어떻게 될까? [그림 4-1]을 보면 이에 대한 답을 얻을 수 있다. 우리는 이를 통해 무슨 일이 있어도 감당할 수 없을 정도의 손실은 왜 기필코 피해야 하는지, 그 이유를 명확하게 알 수 있다.

손실	수익
−1.00%	1.01%
−5.00%	5.26%
−10.00%	11.11%
−15.00%	17.65%
−20.00%	25.00%
−25.00%	33.33%
−30.00%	42.86%
−35.00%	53.85%
−40.00%	66.67%
−45.00%	81.82%
−50.00%	100.00%
−55.00%	122.22%
−60.00%	150.00%
−65.00%	185.71%
−70.00%	233.33%
−75.00%	300.00%
−80.00%	400.00%
−85.00%	566.67%
−90.00%	900.00%
−95.00%	1900.00%
−100.00%	

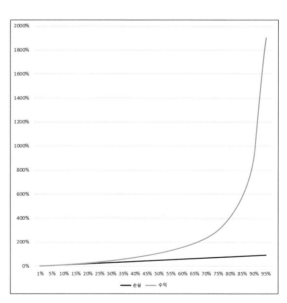

[그림 4-1] 손익의 비대칭성

[그림 4-1]의 왼쪽 표에서는 손실률을 메꾸기 위한 수익률이 같이 표시되어 있다. 이것이 말하고자 하는 바는, 결국 한마디로, 손실이 커지면 커질수록 복구하기가 굉장히 힘들어진다는 것이다. 손실률이 산술급수적으로 증가하는 것과 다르게 본전치기를 위한 수익률은 기하급수적으로 증가한다. 대표적인 예로 만약 계좌가 50%의 손실을 찍었다면, 이후 100%의 수익률을 내야만 계좌는 원상태로 복구가 된다. 계좌가 -95%라면 우리가 달성해야 할 수익률 수준은 1900%로 수직 상승한다. 100% 손실을 달성한다면? 게임오버다. 자산배분을 통해 전투불능상태에 빠지지 않도록 방어막을 세워두고 시장에서 멸종의 가능성을 철저히 제거한 뒤 투자에 임해야 하는 이유다.

4.2 상관계수와 분산투자 효과

　그렇다면 이러한 생존을 위한 자산배분의 효과는 어디로부터 나오는 것인가? 분산투자의 효과를 이해하기 위해서는 먼저 상관성이라는 개념을 이해해야 한다. 상관성이란 간단히 말해서 어떤 두 자산이 어느 정도로 같이 움직이는가를 의미한다. 만약 두 자산이 같이 움직인다면 우리는 이 두 자산이 양(+)의 상관성을 가지고 있다고 말할 수 있으며, 반대로 두 자산이 정반대의 움직임을 보인다면 음(-)의 상관성을 가지고 있다고 말할 수 있다.

　이러한 상관성을 통계적 개념으로 치환해놓은 것이 바로 상관계수다. 상관계수는 상관성의 정도를 정확한 수치로 표현해준다. 상관계수는 언제나 -1부터 1까지의 값을 가진다. 만약 상관계수가 1이라면 두 자산이 언

자산	수익률	변동성
A	4%	10%
B	6%	14%

[표 4-1] 두 자산의 수익률과 변동성

제나 같은 방향으로 움직이고 있다는 것을 의미하며, 반대로 -1이라면 항상 반대로 움직인다는 것을 의미한다.

분산투자의 효과는 바로 이 상관계수에서 나온다. 그렇다면 상관계수는 높아야 좋은 걸까, 낮아야 좋은 걸까? 간단한 예를 통해 상관계수에 따른 분산투자 효과에 대해 알아보자. 여기 두 자산 A와 B가 있다. 자산 A의 수익률과 변동성은 각각 4%와 10%이며, 자산 B의 수익률과 변동성은 각각 6%와 14%다. 여기서 우리는 자산 B가 조금 더 리스크가 높은 자산이라는 것을 알 수 있다. 더 높은 변동성 대비 더 높은 기대수익률을 제공하기 때문이다.

우리의 목적은 이 두 자산에 분산투자를 하는 포트폴리오를 만든 뒤 이 포트폴리오 전체의 수익률과 변동성이 상관계수에 따라 어떻게 변하는지를 알아보는 것이다. 우리는 이미 두 자산의 수익률과 변동성을 알고 있기 때문에 [수식 4-1]을 사용해 두 자산으로 구성된 포트폴리오의 수익률과 변동성을 계산할 수 있다.

[그림 4-2]는 상관계수가 각각 1, 0, -1인 경우 만들 수 있는 포트폴리오들의 조합이 어떻게 변할 수 있는지를 잘 보여주고 있으며, 우리는 이를 통해 직관적으로 상관계수에 따른 분산투자 효과를 이해할 수 있다. 우

| 포트폴리오 수익률 | $R(W_A, W_B) = W_A R_A + W_B R_B$ |

| 포트폴리오 변동성 | $\sigma(W_A, W_B) = \sqrt{\sigma_A^2 W_A^2 + \sigma_B^2 W_B^2 + 2W_A W_B \sigma_A \sigma_B \rho_{AE}}$ |

| R_i | 자산 i의 수익률 | W_i | 자산 i의 투자 가중치 |
| σ_i | 자산 i의 변동성 | ρ_{AB} | 두 자산 간의 상관계수 |

[수식 4-1] 포트폴리오의 수익률과 변동성 계산

선 만약 상관계수가 1이라면, 분산투자의 효과는 존재하지 않는다는 것을 알 수 있다. 두 자산 A와 B를 단순히 직선으로 연결했기 때문에 이것은 단순히 위험을 더 부담하면 그만큼 더 기대수익률이 올라가는 구조다. 분산투자의 효과는 상관계수가 점점 낮아질 때 발생한다. 두 자산 간의 상관계수가 0인 경우, 구현 가능한 포트폴리오의 조합은 직선이 아닌 활 모양의 곡선을 띠게 된다. 이는 포트폴리오를 통해 동일한 수익률을 더 낮은 위험으로 달성할 수 있다는 것을 의미한다. 즉, 낮은 상관계수에 의해 분산투자 효과가 발생하는 것이다. 이러한 분산투자의 효과는 상관계수가 -1인 경우에 극에 달한다. 이때 우리는 가중치를 적절히 설정한다면 위험을 아예 부담하지 않고도 4%가 넘는 기대수익률을 만들어 낼 수 있다. 상관계수가 -1인 경우 두 자산 A와 B가 반대로 움직여 서로의 위험을 상쇄시켜주기 때문이다([그림 4-2] 참고).

결국 앞서 제시한 간단한 테스트가 전달하고자 하는 사실은 결국 낮은 상관계수가 분산투자의 효과를 만들어낸다는 것이다. 다시 한번 강조하지만, 만약 자산들 간의 상관계수가 낮다면 우리는 동일한 위험 수준으

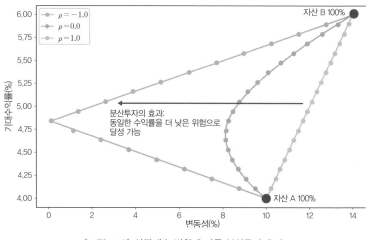

[그림 4-2] 상관계수 변화에 따른 분산투자 효과

로도 더 나은 수익률을 달성할 수 있는 포트폴리오를 만들 수 있다. 자산 배분이 효력을 발휘하는 이유는 바로 이 때문이다. 낮은 상관계수를 지닌 자산들로 포트폴리오를 구성하면 단일 자산만을 보유한 것보다 훨씬 더 낮은 위험으로 더 나은 수익을 낼 수 있다. 우리가 일반적으로 포트폴리오라고 하면 떠올릴 수 있는 주식-채권 포트폴리오가 주식과 채권이라는 두 자산군으로 구성되어 있는 이유는 바로 이 두 자산군인 주식과 채권이 역사적으로 낮은 상관계수를 유지해왔기 때문이다([그림 4-3] 참고).

[그림 4-4]은 상관계수에 따른 분산투자의 효과를 잘 보여주고 있는 또다른 예시다. 가로축은 자산의 개수를 나타내며, 세로축은 포트폴리오 분산투자의 효과를 의미한다. 또한 아래의 범례는 각각 상관계수를 나타내고 있다. 여기서 말하는 샤프비율 승수란 단일 자산 대비 포트폴리오가

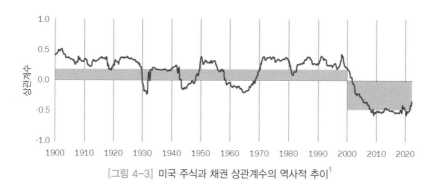

[그림 4-3] 미국 주식과 채권 상관계수의 역사적 추이[1]

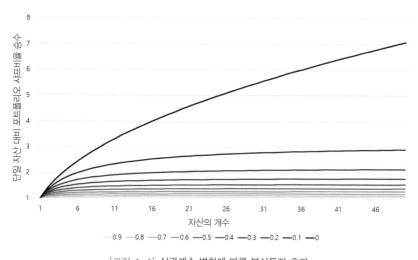

[그림 4-4] 상관계수 변화에 따른 분산투자 효과

1 출처: AQR Capital Management(2022)

얼마만큼의 성과를 더 낼 수 있는가를 측정하는 지표다. 만약 승수가 2라면 위험 대비 수익 관점에서 단일 자산 대비 포트폴리오가 정확히 2배만큼의 성과를 더 낼 수 있다는 것을 의미한다.

[그림 4-4]에서 우리가 얻어갈 수 있는 인사이트는 포트폴리오의 성능을 높이기 위해서는 낮은 상관계수를 가지고 있는 자산들로 포트폴리오를 구성해야 한다는 것이다. 그림에서 볼 수 있는 바와 같이 아무리 자산의 개수를 늘려도 자산 간 상관계수가 높다면 승수의 증가가 거의 없거나 굉장히 미미해진다. 다시 말해, 상관계수가 높다면 포트폴리오에 아무리 자산을 추가해도 승수는 커지지 않는다. 분산투자의 효과가 없다는 의미다. 결론적으로 분산투자 효과를 위해서는 상관계수를 낮추는 것, 즉 서로 관련성이 없는 자산들의 유니버스를 확보하는 것이 좋은 포트폴리오를 만들기 위한 열쇠다.

4.3 포트폴리오 이론의 시작

4.3.1 해리 마코위츠, 포트폴리오 최적화의 문을 열다

이러한 상관계수와 분산투자 효과에 대한 생각은 1952년 해리 마코위츠에 의해 세상에 널리 알려지게 된다. 그는 1952년 〈포트폴리오 선택〉이라는 자신의 박사논문을 통해 처음으로 포트폴리오 최적화에 대한 아이디어를 제시했다. 그는 이러한 공로를 인정받아 1990년에 노벨 경제학상을 수상하게 된다.

해리 마코위츠의 아이디어는 매우 단순했다. 그는 우선 효용이라고 하는 목적함수를 설정했다. 경제학에서 말하는 효용이란, 어떠한 경제적 결과물의 양에 따라 얻게 되는 기쁨이나 행복감을 수치로 나타낸 개념을 의미한다. 그는 투자 수익률과 위험, 그리고 개인의 위험 회피 성향에 따

투자자의 효용 (Investor's Utility)	=	기대 수익률 (Expected Return)	−	위험 회피 성향 (Risk Aversion)	×	변동성 (Variance)

[그림 4-5] 효용함수

라 효용이 결정되는 이른바 효용함수를 [그림 4-5]와 같이 제시했다. 여기서 효용함수는 어떤 포트폴리오에서 투자자가 원하는 수익률 수준과 원치 않는 변동성 수준 간의 트레이드오프, 즉 반대급부 관계를 잘 보여준다. 일반적으로 경제학에서는 사람들이 위험 회피 성향을 가지고 있다고 가정한다.

위의 효용함수에 따르면, 투자자의 효용을 증가시키기 위해서는 기대 수익률을 높일 수 있는 동시에 포트폴리오의 변동성을 낮출 수 있는 자산군별 가중치 값들을 찾아야 한다. 여기서 수익과 위험 간의 트레이드오프를 결정하는 패러미터가 바로 앞서 언급한 위험 회피 성향이다.

해리 마코위츠는 효용함수의 최대화가 바로 포트폴리오의 목적이라고 밝혔다. 그렇다면 어떻게 이 효용함수를 최대화할 수 있을 것인가? 만약 위험 회피 성향이 변하지 않는다고 한다면, 결국 효용함수를 최대화하기 위해서는 기대 수익률을 극대화하고 위험을 최소화해야 한다. 그렇다면 어떻게 이를 달성할 수 있을 것인가?

여기서 바로 상관계수의 위력이 발휘된다. 해리 마코위츠는 상관계수가 낮은 자산들을 하나의 포트폴리오 안에 구성한다면 가능한 수익을 높이면서 위험은 낮추는 포트폴리오를 만들 수 있다고 주장했다. 다시 말해, 위험 대비 수익이 가장 높은 포트폴리오를 만드는 것이 바로 해리 마코위츠가 논문에서 말하고자 했던 것이다. 이러한 최적화의 방식을 우리는 '평균-분산 최적화(MVO, Mean-Variance Optimization)'라고 부른다. 기대 수익률인 평균값과 위험 지표인 분산 사이의 트레이드오프 관계에서 가장 최적의 포인트를 찾는 것이 바로 MVO가 달성하고자 하는 목표다.

MVO 모델에 기반해 최적의 포트폴리오 투자 가중치를 찾기 위해서는 크게 두 가지 단계를 거쳐야 한다. 하나는 모델에 들어갈 입력변수 값들을 추정하는 것이고, 다른 하나는 이러한 입력변수를 기반으로 최적화 알고리즘을 통해 최적의 투자 가중치를 찾아내는 것이다. 앞서 언급한 효용함수에서 위험 회피 성향이 고정이라고 가정한다면, 우리가 현재 추정해야 하는 입력변수는 바로 자산들의 기대 수익률과 변동성, 그리고 각 자산들 간의 상관계수다. 여기서 우리는 변동성과 상관계수를 하나로 결합하여 공분산 행렬로 표현할 수 있다.

결국 [그림 4-6]에서 볼 수 있는 것처럼 MVO 최적화 모델을 돌리기 위해 우리에게 필요한 것은 기대 수익률 벡터와 공분산 행렬이다. 여기 보이는 기대 수익률 벡터와 공분산 행렬이라는 것이 다소 난해한 개념일 수는 있지만 사실 이는 각 자산들이 가지고 있는 기대 수익률과 변동성, 그리고 상관계수 값들을 크게 두 덩어리의 집합으로 묶어서 표현한 것에 지나지 않는다. 기본적으로 포트폴리오 최적화 이론에서는 선형대수학적 연산이 많이 들어가기에 이러한 벡터와 행렬을 자주 볼 수 있다. 하지만 그렇다고 수학적 표현에 너무 부담을 가질 필요는 없다. 왜냐하면 포트폴리오 최적화 이론의 작동 원리만 제대로 파악한다면 실제로 실무적인 부분에서의 연산은 모두 컴퓨터가 알아서 해주기 때문이다. 우리가 해야할 일

기대수익률

$$\mu = \begin{bmatrix} \mu_1 \\ \vdots \\ \mu_n \end{bmatrix}$$

$(n \times 1)$

공분산행렬

$$\Sigma = \begin{bmatrix} \sigma_{11} & \cdots & \sigma_{1n} \\ \vdots & \ddots & \vdots \\ \sigma_{n1} & \cdots & \sigma_{nn} \end{bmatrix}$$

$(n \times n)$

MVO 최적화 알고리즘

투자 가중치

$$w = \begin{bmatrix} w_1 \\ \vdots \\ w_n \end{bmatrix}$$

$(n \times 1)$

[그림 4-6] MVO 최적화 프로세스

은 포트폴리오 최적화의 목적이 무엇이고 어떤 프로세스를 거쳐 우리가 원하는 결과물을 얻을 수 있게 되는지를 직관적으로 이해하는 것이다.

최적화 알고리즘은 이러한 입력변수를 기반으로 여러 번의 시행착오를 거쳐 과연 어떤 조합의 투자 가중치를 설정했을 때 우리가 제시한 목표에 가장 근접할 수 있는가를 찾는다. 이는 당연히 우리 인간의 계산으로는 불가능하며 컴퓨터의 빠른 계산 성능을 빌려야 한다. 최적화는 결국 정답을 찾는 것이 아니라 우리가 설정한 목표에 가장 근접하게 달성할 수 있는 조합을 찾는 일이다.

해리 마코위츠의 이러한 생각은 결국 효율적 경계선이라는 개념을 만들어내었다. 여기서 말하는 효율적 경계선이란 현재 상황과 조건에서 만들 수 있는 포트폴리오의 모든 경우의 수 중에서 동일한 위험 대비 가장 높은 수익률을 제공하거나 동일한 수익률 대비 가장 낮은 수준의 위험을 제공하는 포트폴리오들의 집합을 하나의 선으로 연결한 것을 의미한다. 가령 다음의 [그림 4-7]과 같이 동일한 수익률 수준에서 가장 낮은 변동

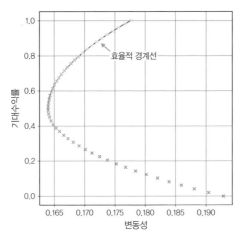

[그림 4-7] 효율적 경계선

성을 가지는 포트폴리오를 전부 구했을 때(× 표시가 된 부분들), 이 중 변동성이 가장 낮은 가장 좌측의 점부터 우상향하도록 선으로 연결한 부분이 바로 효율적 경계선이다.

4.3.2 시장 포트폴리오와 자본시장선

이후 해리 마코위츠의 효율적 경계선은 CAPM(Capital Asset Pricing Model)이라는 이론과 결합되어 시장 포트폴리오라는 개념으로 이어지게 된다. 여기서 말하는 CAPM이란 자본 자산 가격 결정 모델로써 잭 트레이너와 윌리엄 샤프, 그리고 존 린트너가 각각 제시한 개념이며, 이것은 '어떤 자산의 기대수익률은 무위험 자산의 수익률에다가 위험 자산이 가지고 있는 위험 수준에 대한 기대 보상을 더한 것이다'라는 생각이다.

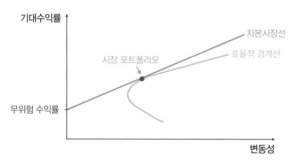

$$E(r_i) \quad = \quad r_f \quad + \quad \beta \quad \times \quad \left[E(r_M) - r_f \right]$$

| 기대 수익률
(Expected Return) | 무위험 수익률
(Risk−Free Rate) | 시장 민감도
(Beta) | 시장 위험 프리미엄
(Market Risk Premium) |

[그림 4-8] CAPM 공식

기대수익률

자본시장선

시장 포트폴리오

효율적 경계선

무위험 수익률

변동성

[그림 4-9] 효율적 경계선과 자본시장선, 그리고 시장 포트폴리오

CAPM의 관점에서 봤을 때, 결국 우리가 만들 수 있는 최적의 포트폴리오란 무위험 수익률에서 뻗어나가는 무수한 직선 중 효율적 경계선과 만나면서 가장 높은 샤프비율(즉, 직선의 기울기)을 달성할 수 있는 포트폴리오다. 이 포트폴리오가 바로 시장 포트폴리오이며, 시장 포트폴리오를 만들어내는 동시에 효율적 경계선과 접하는 직선에는 자본시장선이라는 이름이 붙게 되었다. 이후 사람들은 MVO 최적화라고 하면 자연스럽게 포트폴리오의 샤프비율을 최대화할 수 있는 시장 포트폴리오를 생각하게 되었다.

4.3.3 MVO의 한계

MVO 모델은 그 이론만을 놓고 본다면 완벽에 가까웠다. 하지만 현실적으로 MVO 모델은 그대로 사용하기에는 한계가 있었다. 그 이유는 모델이 요구하는 입력변수가 매우 많았기 때문이다. MVO 모델로 최적화 과정을 거쳐 자산별 투자 가중치를 산출하기 위해서는 기대 수익률과 변동성, 그리고 상관계수에 대한 추정치가 필요한데 사실 이러한 추정치들은 절대 예측할 수 있는 것이 아니다. 또한 이렇게 추정해야 할 수치가 많아지면 추정치가 조금만이라도 값이 바뀌는 경우 투자 가중치가 급격하게 변하거나 여러 자산 중 소수의 자산에만 가중치가 집중되는 이른바 코너해(Corner Solution) 현상이 발생한다. 더불어 실제 세상에서의 수익률 분포는 전통적인 자산배분 모델이 가정하고 있는 정규 분포를 따르지 않는다. 정리하자면 MVO 모델은 그것이 가정하고 있는 것들이 현실적으로 맞지 않았기 때문에 가정이 잘못된 모델을 현실 세계에서 그대로 사용하고 있는 셈이었다.

이는 최적화 기법이 종종 우리의 예상과는 다르게 사후적으로 예상보다 좋지 못한 결과를 초래할 수 있다는 것을 시사한다. 입력변수는 과거의 값일 뿐이거나 혹은 오로지 단순한 가정일 뿐이다. 그렇기 때문에 예상되는 최적의 솔루션이 실제 투자를 할 때 우리가 기대하는 수익률과 변동성, 그리고 통계적 성질을 가져다줄 것이라고 쉽게 생각해서는 안 된다. 또한 이는 최고의 성과를 만들어줄 수 있는 유일무이한 기법은 존재하지 않는다는 것을 의미하기도 한다. 결국 MVO 모델의 한계가 알려지게 되면서 사람들은 이를 어떻게 개선할 수 있을 것인가에 대해 골몰하게 되었고, 이

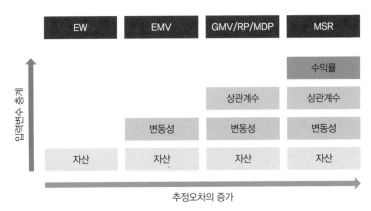

[그림 4-10] 입력변수에 따른 추정오차

후 세상에는 여러 가지 형태의 포트폴리오 최적화 모델이 나오게 된다. 이러한 최적화 모델들은 결국 너무나 많은 입력변수의 추정으로 인해 발생하는 추정오차를 줄이려는 시도들이었다. 아이러니하게도 세상에 가장 처음 나온 해리 마코위츠의 MVO 모델이 가장 큰 추정 오차를 가지고 있었기 때문이다. 이후 실무적 레벨에서의 포트폴리오 최적화는 횡적 배분 모델과 종적 배분 모델의 결합으로 진전이 이루어졌다.

4.4 분산투자와 자금관리의 콜라보

4.4.1 분산투자: 횡적 배분 모델

횡적 배분 모델은 MVO의 확장이며, 우리가 일반적으로 생각하는 분산투자 그 자체다. 어떤 자산에 얼마만큼의 자산을 투자할 것인가를 결정하는 알고리즘, 그것이 바로 여기서 말하는 횡적 배분 모델이다. 횡적 배분 모델은 자산 유니버스universe가 있다면 그 유니버스 상의 자산들에 어떻게 분산투자를 할 것인지를 정한다. MVO 모델에 기초하여 서로 다른 목표를 가진 여러 가지 횡적 배분 모델이 만들어졌다. 여기에서는 여러 가지 횡적 배분 모델을 간단하게 소개하고 각 모델을 사용했을 때 포트폴리오의 가중치가 어떻게 변하는지 그리고 백테스팅 결과가 어떻게 달라지는지를 시각적으로 제시하고자 한다.

4.4.1.1 동일 비중

우선 가장 단순한 형태의 횡적 배분 모델은 뭐니뭐니해도 동일 비중 포트폴리오다. 동일 비중은 말 그대로 묻지도 따지지도 않고 모든 자산을 N분의 1하여 투자를 하는 방식이다. 동일 비중 방식의 장점은 입력변수에 대한 아무런 추정이 필요하지 않기 때문에 추정오차라는 것이 발생하지 않는다는 것이다. 동일 비중 포트폴리오에 들어갈 입력변수는 오직 자산의 개수뿐이다. 앞서 언급한 유대인의 자산삼분지계 또한 이러한 동일 비중 방식의 대표적인 예다. 다만, 동일 비중 방식은 무조건 동등하게 투자 비중을 가져가기 때문에 다른 모델보다 상대적으로 더 높은 위험을 가져간다. 위험에 상관없이 모든 자산에 자금을 골고루 배분하기 때문이다.

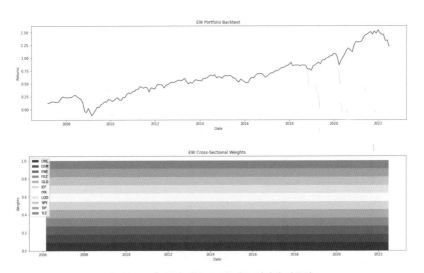

[그림 4-11] 동일 비중 포트폴리오 성과와 가중치

4.4.1.2 최대 샤프비율

최대 샤프비율(MSR, Maximum Sharpe Ratio)을 추구하는 최적화 모델은 결국 MVO 그 자체다. 다만 여기서는 위험 회피 성향이 고려되지 않으며, 단순히 시장 포트폴리오와 같이 무위험 수익률이 존재할 때의 샤프비율 최대화를 꾀한다. 앞서 언급했듯이 최대 샤프비율 포트폴리오는 횡적 배분 모델 중에서 가장 많은 수의 입력변수를 요구한다. 따라서 최대 샤프비율 포트폴리오는 입력변수의 변화에 굉장히 민감하게 반응하며, 그만큼 포트폴리오의 회전율 또한 높다([수식 4-2]와 [그림 4-12] 참고).

4.4.1.3 글로벌 최소 분산

MVO 모델이 위험 대비 성과, 즉 샤프비율의 최대화를 꾀했다면 여기서 다룰 글로벌 최소 분산(GMV, Global Minimum Variance)이라는 모델은 오직 변동성의 최소화에만 사활을 걸고 있다. 다시 말해, 글로벌 최소 분산은 투자자의 위험 성향이 아주 강한 경우의 MVO라고 볼 수 있다. 위험 회피 성향이 극도로 강한 경우 최적화 모델은 오직 변동성을 낮추는 데만 골몰을 하게 되고, 결국 최종적으로 가장 낮은 변동성의 포트폴리오를 구성할 수 있도록 투자 가중치의 해를 찾는다([수식 4-3]과 [그림 4-13] 참고).

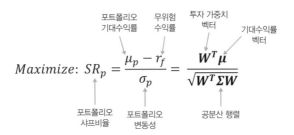

$$Maximize: \ SR_p = \frac{\mu_p - r_f}{\sigma_p} = \frac{W^T \mu}{\sqrt{W^T \Sigma W}}$$

[수식 4-2] MSR 모델의 목표: 포트폴리오 샤프 비율 최대화

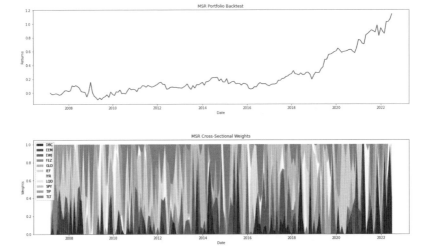

[그림 4-12] 최대 샤프비율 포트폴리오 성과와 가중치

$$Minimize: \sigma_p = \sqrt{W^T \Sigma W}$$

투자 가중치 벡터

공분산 행렬

포트폴리오
변동성

[수식 4-3] GMV 모델의 목표: 포트폴리오 변동성 최소화

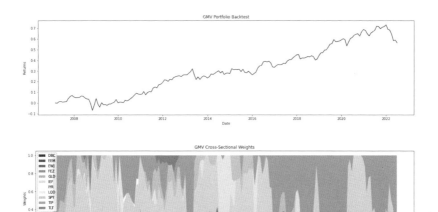

[그림 4-13] 글로벌 최소 분산 포트폴리오 성과와 가중치

4.4.1.4 최대 분산효과

최대 분산효과(MDP, Most Diversified Portfolio) 모델은 포트폴리오 분산투자 효과의 최대화가 목표다.

앞서 살펴보았듯이 분산투자 효과의 원천은 결국 낮은 상관계수다. 따라서 이 최적화 모델은 분산비율이라고 하는 것의 최대화를 추구한다. 여기서 말하는 분산비율은 자산들의 변동성 가중 합을 포트폴리오 전체의 변동성으로 나눈 비율이다.

이 분산비율에서 분자와 분모의 차이를 결정하는 것은 결국 상관계수다. 분자 부분을 계산하기 위해서는 상관계수가 필요없지만, 반대로 분모 부분인 포트폴리오 분산을 계산하기 위해서는 상관계수가 필요하다. 결국 이 분산비율을 최대화한다는 말은 상관계수가 가장 낮은 자산들로만 포트폴리오를 구성하겠다는 의미다([수식 4-4]와 [그림 4-14] 참고).

4.4.1.5 리스크 패리티

MVO에 기반한 전통적인 포트폴리오 최적화 방식은 최적의 투자 가중치를 구하기 위해 기대수익률과 변동성, 그리고 상관계수 모두를 입력변수로 요구했다. 하지만 이미 살펴보았듯이 이러한 입력변수들은 우리가 쉽사리 측정할 수 있는 것이 아니었다. 즉, 전통적 포트폴리오 기법은 그 이론이 매우 합당하나 현실 세계에서 실질적으로 사용하기에는 어려움이 있었다.

$$Maximize: DR = \frac{W^T \sigma}{W^T \Sigma W}$$

변동성 벡터

투자 가중치 벡터

분산비율

공분산 행렬

[수식 4-4] MDP 모델의 목표: 분산비율 최대화

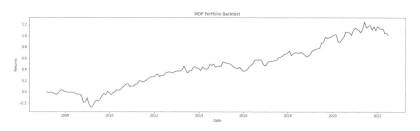

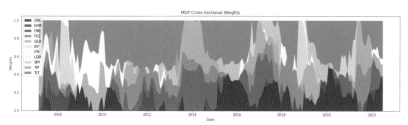

[그림 4-14] 최대 분산효과 포트폴리오 성과와 가중치

이러한 한계에 대해 대안으로 제시된 것이 바로 위험 예산 배분(RB, Risk Budgeting)이라고 하는 기법이었다. 이 위험 예산 배분이란 간단히 말해 각각의 자산군에 적절한 위험 예산, 즉 위험의 정도를 배분하고, 이러한 위험 예산 배분에 의거하여 각각의 가중치를 설정하는 방법이다. 예를 들어, 전체 포트폴리오 위험의 10%를 원자재에, 50%를 주식에 배분한다고 하면, 이러한 위험 예산의 할당치에 맞게 포트폴리오의 가중치를 정하는 방식인 것이다.

위험 예산 방식은 포트폴리오 전체 위험이 한 가지 자산이나 혹은 몇 가지 상관성이 높은 자산군으로 쏠리는 것을 방지하기 위해 사용된다. 가령, 주식과 채권에 각각 60 대 40의 비율로 투자를 하는 전통적인 60/40 포트폴리오는 위험 예산 방식에 의하면 매우 위험한 포트폴리오라고 볼수 있다. 왜냐하면 채권보다 위험한 주식이라는 자산에 60%를 투자하게 되면 실질적으로 포트폴리오 전체 위험에서 주식이 가져가는 위험의 정도가 사실 90%에 이르기 때문이다. 따라서 이러한 배분 방식은 당연하게도 포트폴리오를 엄청난 주식 테일 리스크Tail Risk[2]에 노출되게끔 만든다. 만약 주식, 채권으로 포트폴리오를 구성해야 한다면, 위험 예산 배분 기법은 위험 예산의 관점에서 보다 균형 잡힌 자산배분을 위해 주식에는 보다 낮은 가중치를, 채권에는 보다 높은 가중치를 부여한다.

여기서 다룰 리스크 패리티Risk Parity(RP)라는 모델은 이러한 위험 예산 배분 방식의 한 종류다. 리스크 패리티라는 모델의 이름이 내포하

---

2 통계상 정규분포의 양 극단, 즉 꼬리 부분에 위치해 있어 실제 발생할 가능성은 낮지만 한 번 일어나면 엄청난 충격을 줄 수 있는 위험이다.

고 있는 의미 그대로, 이는 각 자산의 위험 기여도를 동일하게 해주는 포트폴리오를 추구한다. 다시 말해, 포트폴리오 내에서 모든 자산이 기여하는 위험성을 동등하게 해주도록 투자 가중치를 결정하는 모델인 것이다. 따라서 리스크 패리티는 가끔 동등 위험 기여도(ERC, Equal Risk Contribution) 모델이라고도 불린다.

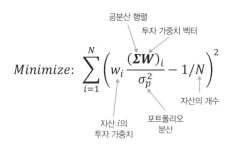

$$Minimize: \sum_{i=1}^{N} \left(w_i \frac{(\Sigma W)_i}{\sigma_p^2} - 1/N \right)^2$$

[수식 4-5] RP 모델의 목표: 위험 기여도의 동일 배분

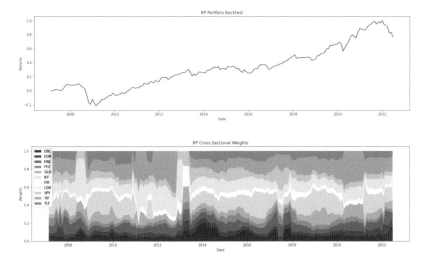

[그림 4-15] 리스크 패리티 포트폴리오 성과와 가중치

4.4.1.6 동등 한계 변동성

리스크 패리티 기법과 더불어 위험 예산 배분 방식의 또 다른 케이스로는 동등 한계 변동성(EMV, Equal Marginal Volatility) 기법이 있다. 이 모델은 기본적으로 개별 자산들의 변동성만을 고려하여 위험 예산을 배분하는 방식이다. 따라서 이는 리스크 패리티와 다르게 자산 간의 상관계수에 의해 발생하는 포트폴리오 변동성에 대한 영향은 고려하지 않는다. 결

자산 i의
변동성
↓

$$w_i = \frac{1/\sigma_i}{\sum_{i=1}^{N} 1/\sigma_i}$$

↑
자산 i의
투자 가중치

[수식 4-6] EMV 모델의 목표: 개별 자산들의 변동성만 고려한 배분

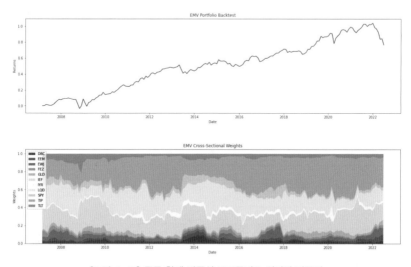

[그림 4-16] 동등 한계 변동성 포트폴리오 성과와 가중치

160

국 단순히 변동성이 높은 자산에는 낮은 가중치를, 반대로 변동성이 낮은 자산에는 높은 가중치를 부여하는 것이 이 모델의 특징이다. 변동성에 반비례하여 투자 가중치를 결정하기 때문에 이 모델은 종종 역변동성(IV, Inverse Volatility) 모델이라고도 불린다. 이 모델의 또다른 특징은 각 자산의 변동성만을 고려하기 때문에 투자 가중치를 결정하기 위해 최적화 알고리즘을 거칠 필요가 없다는 것이다. 각 자산들의 변동성 수준만을 안다면 [수식 4-6]에 의해 투자 가중치를 쉽게 계산할 수 있다.

4.4.1.7 블랙-리터만 모델

블랙-리터만 모델은 1990년 피셔 블랙과 로버트 리터만에 의해 처음 제시된 포트폴리오 최적화 모델이다. 블랙-리터만 모델은 다른 모델들과는 다른 주요한 특징이 있는데, 그것은 바로 투자 가중치를 결정함에 있어 현재 시장에 내재되어 있는 정보와 미래 시장 상황에 대한 투자자의 주관적인 뷰를 결합하여 사용한다는 점이다. 시장이 제시하는 정보와 투자자 뷰의 결합은 최종적으로 새로운 기대 수익률과 공분산 추정치를 만들어내고 이는 다시 MVO 모델의 입력변수로 들어간다.

　　블랙-리터만 모델을 통해 최종적인 투자 가중치를 도출해내기 위해서는 총 네 단계의 과정을 거쳐야 한다.

1. 사전 기대 수익률 분포 정의
2. 기대 수익률에 대한 투자자의 뷰 설정
3. 투자자 뷰에 기반한 사후 기대 수익률 분포 결정
4. 블랙-리터만 최적 포트폴리오 가중치 산출

블랙-리터만 모델을 사용하기 위한 첫 번째 과정은 현재의 시장 포트폴리오 가중치로부터 시장에 녹아들어가 있는, 즉 시장이 생각하는 기대 수익률 수준을 역산해내는 것이다. 우리는 이를 리버스 엔지니어링이라고 부르며, 이 과정은 시장이 생각하는 기대 수익률에 대한 사전적 분포를 알아내기 위함이다.

만약 시장에 내재된 사전 분포가 산출되었다면, 이제 투자자는 두 번째 단계로 각 자산별 절대적 혹은 상대적 성과에 대한 자신만의 주관적인 뷰를 수치적으로 구체화해야 한다. 이는 시장 포트폴리오를 기반으로 투자자의 뷰가 가미된 액티브 포트폴리오를 구성하기 위함이다.

시장으로부터의 내재 기대수익률 분포와 투자자의 뷰 설정이 완료되었다면, 세 번째 단계는 바로 이 둘을 결합하여 마침내 포트폴리오 수익률에 대한 사후 분포를 산출하는 것이다. 블랙-리터만 모델에서 이것이 가능한 이유는 결국 이 모델이 베이지안 통계학의 프레임워크를 따르고 있기 때문이다. 이렇게 산출된 사후 분포를 통해 우리는 시장 뷰와 투자자의 뷰가 결합되어 새롭게 업데이트된 기대수익률 벡터와 공분산 행렬을 구할 수 있으며, 이것들이 또다시 MVO 모델의 입력변수로 들어가게 되면 최종적인 투자 가중치가 나오게 된다.

4.4.2 자금관리: 종적 배분 모델

다시 한번 강조하지만 자산배분의 목적은 생존에 있다. 종적 배분 모델은 철저히 이 생존 우선의 원칙을 따르고 있는 방법이다. 종적 배분 모델이 무엇인가를 한마디로 표현하면 전체 가용자본 중에서 얼마만큼을 내가 앞서 정한 자산배분 포트폴리오에 투자할 것인가를 결정하는 알고리즘이라고 할 수 있다. 이를 반대로 표현한다면, 얼마만큼을 현금으로 들고 있을 것인지를 알려주는 메커니즘이다.

그렇다면 왜 투자하라고 있는 돈을 투자하지 않고 그냥 현금으로 놀게 내버려두는 것일까? 사실 여기서 현금은 아무 일도 안하는 것이 아니라 생존을 위한 일종의 쿠션 역할을 한다. 다시 말해, 투자 세계에서의 에어백 기능을 담당하고 있는 것이다. 만약 포트폴리오가 10%의 손실을 보더라도 내가 해당 포트폴리오에 전체 자금의 절반만을 투자했다면 현금을 포함한 내 전체 포트폴리오의 손실은 5%가 된다. 여기서 현금은 그냥 놀고 있는 것이 아니라 우리가 전투불능상태에 빠지지 않도록 묵묵히 뒤에서 지원하는 역할을 하고 있는 것이다. 대부분의 전설적인 투자자나 트레이더들은 하나같이 자금관리가 매우 중요하다고 입을 모아 외쳤는데, 여기서 말하는 자금관리가 바로 종적 배분 모델이다.

4.4.2.1 변동성 타깃팅

변동성 타깃팅은 전체 포트폴리오의 변동성을 일정 레벨로 유지하고자 사용하는 종적 배분 모델이다. 모델의 이름 그대로 투자자가 목표로 하고자 하는 포트폴리오의 변동성 수준을 맞추기 위해 매 시점마다 주기적으로 현금 보유 비중을 조절하게 된다. 만약 목표 변동성이 5%라고 한다면 포트폴리오의 변동성이 계속해서 5%를 달성할 수 있도록 자산 포트폴리오의 변동성이 커지는 경우 현금 보유 비중을 늘리게 되며 반대로 변동성이 작아지는 경우 현금을 더 적게 가져간다. 즉, 변동성 타깃팅은 예상되는 실현 변동성에 반비례하여 위험 자산에 가중치를 할당함으로써 특정 변동성 레벨을 유지할 수 있다.

변동성 타깃팅은 포트폴리오 위험을 효과적으로 제어할뿐만 아니라 때때로 위험 조정 수익률 관점에서 롱온리 포트폴리오보다 더 나은 성과를 보여주기도 한다. 그 이유는 위험 자산의 성과와 변동성은 일반적으로 음(-)의 상관관계를 지니고 있기 때문이다. 변동성 타깃팅은 변동성이 죽어있는 상황에서는 레버리지를 일으키는 반면, 변동성이 커지는 구간에서는 포지션을 줄이도록 설계되어 있다. 이처럼 변동성이 높은 시기에 디레버리징을 하는 것은 테일 리스크를 줄이는 데 효과적이다. 실제로 2008년 글로벌 금융위기 당시에도 이러한 변동성 타깃팅은 보다 나은 성과를 보여주었다.

4.4.2.2 CVaR 타깃팅

앞서 언급한 변동성 타깃팅이 변동성이라는 것을 위험 지표로 삼아 포트폴리오의 베팅 크기를 결정하는 방식이라면, 여기서 다룰 CVaR 타깃팅이라는 방식은 변동성보다 훨씬 더 보수적인 위험 지표인 CVaR를 사용하는 모델이다. 여기서 말하는 CVaR란 Conditional Value-at-Risk의 머리글자로, 시장 상황이 최악인 경우 평균적으로 얼마만큼의 손실이 발생할 수 있는가를 측정하는 지표다.

CVaR 타깃팅 또한 이름이 말해주고 있는 것과 마찬가지로 포트폴리오의 CVaR를 항상 목표 CVaR 수준에 맞추기 위해 현금 보유 비중을 결정하는 방법론이다. CVaR라는 위험지표가 변동성보다 훨씬 더 보수적인 지표이기 때문에 일반적으로 CVaR 타깃팅에 의한 베팅 크기는 변동성 타깃팅의 그것보다 훨씬 더 작다. 또한 CVaR 자체가 변동성 대비 그렇게 자주 수치가 바뀌는 지표는 아니기에 베팅 크기 변화의 회전율도 상대적으로 적다.

4.4.2.3 켈리 베팅

켈리 베팅은 퀀트들의 조상님이라고 할 수 있는 에드워드 소프가 물리학자 존 켈리 주니어의 논문으로부터 영감을 받아 고안해낸 베팅 방식이다. 에드워드 소프는 어떻게 하면 카지노에서 승리할 수 있는가를 항상 고심했다. 그가 켈리 베팅이라는 방식은 만들어낸 이유 또한 다음과 같은 문제를 해결하기 위해서였다.

> "확률적 우위를 확보한 게임이 존재한다고 하자. 그렇다면 이 게임에서 장기적으로 승리하기 위해서는 매순간 과연 얼마만큼의 자본금을 걸어야 하는가?"

다시 말해, 전체 자본 중 얼마만큼을 투자할지를 결정하는 알고리즘이 바로 켈리 베팅 시스템이다. 결국 이는 자금관리를 어떻게 할 것인가를 결정하기 위한 수학적인 해결책이다. 켈리 베팅을 도출하기 위해서는 꽤 지난한 과정의 수학적 전개가 필요하지만, 사실 결론만 놓고 보면 켈리 베팅의 아이디어는 꽤나 단순하다. 켈리 베팅이 말하는 최적 베팅 비율은 수익률을 불확실성의 정도인 분산으로 나눈 값이다. 이를 풀어 설명하면 결국 켈리 베팅은 수익을 낼 수는 있지만 그 수익을 낼 수 있는 불확

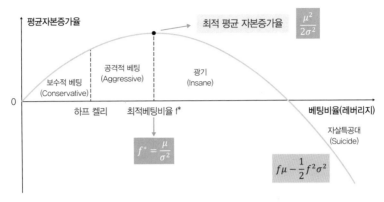

[그림 4-17] 켈리 베팅 시스템

실성의 정도까지를 감안하여 베팅 크기를 결정하라는 것이다. 즉, 내가 돈을 벌 수 있다는 확신의 정도가 강해지면 강해질수록 베팅 크기를 늘리는 것이 결국 켈리 베팅이 말하고자 하는 바다. [그림 4-17]을 통해 우리는 켈리 베팅 시스템이 말하는 최적베팅비율이 수익률과 변동성의 함수임을 알 수 있다.

이 켈리 베팅은 비단 블랙잭 게임에만 사용할 수 있는 것이 아니라 결괏값이 확률에 의해 결정되는 불확실한 게임이라면 어디든지 적용이 가능하다. 그렇기 때문에 이러한 자금관리 기법은 확률에 기반해 결과가 도출되는 금융시장에서도 생존도구로써 역할을 하고 있다.

4.4.2.4 포트폴리오 보험

포트폴리오 보험은 CPPI(Constant Proportional Portfolio Insurance)라고도 불리며 이는 포트폴리오의 가치가 미리 정한 하단선 아래로 빠지지 않도록 설계된 종적 배분 모델이다. 포트폴리오 보험은 만약 포트폴리오의 성과가 좋다면 포지션을 늘리고, 반대로 성과가 부진할 때는 노출(exposure)을 줄임으로써 모델의 목표를 달성한다. 또한 만약 포트폴리오의 가치가 미리 정한 하단선에 도달하게 되면, 이 전략은 현금에 100%의 가중치를 할당하여 투자원금을 보호하고자 한다.

포트폴리오 보험 전략은 포트폴리오 가치(P)와 하단 기준선(B)의 차이인 쿠션(C), 그리고 레버리지 승수(M)에 의해 정의된다. 포트폴리오에 얼마를 투자할지는 전적으로 이 쿠션과 승수의 곱(M×C)에 달려 있다. 예를 들어, 포트폴리오의 가치가 100, 하단 기준선이 80, 승수가 4인 상황이라면 포트폴리오에 대한 초기 가중치는 4×(100-80)=80%가 되며,

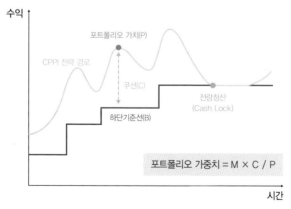

[그림 4-18] 포트폴리오 보험 전략

나머지 20%는 현금을 보유하게 된다. 만약 포트폴리오 가치가 104로 상승하게 되면, 포트폴리오 보험 전략은 자산 포트폴리오에 보다 높은 가중치를 주게 되고 이때의 포트폴리오 투자금액은 4×(104-80)=96%가 된다. 만약, 최악의 경우 포트폴리오의 가치가 하단 기준선에 도달하게 되면 당연히 쿠션은 0이 되고, 이때 모델은 현금 비중을 100%로 가져갈 것을 지시한다. [그림 4-18]은 포트폴리오 보험 전략을 사용했을 시에 포트폴리오 가치의 경로에 대한 예시를 직관적으로 보여주고 있다.

4.4.3 포트폴리오 구성 프로세스

결론적으로 횡적 배분 모델과 종적 배분 모델이 결합된 실무적 차원의 포트폴리오 구성 프로세스는 다음과 같이 크게 세 가지 단계를 거치게 된다.

1. 자산 유니버스 선정
2. 횡적 배분 모델 선택
3. 종적 배분 모델 선택

우선 자산 유니버스 선정 단계에서는 포트폴리오에 들어갈 자산군 혹은 종목들, 즉 가용자산의 풀을 결정한다. 자산 유니버스에 따라 해당 포트폴리오의 성격이 정해진다. 예를 들어, 어떤 포트폴리오는 주식 포트폴리오가 될 수도 있고 또 어떤 포트폴리오는 채권 포트폴리오가 될 수 있다. 혹은 여러 종류의 자산군들을 전부 아우르는 멀티에셋 포트폴리오를 구성할 수도 있다. 자산 유니버스를 선정하는 것은 전적으로 펀드의 속성 과 목표, 매니저의 재량 등에 따라 결정되는 부분이다.

자산 유니버스가 선정되고 나면 두 번째 단계는 바로 어떤 횡적 배분 모델을 선택할지 결정하는 것이다. 횡적 배분 모델에 따라 자산 유니버스 상에서 각각의 자산들이 어느 정도로 배분될지가 결정된다. 자산 유니버 스가 횡적 배분 모델을 거치게 되면 1차적인 포트폴리오가 완성된다. 이 1차적인 포트폴리오는 현금이 포함되어 있지 않은, 순수하게 자산 유니버 스만으로 구성된 포트폴리오다. 여기서는 이를 자산 포트폴리오라고 부르 기로 한다.

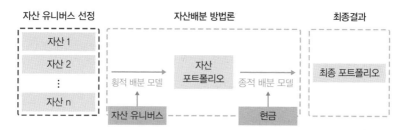

[그림 4-19] 포트폴리오 구성 프로세스

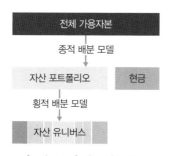

[그림 4-20] 자본 배분 과정

횡적 배분 모델에 의해 자산 포트폴리오 내에서 배분 비중이 결정되고 나면, 이후 남은 것은 자산 포트폴리오와 현금 간의 비중을 동적으로 조절하기 위한 종적 배분 모델을 선택하는 것이다. 자산 포트폴리오와 현금을 합한 자산 포트폴리오와 현금 간의 비중은 시간이 지남에 따라 우리가 선택한 종적 배분 모델에 의해 자동적으로 재계산되어 결정된다. 최종적으로 자산 포트폴리오가 종적 배분 모델을 거치게 되면 자산 포트폴리오와 현금이 결합된 최종 포트폴리오가 마침내 탄생하게 된다.

4.5 모두가 출구를 향해 달릴때, 자산배분을 넘어

2008년은 전 세계 투자자들에게 가히 엄청난 충격과 공포를 선사한 해라고 해도 과언이 아닌 해였다. 미국 부동산 시장의 거품이 빠지자 서브프라임 사태는 걷잡을 수 없는 금융시장의 혼란을 초래했고 많은 사람이 크나큰 손실을 보았다. 또한 리먼 브라더스 같은 잘나가던 금융회사들마저 순식간에 역사의 뒤안길로 사라졌다.

글로벌 금융위기는 기존의 자산배분 방식에도 엄청난 의구심을 불러일으켰다. 이전까지만 해도 꽤 잘 작동하던 자산배분 모델이 한순간에 나락을 경험한 것이다. [그림 4-21]은 주식, 채권, 외환, 그리고 원자재로 구성된 전형적인 동일가중 방식의 멀티에셋 포트폴리오의 성과를 보여주고 있다. 이 포트폴리오의 성과는 2008년 이전과 이후의 성향이 전혀 다

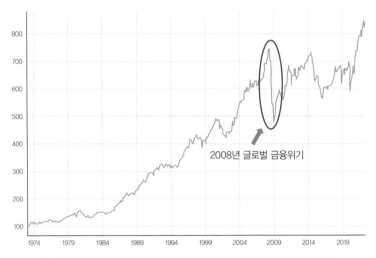

[그림 4-21] 전통적 자산배분의 한계를 여실히 보여준 글로벌 금융위기

르다. 과거 꾸준히 안정적인 성과를 보여주었던 이 포트폴리오는 2008년
을 기점으로 이후 정기적인 급락과 꽤 높은 수준의 변동성을 지속적으로
보여주고 있다.

2000년대 들어 더욱 통합된 글로벌 경제로 인해 이전보다 여러 자산
들 간의 상관성이 높아졌다는 것은 부정할 수 없는 사실이다. 문제는 이에
따라 글로벌 시장이 전체적으로 한꺼번에 공포에 휩싸이게 되면 모두가
"현금이 왕이다!"라는 구호를 외치며 비상구를 향해 내달린다는 것이다.
우리가 이전까지 안정적이라고 생각했던 멀티에셋 포트폴리오의 성과가
이렇듯 처참하게 박살나는 이유는 결국 과거 상관관계가 낮거나 혹은 마
이너스라고 생각했던 자산들의 상관성이 위기의 순간 급격하게 높아지기
때문이다.

따라서 2008년 이후 투자자들은 점점 롱온리Long-Only[3] 자산배분 방식의 효력에 대해 점점 더 의구심을 품게 되었고, 어떻게 하면 이러한 난관을 극복할 수 있을지 고심하기 시작했다. 이제 투자자들에게는 이전까지와는 다른 새로운 방식의 투자가 필요했다. 전통적인 롱온리 자산배분의 한계를 뛰어넘을 무언가 획기적인 방법은 없을까? 바로 이 질문이 투자자들이 팩터라는 것에 주목하도록 만든 계기가 되었다.

---

3   자산을 사기만 하는 전통적인 투자 방식이다.

참고문헌 및 추천도서

- 〈머니 사이언스〉 윌리엄 파운드스톤, 동녘사이언스 (2006)

- 〈나는 어떻게 시장을 이겼나〉 에드워드 소프, 이레미디어 (2019)

- 〈현명한 자산배분 투자자〉 윌리엄 번스타인, 에이지21 (2019)

- 〈거인의 포트폴리오〉 강환국, 페이지2 (2021)

- 〈Portfolio Selection〉 H. Markowitz, Journal of Finance (1952)

- 〈The Utility of Wealth〉 H. Markowitz, Journal of Political Economy (1952)

- 〈Lifetime Portfolio Selection under Uncertainty: The Continuous-Time Case〉 Merton, Robert C. (1969)

- 〈Lifetime Portfolio Selection by Dynamic Stochastic Programming〉 Samuelson, Paul A. (1969)

- 〈Approximating Expected Utility by a Function of Mean and Variance〉 Levy, H., and H. Markowitz. American Economic Review (1979)

- 〈An Algorithm for Portfolio Improvement〉 W. Sharpe, Advances in Mathematical Programming and Financial Planning (1987)

- 〈Global Portfolio Optimization〉 Black & Litterman, Financial Analysts Journal (1992)

- 〈On the Financial Interpretation of Risk Contribution: Risk Budgets Do Add Up〉 Qian, Journal of Investment Management (2006)

- 〈Efficient Asset Management〉 Michaud & Michaud, Oxford University Press (2008)

- 〈Toward Maximum Diversification〉 Choueifaty & Coignard, Journal of Portfolio Management (2008)

- 〈Optimal Versus Naive Diversification: How Inefficient is the 1/N Portfolio Strategy?〉 DeMiguel, Garlappi & Uppal, Review of Financial Studies (2009)

- 〈Markowitz versus the Talmudic Portfolio Diversification Strategies〉 Duchin & Levy, Journal of Portfolio Management (2009)

- 〈In Defense of Optimization: The Fallacy of 1/N〉 Kritzman, Page & Turkington, Financial Analysts Journal (2010)

- 〈Diversifying Risk Parity〉 Lohre, Opfer & Orszag (2012)

- 〈Managing Risk Exposures Using the Risk Budgeting Approach〉 Bruder & Roncalli (2012)

- 〈Introduction to Risk Parity and Budgeting〉 Roncalli, Chapman & Hall (2013)

- 〈Portfolio Construction and Risk Budgeting〉 5th Edition, Scherer, Risk Books (2015)

- 〈A Practitioner's Guide to Asset Allocation〉 Kinlaw, Kritzman & Turkington, Wiley (2017)

- 〈The Stock/Bond Correlation〉 AQR (2022)

5장

팩터 모델링

퀀트 투자를 위한 네 번째 빌딩블록은 팩터 모델링이다. 팩터 모델링이야말로 퀀트 투자의 꽃이자 메인 요리라고 할 수 있다. 퀀트는 좋은 성과를 가져다줄 수 있는 팩터를 찾고자 밤낮으로 고군분투한다. 이 장에서는 팩터라는 개념이 어떻게 세상에 나오게 되었는지를 알아보고, 일반적으로 잘 알려진 팩터들에 대해서도 소개한다. 또한 팩터의 과거 성과를 검증하기 위한 도구인 백테스팅이 무엇인지 그리고 궁극적으로 팩터 포트폴리오가 어떤 프로세스를 통해 만들어지는지도 살펴본다.

5.1 팩터, 투자의 사고를 확장하다

2008년 글로벌 금융위기는 롱온리[1] 자산배분이라는 생각의 한계를
명확하게 보여주었다. 감당하기 힘든 위기에 압도당해 발생한 전 자산군
투매 현상은 전통적인 자산배분의 효과를 무색하게 만들었기 때문이다.
시장에 존재하는 여러 종류의 자산들을 단순히 섞는 방식의 투자로는 더
이상 포트폴리오가 가진 투자 위험을 효과적으로 제거할 수 없게 되었다.
투자자들에게는 이제 자산배분 그 이상의 어떤 것이 절실히 필요했다.

이러한 상황은 팩터 투자라는 개념이 실무에 도입되는 계기를 제공했
다. 물론 팩터라는 개념은 이전부터 존재해왔던 것이었지만 이는 학계에
서나 다루는 다소 이론적인 개념이었을 뿐이었다. 그런데 글로벌 금융위

---

1 오직 매수 관점에서의 투자를 의미한다.

기 이후 팩터를 도입하여 새로운 스타일의 투자 방식을 구현하고자 하는 실무적 노력들이 주요 글로벌 투자회사들을 필두로 속속들이 생겨났다. 새로운 패러다임 안에서 새로운 수익원을 찾고자 하는 투자 사고의 대전환이 발생한 것이었다. 제이피 모건이나 쏘시에테 제네랄 같은 글로벌 투자은행들은 QIS(Quantitative Investment Strategies)라고 불리는 팩터 투자 서비스 전담 부서를 새로 셋업하고 계량 투자 전략에 대한 연구와 비즈니스 활동을 하기 시작했으며, 볼커룰[2]에 의해 셀사이드 은행에서 헤지펀드로 넘어간 퀀트들은 퀀트 펀드의 영역을 확장해나가기 시작했다.

팩터 투자는 금융자산이라고 하는 피상적인 대상보다 금융시장을 실제로 움직이는 본질적인 동인에 주목하는 투자 방식이다. 금융시장에서 자산들의 움직임을 설명할 수 있는 합리적이고 객관적인 설명변수를 찾는 것, 그리고 이러한 설명변수를 활용해 시장에서 수익을 창출해내는 것, 그것이 바로 퀀트의 임무가 되었다.

이러한 맥락에서 보았을 때 퀀트의 의사결정은 철저히 영양학적 관점에 기반한다. 비유를 들자면, 이전까지 투자자들은 자산이라고 하는 어찌 보면 겉으로 보이는 식품에만 초점을 맞추고 있었다. 여러 가지 자산들을 들고 있다면 다양한 음식을 먹는 꼴이기에 균형 잡힌 식사를 하는 것처럼 균형 잡힌 포트폴리오가 만들어질 것이라고 기대하면서 말이다. 하지만 실제로 막상 위기가 발생했을 때 그들이 생각한 균형 잡힌 포트폴리오는 피자, 치킨, 햄버거를 먹는 매우 불균형한 식사일 뿐이었다. 다시 말해, 시

---

2 오바마 정부에 의해 제정된 은행의 자기계정거래, 즉 자기자본 투자 행위를 막는 법안이다.

장에 위기가 발생하면 여러 자산의 움직임이 동조화되면서 기대하던 수준의 분산투자 효과를 내지 못했던 것이다.

따라서 퀀트는 이제 자산이라고 하는 식품보다는 팩터라고 하는 본질적인 영양소에 집중하게 되었다. 아무리 다양한 음식을 섭취한다한들 그 음식들에 들어있는 영양소가 모두 동일하다면 이는 균형 잡힌 식사를 하고 있는 것이 아니듯, 아무리 다양한 자산을 보유하고 있다고 해도 그 자산들을 보유함으로써 가져가게 되는 설명변수가 전부 동일하다면 그것은 진정한 의미의 분산투자가 아니기 때문이다. 그렇기에 퀀트에게 있어서 팩터라고 하는 것은 개별적인 영양소와도 같다. 퀀트가 만들고자 하는 포트폴리오는 다양한 영양소가 골고루 포함되어 있는 건강한 포트폴리오를 만드는 것이다. 이러한 생각은 자연스럽게 자산배분에서 팩터배분으로의 대전환을 만들어냈다([그림 5-1] 참고).

사실 생각해보면 이것은 엄청난 사고의 혁신이었다. 왜냐하면 이는 우리가 이전까지 쉽사리 볼 수 없는 것들을 보고자 한 것이었으며, 또한 단순히 자산을 보유하여 투자 수익을 얻겠다고 하는, 즉 롱온리의 관점에서 탈피하려는 시도였기 때문이다.

팩터라는 것은 주식, 채권과 같이 눈에 직접 보이는 대상에 돈을 투입하는 것이 아니다. 조금 난해한 개념일 수도 있지만 결국 팩터는 우리 눈에는 보이지 않지만 금융시장을 설명할 수 있는 본질적인 동인이다. 이러한 팩터를 활용하기 위해서는 금융시장으로부터 팩터를 추출해내야 한다. 우리가 에스프레소 머신을 사용해 커피 원두로부터 커피를 추출하듯이, 이러한 팩터를 활용하기 위해서는 자산으로부터 팩터를 추출해야 한다. 이때 일련의 규칙에 따라 자산을 매매하는 행위가 바로 퀀트의 에스프레소 머신이라고 할 수 있다. 결론적으로 이러한 규칙 기반의 매매를 하게 되면 퀀트는 금융시장에서 팩터를 뽑아낼 수 있으며 팩터의 수익률을 현실화시킬 수 있다.

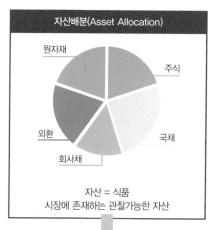

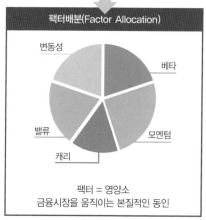

[그림 5-1] 자산배분에서 팩터배분으로

그렇기 때문에 팩터를 기반으로 한 퀀트 투자는 사고의 한계를 규정 짓지 않는다. 자외선이나 적외선을 인간의 육안으로 볼 수 없다고 해서 존재하지 않는 것이 아니듯이 퀀트는 팩터가 보이지 않는다고 해서 그것을 존재하지 않는다고 생각하지 않는다. 오히려 보이지는 않지만 실제로 금융시장을 움직이는 요인은 대체 무엇일까, 새로운 수익의 원천은 없을까를 끊임없이 고민하고 또 연구한다. 기존에 롱온리 자산배분이 가지고 있던 생각의 틀을 깨부수는 셈이다. 퀀트에게는 더 이상 롱온리라는 제약도 주식시장만을 봐야 한다는 제약도 없다. 퀀트는 온전히 데이터에 기반하여 투자에 대한 사고를 확장해나간다. 퀀트가 가지고 있는 이러한 사고의 틀은 그들에게 엄청난 자유도와 수익의 기회를 선사한다.

5.2 팩터의 역사

팩터라는 개념을 보다 직관적으로 이해하려면 기본적으로 팩터의 역사가 어떻게 흘러왔는가를 먼저 반추해볼 필요가 있다. 역사를 통해 과거부터 지금까지 팩터라는 프레임워크가 어떤 흐름을 거치면서 형성되었는지 그 역사적 맥락을 이해할 수 있고, 또 이를 기반으로 팩터 포트폴리오라고 하는 총체적인 개념을 더 쉽게 받아들일 수 있기 때문이다.

5.2.1 CAPM과 베타의 탄생

팩터의 역사는 바야흐로 1964년까지 거슬러 올라간다. 이미 4장에서도 본 적이 있는 CAPM이 바로 팩터 모델의 시초라고 할 수 있다. 윌리엄 샤프는 CAPM 모델을 기반으로 하여 베타라는 개념을 새롭게 만들어냈다.

$$E(R_i) = R_f + \beta \times \left[E(R_M) - R_f \right]$$

$E(R_i)$	자산 i의 기대수익률
R_f	무위험 수익률
β	시장 전체의 움직임에 대한 자산 i의 민감도
$E(R_M)$	시장 전체의 기대 수익률

[수식 5-1] CAPM 모델

여기서 베타는 어떤 자산이 시장 위험에 어느 정도로 노출되어 있는가를 측정하는 지표다. [수식 5-1]과 같이 결국 어떤 자산의 기대수익률이라고 하는 것은 무위험 수익률에다가 시장 위험을 감수하는 대가로 얻는 시장 위험 프리미엄을 더한 것이라고 샤프는 제시하였다.

결국 샤프는 CAPM을 통해 분산투자로 제거할 수 없는 시장 위험을 최초의 팩터로 제시한 사람이다. 우리는 이러한 시장 위험을 일반적으로 '베타'라고 일컫는다. 블록체인 세상에 제네시스 블록[3]이 있다면, 팩터 세계에서는 베타라는 것이 바로 제네시스 팩터다. CAPM 이론이 나온 이후 사람들은 어떤 포트폴리오나 투자 매니저의 성과를 평가할 때 알파와 베타라는 개념으로 성과를 분해하기 시작했다. 다시 말해, 투자 성과가 시장 전체의 움직임(베타)에 의해 발생한건지, 아니면 시장 움직임과 무관한 매니저의 역량(알파)에 의해 발생했는지를 따지기 시작한 것이다.

---

3 블록체인을 구성하는 블록들 중 가장 첫 번째 블록이다.

사실 어떻게 보면 팩터라고 하는 것은 원래 투자 매니저의 성과를 객관적으로 평가하기 위해 도입된 개념이다. 그 매니저가 재량적으로 운용하는 펀드가 과연 그만큼의 수수료를 내고서라도 가입할 만한 가치가 있는 것인지 투자자들은 궁금했기 때문이다. 만약 어떤 펀드의 성과가 전부 베타에 기인한다면 이는 투자자들이 굳이 높은 수수료를 지불하면서까지 해당 펀드에 가입할 필요가 없다는 것을 의미한다. 왜냐하면 펀드의 성과가 시장 움직임 그 자체이기 때문에 수수료가 매우 적은 인덱스 펀드에 투자를 하여 수수료를 아낄 수 있기 때문이다. 이처럼 팩터 모델이 도입되기 시작하면서부터 액티브 펀드는 투자자들로부터 깐깐한 평가를 받기 시작하였다. BARRA 모델과 같은 팩터 기반 성과 분석 모델은 액티브 펀드 매니저들의 성과가 과연 어떤 요인으로부터 기인하는지를 철저하게 파고드는 대표적인 예시다.

CAPM 모델은 그 당시로서는 굉장히 혁신적인 아이디어였으며, 베타라는 생각은 아직까지도 포트폴리오 운용의 세계에서 매우 널리 사용되는 개념이다. 하지만 시간이 지나면서 이러한 CAPM 모델은 실무적으로 한계에 직면하게 되었다. 그 이유는 베타라는 팩터 하나만으로 금융시장이라는 복잡한 현실 세계를 설명하기에는 역부족이었기 때문이다. 또한 어느 정도 시간이 지나자 CAPM 모델에서 상정한 알파라는 요소가 다른 시장 변수와 어느 정도의 상관성을 보인다는 것이 관찰되었기 때문이다. 결국 시간이 흐름에 따라 사람들은 자산 가격의 움직임을 설명할 수 있는 변수가 베타 이외의 다른 것은 없을까에 대해 생각하기 시작했다.

5.2.2 APT와 멀티팩터

CAPM 모델이 나온지 12년 후인 1976년, 미국의 경제학자인 스티픈 로스Stephen Ross는 그가 제시한 APT(Arbitrage Pricing Theory)라고 하는 새로운 모델을 통해 기존의 CAPM이 가지고 있던 문제를 해결하고자 했다. APT 모델이 말하고자 하는 바는 결국 자산의 기대수익률을 설명할 수 있는 설명변수가 시장 전체의 움직임 이외에 다른 것이 있다는 것이었다. 다시 말해, 어떤 자산의 수익률은 여러 요인들의 선형 결합으로 설명될 수 있다는 것의 그의 주장이었다. CAPM이 단일 팩터를 주장했다면, APT는 다중 팩터, 즉 멀티팩터의 가능성을 제시한 것이다.

[수식 5-2]를 보면, 자산의 기대수익률은 무위험 수익률 및 N개의 리스크 프리미엄으로 설명된다. 다시 말해 자산의 기대수익률을 설명하는 요인이 하나만 존재하는 것이 아닌 여러 개가 될 수 있다는 것이다. 이처럼 로스는 멀티팩터의 세계를 활짝 열어젖혔다.

$$E(R_i) = R_f + \beta_1 RP_1 + \beta_2 RP_2 + \cdots + \beta_N RP_N = R_f + \sum_{k=1}^{N} \beta_k RP_k$$

$E(R_i)$	자산 i의 기대수익률
R_f	무위험 수익률
RP_k	k 번째 위험 프리미엄
β_k	k 번째 위험 프리미엄에 대한 자산 i의 민감도

[수식 5-2] APT 모델

로스는 이후 1980년 리처드 롤Richard Roll과 함께 발표한 논문에서 물가, 국민총생산, 회사채 프리미엄, 그리고 금리 커브의 움직임이 주식의 수익률을 설명하는 팩터들이라고 제시했다. APT가 의미 있는 이유는 이것이 최초로 멀티팩터라는 개념을 탄생시켰기 때문이다. 시장 전체의 움직임 이외에도 가격을 움직이는 다른 원인이 존재할 것이라는 생각은 APT 모델의 탄생 이후 널리 전파되었으며, 이후 학계는 효율적 시장 가설에 의문을 품고 다양한 멀티팩터 모델을 만들어냈다.

5.2.3 파마-프렌치 3-팩터 모델

이러한 APT의 생각을 이어받아 자산의 수익률을 설명하고자 하는 여러 시도가 있었는데, 그중 가장 대표적인 것이 1993년 파마와 프렌치의 3-팩터 모델이다. 그들은 윌리엄 샤프가 주장했던 전통적인 마켓 팩터인 베타 이외에도, 주가 수익률을 설명할 수 있는 두 가지 팩터를 추가적으로 제시했는데, 그것은 바로 HML(High Minus Low) 팩터와 SMB(Small Minus Big) 팩터였다. 이들 각각은 우리가 현재 밸류 팩터Value Factor와 사이즈 팩터Size Factor라고 부르는 팩터들이다.

그들은 우선 시가총액과 PBR 지표, 이 두 가지를 사용해 수많은 주식을 총 6가지의 카테고리로 나누었고, 이를 다시 SMB와 HML, 두 가지 팩터로 표현하였다. SMB 팩터는 시가총액에 기반해 주식 스코어를 매긴 뒤 소형주를 매수하고 대형주를 매도하는 시장중립 포트폴리오였으며, HML 팩터는 PBR을 기준으로 스코어를 매긴 뒤 PBR이 작은 주식을 매수하고 높은 주식을 매도하는 시장중립 포트폴리오였다. 그들은 실험 결과 SMB 팩터와 HML 팩터 모두 유의미한 양(+)의 프리미엄을 제공하는 동시에 시장 베타와의 연관성이 낮다는 것을 밝혀냈다.

파마-프렌치 3-팩터 모델의 참신함과 높은 설명력 덕분에 이 모델은 단숨에 포트폴리오 운용 업계의 표준으로 자리매김하게 되었으며, 그들의 이론은 소위 '스타일 분석'이라고 하는 분석 방법의 토대를 제공하였다. '가치주'니 '성장주'니 하는 펀더멘털 스타일의 분류 또한 이러한 흐름 속에서 자연스럽게 만들어진 것이다.

또한 파마-프렌치 3-팩터 모델이 팩터의 역사에서 중요한 위치를 차지하는 이유는 이 모델이 롱숏 포트폴리오를 통해 금융시장에 녹아들어가 있는 팩터를 추출하겠다는 생각을 촉발시켰기 때문이다. 이전까지의 팩터 모델들은 전부 시장에서 직접적인 관찰이 가능한 변수들만을 팩터로 여겼다. 반면 파마와 프렌치는 외생변수를 그대로 팩터로 사용하는 생

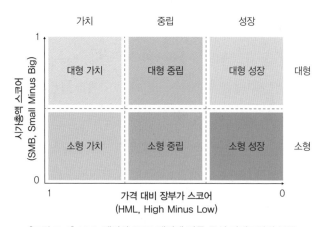

[그림 5-2] HML 팩터와 SMB 팩터에 따른 주식 카테고리의 분류

각에서 벗어나 시장에 숨어있는 어떤 팩터를 복제하고자 롱숏 포트폴리오를 구축하여 시장에 숨어있는 실질적인 팩터들을 찾고자 했다. 이른바 '팩터 복제 포트폴리오'[4]라는 생각의 시발점이었다.

5.2.4 팩터 모델링의 발전

시간이 흘러 이러한 팩터 복제 포트폴리오 방법론은 팩터 모델링 세계에서 가장 일반적이면서도 널리 알려진 프레임워크가 되었다. 더불어, 많은 연구자가 이러한 방법에 대해 지속적으로 관심을 보임에 따라 다른 종류의 팩터 모델 또한 점차 세상의 빛을 보기 시작하였다.

대표적으로 1997년 마크 카하르트Mark Carhart는 파마-프렌치 3-팩터 모델에다가 모멘텀Momentum이라는 새로운 팩터를 추가하여 카하르트 4-팩터 모델Carhart 4-Factor Model을 제시했으며, 더불어 2015년에 파마와 프렌치는 또다시 그들의 3-팩터 모델에 기업의 수익성과 기업의 투자를 팩터에 추가해 파마-프렌치 5-팩터 모델Fama-French 5-Factor Model을 선보이기도 했다.

이후 학계와 실무에서는 시장을 설명할 수 있다고 주장하는 수많은 팩터와 이를 활용하는 투자 모델이 계속해서 등장하였고 팩터의 개수는 점점 늘어났다. 일례로, 캠벨 하비와 얀 리우는 2019년 그들의 연구[5]에서 현재 시장에 알려져 있는 팩터가 [그림 5-3]와 같이 대략 300종류가 넘

---

4 규칙 기반의 매매를 통해 시장에 존재하는 팩터를 복제하고자 하는 포트폴리오다.
5 Harvey and Liu(2019)

는다고 밝혔다. 여기에 팩터 투자를 전문으로 하는 퀀트 펀드가 외부로 발설하지 않는 팩터를 포함한다면 이 숫자는 훨씬 더 클 것으로 추정된다. 참고로 월드퀀트의 창업자인 이고르 툴친스키는 자신의 저서[6]에서 현재 월드퀀트는 4백만 개가 넘는 팩터를 보유하고 있다고 주장하고 있다. 바야흐로 대팩터 시대가 그 화려한 막을 올린 것이었다.

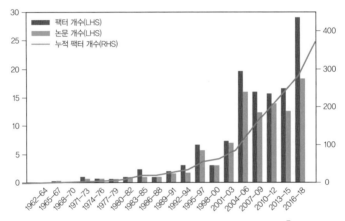

[그림 5-3] 대팩터 시대에 따른 팩터의 기하급수적 증가[7]

6 The UnRules
7 Harvey and Liu(2019)

5.2.5 팩터 모델링의 접근 방식

오늘날 새로운 팩터를 발견해내는, 즉 팩터를 모델링하는 접근 방식은 크게 두 가지다. 하나는 이론 기반의 연역적 방식이고, 다른 하나는 데이터 기반의 귀납적 방식이다. 이러한 '연역적 방식'과 '귀납적 방식'은 각각 대륙의 합리론과 영국의 경험론에 대유된다.

우선 이론 기반의 연역적 방식은 우리가 일반적으로 생각할 수 있는 방식이다. 이는 먼저 팩터에 대한 아이디어, 즉 가설을 먼저 떠올리는 접근법이다. 우리는 금융시장이 어떤 메커니즘에 의해 돌아갈 것이라는 나름의 그럴듯한 가설과 아이디어를 가지고 있다. 연역적 방식은 바로 이 가설에서부터 출발한다. "나는 생각한다. 고로 존재한다"라는 기초 명제로부터 생각의 흐름이 뻗어나오듯이 연역적 방식의 팩터 모델링은 가설을 기초로 삼아 이를 검증하는 방식의 흐름을 택하고 있다. 예를 들어, "금리가 상승하면 주가가 하락할 것이다"라는 아이디어가 있다고 해보자. 이러한 명제는 나름의 합리적인 이유가 있다. 자산가격 결정원리에 따르면 주가는 결국 미래 현금흐름의 현재 가치이기 때문에 금리의 영향을 받을 수밖에 없고, 따라서 금리, 즉 할인율이 상승하면 주가가 하락할 것이라는 것이 이 명제의 논거인 것이다. 이렇게 명제가 형성되면 이제 해야할 일은 과연 이 명제가 맞는지 그른지를 검증해보는 것이다. 데이터 분석을 통해 이 명제가 맞다고 판단되면 이는 활용가능한 팩터가 되고, 그렇지 않은 경우 가설은 폐기되거나 수정된다. 일반적으로 우리가 접할 수 있는 대부분의 팩터는 연역적 방식의 결과물인 경우가 많다.

데이터 기반의 경험적 방식은 이와는 반대다. 경험적 방식은 어떠한 가설 설정 없이 먼저 통계적 기법을 통해 데이터를 분석하여 패턴을 찾아낸 후, 만약 유의미한 패턴이 있다면 추후에 왜 그러한 패턴이 발생했는지를 연구한다. 최근 들어 각광받고 있는 머신러닝에 의한 패턴 인식과 그 활용은 이러한 경험적 방식의 대표적인 예시다. 인간 게놈 지도 프로젝트와 같이 경험적 방식은 이론의 설정보다는 통계적 기법에 의한 패턴의 발견을 중요시 한다. 하지만 이러한 방식은 이따금씩 이것이 순전히 데이터 마이닝이라고 비판을 받기도 하는데, 그 이유는 금융시장에서의 반복적인 행동 패턴만 포착된다면 그 기저에 있는 이론이 어떤 것이든 별로 신경을 쓰지 않기 때문이다.

하지만 팩터 모델링을 위한 연역적 방식과 귀납적 방식은 모두 각각의 한계가 있다. 우선 연역적 방식은 처음 가설을 만들어내는 사람의 주관이 다분히 개입될 수밖에 없다. 다시 말해, 이는 상대적으로 객관성이 떨어지는 방식이다. 아이디어를 생각하는 그 순간부터 팩터를 개발하는 사람의 주관이 들어가기 때문이다. 또한 이러한 주관적 판단은 팩터 간의 독립성을 보장해주지 못한다. 각각 나름의 논리를 가지고 있는 여러 팩터를 만들었지만 이 모든 팩터가 만약 같이 움직이는 경향성이 크다면 우리는 이러한 팩터 유니버스를 다시 한번 재고해봐야 한다. 이러한 현상은 우리가 설계한 팩터들의 논리 상에 어딘가 허점이 존재한다는 것을 의미한다.

귀납적 방식의 문제점은 바로 팩터의 경제적 의미를 해석하기가 쉽지 않다는 것이다. 연역적 방식으로부터 도출된 팩터의 경우 팩터를 설계한 논리가 분명히 존재하기 때문에 스토리텔링이 가능하다. 술자리나 모임에 가서도 팩터를 설명하면서 재미있는 이야기꾼이 될 수 있다. 하지만 귀납적 방식으로부터 도출된 팩터는 이것이 불가능하다. 순전히 통계적으로 뽑아낸 패턴이기 때문이다. 가령 주성분 분석(PCA, Principal Component Analysis)이나 독립성분분석(ICA, Independent Component Analysis) 혹은 다른 머신러닝 기법 등을 사용해서 통계적으로 유의미한 패턴을 발견했다고 해보자. 문제는 이 패턴이 대체 금융시장의 어떤 메커니즘을 말하고자 하는 것인지를 알기가 쉽지 않다는 것이다. 통계적 기법으로 도출된 통계적 팩터는 단지 상관성이 높다는 것을 이야기할 뿐이며, 이것이 시장의 인과성을 설명해주지는 못한다. 머신러닝 기반의 펀드가 전통적인 투자자들에게 종종 외면받는 이유는 팩터의 작동원리를 일목요연하게 설명하지 못하기 때문이다. 가령 딥러닝을 기반으로 팩터가 만들어졌다고 하면 고객 세미나에 가서 할 수 있는 말은 이 정도가 전부일 것이다. "저희는 은닉층에 있는 노드의 개수를 2,048개로 늘려 딥러닝의 패턴 인지 확률을 높였습니다." 이 말을 들은 고객들의 표정이 어떻게 될지는 여러분의 상상에 맡기겠다.

만약 우리가 어떤 팩터를 발견했다고 했을 때 그 상황에서 반드시 물어야 할 것은 바로 '이 팩터가 어떤 이유로 어떤 인과관계를 통해 시장에서 돈을 벌 수 있는 것인가?'다. 왜냐하면 결국 인과성이 존재하지 않는다면 그것은 과거에만 우연의 일치로 맞았던 가짜 발견일 가능성이 높기 때문이다. 예를 들어, 방글라데시의 버터 생산량과 미국 S&P 500 지수와의 상관계수가 0.9로 높게 나온다고 한다면 이는 매우 높은 상관관계를 의미하지만 사실 이는 우연의 일치일 가능성이 매우 농후하다. 이 둘 간의 경제적 연결고리는 거의 없기 때문이다. 데이터 기반의 경험적 방식은 꽤 많은 수의 패턴을 찾아낼 수 있을지는 모르나, 그것이 찾아낸 모든 패턴들이 실제로 미래에도 수익을 가져다줄 것이라는 것을 우리는 장담할 수 없다. 결국 시장에서 돈을 벌어다 주는 것은 금융시장의 메커니즘이지 우연히 맞아떨어진 과거의 패턴은 아니기 때문이다.

따라서 연역적 방식과 귀납적 방식은 서로가 상충되는 장단점이 있기에 좋은 팩터를 설계하기 위해서는 이 두 가지 방식을 모두 사용하는 하이브리드적 접근법이 필요하다. 이전까지 양분되어 있던 합리론과 경험론을 칸트가 하나로 융합하여 서양 철학의 계보를 집대성한 것과 같이 좋은 팩터를 만들기 위해서도 연역적 방식과 귀납적 방식 모두가 필요하다. 팩터의 진리에 이르는 길에는 데카르트의 연역법과 베이컨의 귀납법이 둘 다 필요하다. 이 둘은 서로 대립되는 존재가 아니라 좌청룡 우백호과 같이 팩터 모델링의 완전성을 보다 강화시켜주는 든든한 존재들이기 때문이다.

5.3 팩터와 위험 프리미엄

팩터의 역사를 거치면서 알파와 베타를 바라보는 사람들의 관점은 점차 바뀌기 시작했다. 결국 시장에는 베타 이외의 다른 요인이 위험에 대한 보상을 제공하고 있었으며, 그것들은 순전히 투자 매니저가 가진 개인 고유의 역량이 아닌 것임이 만천하에 드러났기 때문이다. 투자자들은 알파와 베타라는 전통적인 틀을 해체하여 수익의 원천이 되는 구조를 재정립하기 시작했다. [그림 5-4]는 기존의 알파-베타 프레임워크가 현재 어떻게 분해되어 재구성되었는가를 직관적으로 보여주고 있다.

특히 변화가 발생한 부분은 바로 전통적 알파 부분이다. 팩터 모델이 발전해감에 따라 사람들은 이제 알파를 순전히 매니저의 역량이라고 생각하지 않게 되었다. 여러 팩터들을 통해 매니저의 펀드 성과가 상당 부분

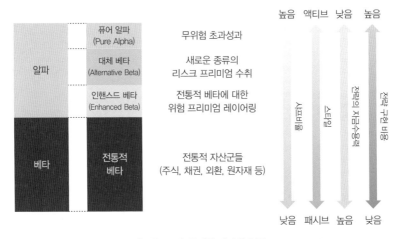

[그림 5-4] 알파와 베타를 넘어

설명이 되었고 이러한 팩터들은 규칙 기반의 매매에 따라 충분히 복제가 가능했다. 더이상 높은 수수료를 내고 액티브 펀드의 매니저에게 자금을 맡길 필요가 없어지게 된 것이다. 다시 말해, 전통적 알파의 상당 부분이 시장의 영역으로 넘어오게 되었다. 이것이 바로 대체 베타와 인핸스드 베타다.

우선 인핸스드 베타는 전통적 베타가 가지고 있는 롱온리의 특성을 그대로 가져가되 시장 포트폴리오를 추구하는 베타와는 다르게 새로운 종류의 위험 프리미엄을 베타에 살짝 추가한 것이다. 시장에서 흔히 말하는 '스마트 베타'는 바로 이 인핸스드 베타를 지칭한다. 스마트 베타라는 이름이 붙게 된 이유는 베타와 비슷하지만 전통적인 베타보다는 더 나은 초과성과를 추구한다는 의미 때문이다. 스마트 베타 펀드는 장기적으로 시장 전체의 움직임을 추종하는 패시브 펀드보다 더 나은 성과를 달성하고자 한다. 하지만 스마트 베타는 기본적으로 패시브 펀드와 같이 롱온리라는 성질을 그대로 유지하고 있기 때문에 시장 전체의 움직임과 상관성이 매우 높다. 따라서 스마트 베타는 시장이 전반적으로 상승할 때는 같이 상승하고, 또 반대로 하락할 때는 같이 하락하는 모습을 보여준다.

이러한 인핸스드 베타와 다르게 대체 베타라고 불리는 녀석은 시장의 움직임과 무관한 전혀 새로운 형태의 수익 원천이며, 이는 제도권 퀀트가 중점적으로 관심을 가지고 있는 부분이다. 이 대체 베타는 흔히 '대체 위험 프리미엄' 혹은 '이색 베타'라고도 불리는데, 기본적으로 대체 베타는 전통적 베타와는 무관한 독립적인 팩터다. 따라서 대체 위험 프리미엄을 추출하기 위해서는 일반적으로 시장 중립적 포지션을 만들기 위해 롱숏 포트폴리오를 구축하게 된다. 롱숏 포트폴리오를 구축함으로써 해당 포트폴리오가 가지고 있는 시장과의 상관성이 사라지도록 만드는 것이다. 우리는 이를 '시장 중립 포트폴리오'라고 부른다. 이렇게 되면 우리는 우리가 원하는 특정 종류의 리스크 프리미엄을 시장으로부터 추출할 수 있게 된다. 일반적으로 팩터 포트폴리오를 추구하는 퀀트의 관심사는 바로 이 대체 위험 프리미엄이다. 이러한 대체 위험 프리미엄을 얻는 것은 단순히 베타에 투자를 하는 것보다 훨씬 더 어려운 작업인데, 그 이유는 베타에서 알파로 올라갈수록 이를 구현하기 위한 비용도 증가할뿐만 아니라 팩터의 효과가 사라지지 않도록 팩터의 자금 수용력까지 고려해야 하기 때문이다.

특히나 매일 혹은 장중에 계속해서 매매 시그널이 바뀌게 되는 단기 전략의 경우에는 종종 구현 비용이 팩터의 수익률을 크게 갉아먹기 때문에 예상했던 것보다 더 안 좋은 성과를 기록하기도 한다. 따라서 이러한 현실적인 제약조건들을 전부 극복하고 성과를 낼 수 있는가가 퀀트의 실력을 좌우한다고 볼 수 있다.

5.4 백테스팅

퀀트를 퀀트답게 만들어주는 도구 중 하나는 바로 백테스팅이다. 백테스팅이란 어떤 전략을 과거에 사용해서 매매를 했더라면 과연 어느 정도의 성과가 발생할 수 있었는가를 확인해보는 작업이다. 백테스팅의 목적은 이러한 과거 성과를 통해 미래의 성과를 어느 정도 추측해보기 위한 힌트를 얻는 데 있다고 할 수 있다. 물론 백테스팅의 과거 성과가 미래의 성과를 담보해주지는 않으며, 실제로도 과거 성과가 매우 좋았던 전략들이 실제 투자를 하는 과정에서 매우 처참한 결과를 보여주는 경우도 허다하다. 그런데도 퀀트가 백테스팅이라는 도구를 사용해 과거를 반추해보려 하는 이유는 우리가 역사를 통해 교훈을 얻듯이 과거 데이터를 분석하여 미래에도 잘 통할 것 같은 시그널을 발견하기 위함이다.

〈주식시장은 어떻게 반복되는가〉라는 책을 저술했으며 미국의 억만 장자이자 피셔 인베스트먼트라는 투자회사를 설립한 투자업계의 전설적 인 인물, 켄 피셔는 무릇 투자자라면 시장의 역사로부터 교훈을 배워야한 다고 항상 강조한다. 그 이유는 시장이 그것의 역사 속에서 사실 그대로의 증거를 남기면서 끊임없이 반복되는 반면, 인간의 기억력은 매우 단기적 이고 편향에 치우쳐져 있기 때문이다. 우리는 단지 우리가 보고 싶은 것만 을 보고, 듣고 싶은 것만을 들으며, 우리의 기억은 과거를 왜곡시키고, 이 로 인해 우리는 비이성적인 행동을 반복하게 된다.

이러한 인간 본성에 대해 깨달은 그는 그의 책에서 다음과 같이 말하 고 있다.

"인류의 이러한 근시안적 성향은 우연의 결과가 아니라 진화의 소산이다. 인류는 고통을 빨리 잊도록 진화했다. 이렇게 진화 하지 않았다면 우리는 몽둥이와 돌을 들고 짐승 사냥에 나서지 않았을 것이고, 가뭄이나 우박으로 농사를 망친 후에는 밭을 갈지 않았을 것이며, 여성은 둘째 아이를 절대 낳지 않았을 것 이다. 고통을 잊는 습성은 생존 본능이다. 그런데 안타깝게도 우리는 교훈마저 잊는다. 그러나 시장은 잊지 않는다. 메소포 타미아 문명 초기에 사람들을 흥분시켰던 사건들은 21세기에 도 똑같이 사람들을 흥분시킨다. 인간의 본성은 좀처럼 바뀌지 않으며, 바뀐 환경에 반응하는 방식 역시 마찬가지다."

따라서 피셔는 우리의 편견과 편향에 치우쳐 섣부른 판단을 내려서는 안 되며, 오직 시장의 역사라는 실험실로 달려가 과거를 반추하여 객관적으로 시장을 바라볼 줄 알아야 한다고 강조한다. 각종 언론 매체에서 떠드는 주장들은 역사적으로 끊임없이 반복되어 왔으나, 이 모든 것은 과거에 들어맞았던 적이 없으며 그렇기 때문에 남들이 편향에 호도되어 헤롱거리고 있을 때 시장을 똑바로 바라볼 수 있다면 시장에서 수익을 창출할 수 있다는 것이 피셔의 주장이다. 그는 또한 이렇게 말한다.

"시장의 역사는 실험실이다. 가설을 검증하는 곳이다. 만약 전 세계가 X를 보고 Y를 예상하는데 당신 혼자 역사 테스트를 통해 그렇지 않다는 것을 알게 된다면, 사람들과 반대로 투자해 돈을 벌 수 있다. 더 나아가 X 다음에 무엇이 오는지를 발견할 수 있고, 무엇이 실제로 Y를 일으키는지를 찾아낼 수도 있다. 그렇게 하려면 먼저 역사를 실험실로 활용하는 방법을 배워야 한다."

퀀트가 시장 그리고 투자를 바라보는 관점도 이와 크게 다르지 않다. 퀀트가 백테스팅을 하는 이유는 역사를 잊지 않기 위함이다. 데이터는 거짓말을 하지 않기 때문이다. 기록은 기억을 이길 수밖에 없다. 우리 인류는 다른 종보다 신체적으로 훨씬 나약한 존재였지만, 인류가 기나긴 세월을 지나 지금과 같은 거대한 문명을 이룰 수 있었던 근본적인 이유는 바로 기록, 즉 데이터 덕택이다. 켄 피셔가 퀀트는 아니었지만 그의 투자 철학은 다분히 퀀트적이다. 다만 퀀트는 과거의 역사를 데이터화, 수치화하여 투자 아이디어를 보다 철저히 또 객관적으로 검증하고자 한다. 백테스팅을 통해서 말이다.

물론 백테스팅이 완벽한 것은 아니다. 그렇기 때문에 우리가 백테스팅을 수행할 때는 몇 가지 주의해야 할 점들이 있다.

첫 번째는 바로 과최적화의 위험이다.

과최적화란 한마디로 과거에 성과가 잘 나올 수 있었게끔 전략을 데이터에 억지로 끼워맞추는 것을 의미한다. 가령 가격이 이동평균선 위로 상승하면 매수를 하는 전략을 사용하려 한다고 하자. 이때 과거 데이터로 수백 번의 시뮬레이션을 돌려보니 정확히 31일짜리 이동평균선의 성과가 가장 좋았다고 나와서 무턱대고 31일이라는 패러미터를 사용한다면 이것이야말로 바로 과최적화를 야기할 수 있는 행동이다. 왜냐하면 31일이라는 패러미터의 성과가 최대로 나온 것은 결국 과거의 일일뿐이며 우리는 이 패러미터의 표본 외 성과, 즉 미래 성과가 정말로 최대 성과일지 알 수 없기 때문이다. 이처럼 동일한 데이터 셋에 대해 끊임없이 시뮬레이션을 하다보면 언젠가는 과거 데이터 상에 딱 맞는 전략이 만들어지기 마련인데, 사실 이 전략은 과거 데이터에만 우연히 잘 맞았던 가짜 전략일 가능성이 매우 높다.

두 번째는 생존 편향의 위험이다.

오늘의 주식시장에는 오늘까지 생존하여 살아남은 주식들만 거래가 된다. 다시 말해 과거에는 존재했으나 상장폐지가 되어 사라진 주식에 대한 데이터는 누락되어 있을 가능성이 있다는 것이다. 우리는 이러한 현상을 '생존 편향'이라 부른다. 만약 이렇게 생존 편향이 있는 상태에서 백테스팅을 한다면 해당 전략의 성과가 실제보다 부풀려질 가능성이 있는데, 그 이유는 당연히 살아남은 강한 녀석들을 대상으로 시뮬레이션을 돌린 결과이기 때문이다. 따라서 주식 팩터를 개발하는 퀀트라면 이러한 생존 편향의 오류를 범하지 않도록 상장폐지가 된 종목까지 모두 포함하고 있는 과거 데이터를 확보해야만 한다.

마지막 위험은 백테스팅과 실제 성과 사이의 괴리다.

백테스팅을 했다고 해서 전략에 대한 검증이 끝난 것은 아니다. 만약 최종적으로 어떤 팩터를 사용하기로 결정했다면, 우리는 향후 일정 기간 동안 백테스팅 결과와 실제 트레이딩 성과가 같이 움직이는지를 모니터링할 필요가 있다. 이렇게 백테스팅과 실제 트레이딩의 성과가 잘 맞아떨어지는지 검증하는 것을 우리는 '포워드 테스트'라고 한다. 만약 포워드 테스트 결과, 그 기간 동안의 백테스팅 결과와 실제 성과가 같이 움직이지 않는다고 한다면, 우리는 이 백테스팅의 결과를 원점에서 다시 생각해볼 필요가 있다. 괴리가 발생한다는 것은 결국 내가 트레이딩하고 있는 실제 전략과 백테스팅 상의 전략은 서로 다른 전략이라는 것을 뜻하기 때문이다. 이 때문에 퀀트는 매매 체결 레벨에서의 실무적인 디테일에도 심혈을 기울인다.

하지만 이러한 백테스팅의 위험성에도 불구하고 퀀트에게 있어서 백테스팅 없는 퀀트 투자란 앙꼬 없는 찐빵과도 같다. 백테스팅의 효용성을 부정하는 것은 마치 불과 칼을 잘못 사용하면 우리에게 해가 될 수 있다고 해서 이러한 도구의 사용을 금지하자는 주장과도 같다. 미래는 현재 그리고 과거와는 다른 모습을 보여줄 것이다. 그렇기 때문에 다가올 미래에 대응하기 위해서는 인간 고유의 창의성과 직관이 응당 필요하다. 하지만 동시에 우리는 역사가 우리에게 전달해주는 지식과 지혜, 그리고 교훈을 가슴 깊이 새겨넣어야 한다. 언제나 그랬듯이 인간의 본성은 절대로 변하지 않기 때문이다. 그 모습과 양태는 제각기 다르더라도 인간의 본성은 역사 속에서 언제나 비슷한 방식으로 표출되어 왔다. 결국 백테스팅은 퀀트 투자에 있어서 없어서는 안 될 도구다. 퀀트는 백테스팅을 통해 금융시장에서의 계량적 역사학자가 되고자 한다. 창의적인 생각도 결국은 과거를 학습함으로써 나온다.

5.5 팩터 유니버스

5.5.1 크로스에셋 & 멀티팩터

퀀트에게 있어 그가 보유한 팩터의 개수는 많으면 많을수록 좋다. 팩터들이 서로 상관성이 없다는 가정 하에 팩터의 개수가 많아지면 많아질수록 팩터 포트폴리오의 안정성은 증가하기 때문이다. 글로벌 퀀트펀드 중 하나인 월드퀀트의 창업자 이고르 툴친스키가 저술한 책 〈The UnRules〉에는 이와 관련해 이러한 구절이 나온다.

"Quantity is Quality"

즉, 팩터의 양이 곧 질이라는 의미다. 대수의 법칙을 활용하여 꾸준히 안정적인 수익을 창출하고자 하는 퀀트 비즈니스의 목적 상 결국 퀀트가

205

해야할 일은 최대한 많은 팩터를 개발하여 퀀트의 지식창고에 저장하는 것이다. 퀀트가 가능한 한 많은 팩터를 수집하려고 하는 이유는 팩터라는 대중들이 모여 만들어낼 수 있는 대중의 지혜를 활용하고자 함이다. 사실 세상에 완벽한 팩터는 없다. 각각의 팩터는 오직 저마다 금융시장의 단편적인 부분만을 볼 수 있을 뿐이다. 이는 마치 장님이 코끼리를 만지는 꼴이다. 따라서 좋은 팩터를 많이 가지고 있다는 것은 금융시장을 보다 입체적으로 볼 수 있는 눈을 가질 수 있다는 의미다. 툴친스키가 말하는 '양이 곧 질'이라는 소리는 바로 이를 두고 하는 말이다.

나는 퀀트가 가지고 있는 이러한 팩터 유니버스를 '크로스에셋 & 멀티팩터' 세상이라고 부른다. 우선, 크로스에셋이란 여러 자산군 사이를 경계없이 자유롭게 넘나들 수 있는 상황을 의미한다. 베를린 장벽이 붕괴되고 동독과 서독의 경계가 사라진 것처럼 퀀트는 주식에서 채권으로 또 외환 혹은 원자재로 자유롭게 시장을 옮겨다니며 금융시장에 숨겨진 팩터를 찾는 것에 골몰한다. 크로스에셋 관점에서 퀀트의 전략과 포트폴리오는 자산군에 대한 제약이 없다. 그들은 자유로이 금융시장을 넘나들며 유연한 사고를 기반으로 최적의 팩터 포트폴리오를 끊임없이 발굴해나간다.

또한 퀀트에게는 크로스에셋 말고도 멀티팩터라는 하나의 축이 더 필요하다. 베타 팩터로만 구성된 전통적 관점의 롱온리 자산배분은 위기 시 상관계수 리스크가 발현되면 제대로 된 분산투자가 될 수 없음을 우리는 이미 글로벌 금융위기를 통해 뼈아프게 경험했다. 글로벌 금융위기 이후 이러한 테일 리스크의 공포는 과거보다 더 강해졌으면 강해졌지 절대로 약해지지는 않았다. 그러므로 결국 퀀트들은 금융시장에 숨어있는 수많은

크로스에셋	베타	캐리	모멘텀	밸류	변동성	...
주식	주식 베타	주식 캐리	주식 모멘텀	주식 밸류	주식 변동성	...
채권	채권 베타	채권 캐리	채권 모멘텀	채권 밸류	채권 변동성	...
외환	외환 베타	외환 캐리	외환 모멘텀	외환 밸류	외환 변동성	...
원자재	원자재 베타	원자재 캐리	원자재 모멘텀	원자재 밸류	원자재 변동성	...

[그림 5-5] '크로스에셋 & 멀티팩터' 세상

팩터를 찾아 견고한 팩터 포트폴리오를 만들고자 한다. 비유하자면, 퀀트는 최대한 많은 포켓몬을 모아 최강의 포켓몬 마스터가 되고자 하는 것이다. 퀀트에게 포켓몬은 바로 팩터다.

[그림 5-5]는 크로스에셋 & 멀티팩터 세상을 아주 단순하게 묘사하고 있다. 기본적으로 팩터 포트폴리오의 구성요소가 어떤 것이 되어야 하는가에는 한계가 없기 때문에 퀀트는 여러 자산군에 숨어있는 팩터 조각들을 찾아 자신만의 퍼즐을 완성해나간다. 이렇게 퍼즐 조각들을 모아나가다 보면 팩터 포트폴리오의 성과와 안정성은 한층 더 견고해지게 된다.

앞서 말했듯이 어떠한 팩터도 결점이 없는 팩터는 없다. 모든 팩터는 항상 각기 고유한 장단점을 가지고 있으며, 그것이 돈을 벌어다 줄 때도 있지만 손실만을 안길 때도 있다. 그렇기 때문에 팩터 유니버스는 언제나 다다익선이다. 팩터가 많으면 많을수록 이는 내가 현재 가져갈 수 있는 전략의 경우의 수가 많아진다는 뜻이며, 이는 시장 상황에 맞게 적절히 대처할 수 있는 능력이 높아짐을 의미하기 때문이다.

여기에서는 지금까지 학계와 실무에서 꽤 오랜 시간 동안 연구되어온 팩터 유니버스의 기본적인 틀을 담당하고 있는 몇 가지 주요 팩터에 대해 살펴볼 것이다. 이러한 팩터들은 현재 실무에 종사하고 있는 퀀트라면 당연히 알고 있어야 하는 기본적인 팩터로써, 만약 팩터 포트폴리오라는 것을 처음 다룬다면 좋은 벤치마크가 될 수 있는 팩터들이다.

5.5.2 제네시스 팩터, 베타

가장 첫 번째 팩터는 뭐니뭐니해도 베타다. 팩터 세계의 문을 연 가장 첫 번째 팩터인만큼 베타는 퀀트의 팩터 유니버스에서 없어서는 안 될 기초적인 팩터라고 볼 수 있다. 베타는 한 마디로 시장 전체의 움직임에 몸을 맡기는 팩터다. 그렇기 때문에 베타에 대한 포지션을 구축하는 것은 매우 쉽다. 롱온리 자산배분이 했던 것 그대로 단순히 자산을 매입해서 보유하기만 하면 된다. 베타가 수익의 원천이 되는 이유는 결국 주식이나 채권이 미래에 투자한 것보다 더 많은 현금흐름을 가져다주기 때문이며, 주식의 기대수익률이 채권보다 높은 이유는 더 큰 위험을 부담하기 때문이다. CAPM에서 말하는 시장 위험 프리미엄을 수취하는 것이 결국 베타가 돈을 버는 방식이다. 베타는 결국 어떤 지역, 어떤 국가의 어떤 자산을 선택할 것인가에 대한 문제로 귀결되며, 이는 전통적인 롱온리 자산배분이 골몰하던 바로 그 문제다.

여기에서는 베타 팩터를 다음과 같이 정의한다.

- 주식 베타: 글로벌 43개국에 대한 종합주가지수 평균
- 채권 베타: 글로벌 26개국에 대한 10년 만기 채권 가격 평균
- 외환 베타: 달러를 제외한 G10 국가 통화의 평균 환율
- 원자재 베타: 원자재 30개 종목에 대한 평균 가격

[그림 5-6]은 이렇게 정의된 자산군별 베타 팩터의 성과를 보여주고 있다.

[그림 5-6] 자산군별 베타 팩터 성과[8]

8   출처: Ilmanen et al(2021)

5.5.3 마태효과, 모멘텀

두 번째 팩터는 바로 모멘텀이다. 모멘텀 팩터의 기저에는 과거에 좋은 성과를 보였던 자산이 앞으로도 더 상승할 것이고, 반대로 부진한 성과를 보였던 자산은 앞으로도 더 하락할 것이라는 생각이 자리하고 있다. 그렇기 때문에 모멘텀 팩터는 퀀트 세계의 마태효과라고 할 수 있다. 〈성경(개역개정판)〉의 '마태복음 25장 29절'에는 다음과 같은 말이 있다.

> "무릇 있는 자는 받아 풍족하게 되고, 없는 자는 그 있는 것까지
> 빼앗기리라."

모멘텀 팩터는 금융시장에서의 마태효과를 수익의 원천으로 삼는다. 시장에는 추세라는 것이 존재한다. 여기서 말하는 추세란 과거의 어떤 가격 흐름이 생각보다 오랜 시간 지속되는 것을 의미한다. 만약에 어떤 자산의 가격이 지금까지 상승 추세를 보여왔다면, 이 상승 추세가 앞으로도 지속될 것이라고 생각하고 롱 포지션을 구축하고, 반대로 하락 추세라면 앞으로도 가격이 빠질 것이라고 생각하고 숏 포지션을 구축하는 것이 모멘텀 팩터의 전략이다.

모멘텀 팩터가 작동하는 이유는 결국 시장에서 사람들의 군중심리가 발동되기 때문이다. 어떠한 집단에 소속되어 그 집단의 일원이 되고자 하는 것은 인간이 가지고 있는 기본적인 본능이다. 그것이 원시시대에 인간의 생존 확률을 극대화시켜 주었기 때문이다. 그렇기 때문에 우리의 뇌는 무리를 짓도록 프로그래밍이 되어있다. 문제는 금융시장에서 이러한 군중

심리의 발현이 추세를 만들어낸다는 것이다. 많은 시장 참여자들이 앞으로 가격이 상승할 것이라고 여긴다면, 이러한 가격 상승 흐름은 우리가 합리적으로 생각하는 수준보다 더 과도하게 상승하는 경향이 있고 반대의 경우도 마찬가지다. 사람들 간의 상호작용으로 인한 피드백 효과가 추세를 지속하게 하는 것이다.

여기서는 모멘텀 팩터를 다음과 같이 정의한다.

- 주식 모멘텀: 과거 12개월 수익률
- 채권 모멘텀: 과거 12개월 수익률
- 외환 모멘텀: 과거 12개월 수익률
- 원자재 모멘텀: 과거 12개월 수익률

위와 같이 모멘텀 팩터를 정의하는 방법론은 1993년 제가디쉬와 티트먼의 논문에서 처음 제시되었다. 그들은 과거 12개월 수익률을 계산하여 모멘텀 스코어를 매겼고, 이 스코어가 높은 자산을 매수하고 낮은 자산을 매도하여 모멘텀 팩터를 추출하고자 했다. 모멘텀 팩터는 이후 여러 사람들의 연구에 의해 시계열 모멘텀과 듀얼 모멘텀 등 다양한 방법이 제시되었다.

[그림 5-7]은 자산군별 모멘텀 팩터를 구현한 과거 백테스팅 결과다.

[그림 5-7] 자산군별 모멘텀 팩터 성과[9]

5.5.4 달도 차면 기울고, 밸류

세 번째 팩터는 밸류다. 밸류를 한국말로 번역하면 가치인데, 퀀트가 말하는 밸류 팩터와 가치투자자가 말하는 가치는 비슷하면서도 서로 다른 면이 있다. 우선, 가치투자자들이 말하는 가치는 주식에만 한정되어 있는 기업의 내재가치를 의미한다. 이 내재가치는 결국 현재 어떤 기업의 상황으로 미루어보아 이 기업이 미래에 만들어낼 수 있는 현금흐름이 어느 정도인가를 추정한 값이다. 만약 이 내재가치가 현재 주가보다 높다면 가치투자자들은 해당 주식이 저평가되었다고 판단하고 매수에 나선다. 반대로 내재가치보다 주가가 더 높은 상황이라면 고평가라고 판단하고 들고 있던 주식을 처분한다.

---

9 출처: Ilmanen et al(2021)

212

주식 영역에서 퀀트가 생각하는 밸류 팩터는 사실 가치투자자들의 생각과 그 궤를 같이 한다. 주식 밸류 팩터를 정의하는 대표적인 방법은 1992년 파마와 프렌치가 제시한 바와 같이 PBR 비율을 사용하는 것이다. PBR은 Price-to-Book Ratio의 머리글자로, 주식의 장부가 대비 시장가격이 어느 수준에 위치해 있는가를 판단하기 위한 지표다. PBR이 높으면 장부가 대비 주가가 높은 상황이기 때문에 해당 주식은 고평가라고 판단하며, 반대로 PBR이 낮으면 저평가라고 판단한다.

하지만 퀀트의 밸류 팩터 방법론은 내재가치를 추정하는 밸류에이션 모델에만 국한되지는 않는다. 기본적으로 밸류 팩터를 관통하는 하나의 아이디어는 바로 평균회귀다. 밸류 팩터는 공정 가치라고 여겨지는 어떠한 지표 대비 현재의 가격 수준을 체크하여 그 둘 간의 격차가 좁아질 것을 기대하는 팩터다. 따라서 밸류 팩터의 핵심은 가치라는 것을 정의할 수 있을 만한 가치 기준점을 설정할 수 있다는 데 있다. 그런데 퀀트가 사용하는 밸류 모델은 가치투자자들의 내재가치 모델처럼 절대적인 가치를 평가하는 모델이 될 수도 있지만, 이와는 다르게 다른 자산 가격과의 스프레드 같은 상대적 가치 모델이 될 수도 있으며, 혹은 과거 일정 기간의 가격 범위와 비교했을 때 현재 가격이 어느 수준에 위치해 있는가를 판단하는 통계적 모델이 될 수도 있다. 이 세 가지 범주의 밸류 팩터 모델은 가치 기준점이 되는 지표가 자주 변하는 성질의 것이 아니므로 결국 밸류 팩터는 가격의 평균회귀에 베팅을 하는 팩터이며, 통계적으로도 밸류 팩터는 가격의 평균회귀 성질에 기인하는 경향이 짙다. 일반적으로 모멘텀 팩터와 밸류 팩터가 서로 음(-)의 상관관계를 보이는 이유는 바로 이 때문이다. 서로 반대되는 성질을 수익의 원천으로 가져가고 있기 때문이다.

여기에서는 각 자산군에 대해 밸류 팩터를 다음과 같이 정의한다.

- 주식 밸류: CAPE 비율
- 채권 밸류: 10년 만기 채권의 실질 금리
- 외환 밸류: 구매력 평가 기준(PPP)
- 원자재 밸류: 과거 5년 가격 대비 상대적 위치

우선 주식 밸류 팩터를 정의하는 CAPE 비율은 미국의 경제학자인 로버트 쉴러 교수가 만든 지표이며, 이 때문에 종종 쉴러 PER라고도 불린다. 일반적인 PER가 개별 주식에 적용되는 기업의 수익 대비 가격 지표라고 한다면, CAPE 비율은 주식시장 전체에 적용되는 평가 척도다. 또한 채권 밸류를 정의하는 실질 금리는 10년 만기 채권의 명목 금리에서 물가상승률을 차감한 값이며, 외환 밸류를 정의하는 구매력 평가 기준, 이른바 PPP(Purchasing Power Parity)는 빅맥 지수와 같이 각국의 통화가 어느 정도의 구매력이 있는가를 측정하는 지표다. 마지막으로 원자재 밸류 팩터는 절대적 내재가치가 아닌 통계적 모델을 통해 밸류 스코어를 계산한다. 여기서는 과거 5년간의 가격 범위 중 현재 가격이 어느 정도 수준에 위치해 있는가를 기반으로 원자재 밸류 팩터의 스코어를 매긴다. 밸류 팩터를 구현하기 위해서는 앞서 언급한 모멘텀 팩터와 마찬가지로 밸류

❶ 주식 밸류   ❷ 채권 밸류   ❸ 외환 밸류   ❹ 밸류 포트폴리오   ❺ 원자재 밸류 (RHS)

[그림 5-8] 자산군별 밸류 팩터 성과[10]

스코어가 높은 자산은 매수하고 낮은 자산은 매도하는 방식의 롱숏 포트
폴리오를 구축한다. [그림 5-8]은 자산군별 밸류 팩터를 구현한 과거 백
테스팅 결과다.

5.5.5 시간의 가치, 캐리

마지막 팩터는 캐리다. 캐리라는 용어가 다소 생소할 수도 있을 것이다.
금융시장에서 말하는 캐리는 내가 자산을 보유하고 있는 상황에서 아무
런 일이 발생하지 않아도 내가 얻을 수 있는 수익을 의미한다. 여기서 말
하는 아무런 일이 발생하지 않는다는 것은 시장 가격이 움직이지 않는다

---

10 출처: Ilmanen et al(2021)

는 것을 뜻한다. 예를 들어, 우리가 주식을 투자하는 이유는 크게 두 가지인데 하나는 주식 자체의 가격이 상승함에 따라 얻게 되는 수익 때문이고, 다른 하나는 그 주식을 보유함으로 인해 받게 되는 배당금 때문이다. 여기서 후자인 배당금은 주식의 가격 움직임과 무관하게 지급되는 것인데, 이때 바로 이 배당금이 주식에서의 캐리인 것이다. 즉, 시장 가격 움직임과 무관하게 우리가 자산을 들고 감으로써 얻게 되는 것들이 바로 캐리 팩터가 말하는 수익의 원천이다. 따라서 캐리는 시간의 가치라고 할 수 있다. 참고로 시장가격이 움직이지 않아도 내가 보유한 포지션에서 손실이 난다면 우리는 이를 캐리의 반대, 즉 역캐리 혹은 네거티브 캐리라고 부른다.

캐리 팩터가 가지고 있는 리스크는 당연히 가격 변화에 대한 리스크다. 특히나 캐리 팩터를 구현하기 위해 매수한 자산의 가격이 하락하거나 반대로 매도한 자산의 가격이 상승하는 경우 기대했던 캐리 수익을 상회하는 정도의 손실이 발생하기도 한다.

여기에서는 캐리 팩터를 다음과 같이 정의한다.

- 주식 캐리: 배당 수익률
- 채권 캐리: 10년 국채 수익률과 3개월 국채 수익률 간의 차이
  (텀 스프레드)
- 외환 캐리: 통화별 단기 자금 금리
- 원자재 캐리: 원자재 선물 기간 구조에 내재된 캐리 수익률

우선 주식 캐리 팩터를 정의하는 변수는 바로 앞서 말한 배당이다. 주식 캐리 전략은 배당 수익률이 높은 주식에는 롱 포지션을, 반대로 배당 수익률이 낮은 주식에는 숏 포지션을 구축한다. 채권 캐리 팩터를 정의하기 위해서는 텀 스프레드라고 불리는 10년 국채 수익률과 3개월 국채 수익률의 차이를 활용한다. 일반적으로 금리 기간구조는 만기가 길어질수록 우상향하는 모습을 보이는데, 여기서의 채권 캐리 전략은 이 우상향하는 금리 커브를 타고 내려오는 롤다운 전략을 활용하는 것이다. 채권이라는 상품은 만기가 존재하고, 또 하루하루 시간이 지남에 따라 만기가 조금씩 줄어들게 되는데 만약 시장 금리가 변하지 않아 금리 커브가 일정하게 유지된다고 한다면, 시간의 흐름에 따라 금리 커브를 타고 내려오면서 추가적인 수익을 얻을 수 있고, 이는 채권 캐리 팩터에서 수익을 얻는 원천이 된다.

　외환 캐리 팩터는 통화별 단기 자금 금리를 비교하여 고금리 통화는 롱 포지션을, 저금리 통화는 숏 포지션을 구축하는 전략이다. 다시 말해, 이는 저금리 통화를 빌려 고금리 통화에 투자를 하는 이른바 환캐리 트레이드다. 이 환캐리 트레이드는 2000년대 초 일본에서 초저금리가 지속되면서 엔화를 차입해 해외 고금리 자산에 투자하는 일본의 주부 투자자들인 와타나베 부인들이 주로 사용하던 투자방식이다.

　마지막으로 원자재 캐리 팩터는 원자재 선물 기간구조에 내재되어 있는 캐리 수익을 얻기 위한 전략이다. 원자재는 상품 특성상 현물이 아닌 선물로 거래를 하게 되는데 금리 시장에는 만기에 따른 금리 기간구조가 있듯이, 선물 시장 또한 선물 만기에 따른 기간구조가 존재한다. 선물 기간구조는 그 모양이 우상향이냐 혹은 우하향이냐에 따라 각각 '콘탱고'와 '백워데이션'이라고 불린다. 캐리 관점에서 봤을 때 시장이 콘탱고라고한 다면 선물을 매도함으로써 캐리 수익을 얻을 수 있고, 반대로 백워데이션 이라면 선물을 매수함으로써 캐리 수익을 얻을 수 있다. 결국 선물의 만기 가 도래함에 따라 선물 가격은 현물 가격에 수렴할 수밖에 없기 때문이다. 이러한 선물 기간구조와 콘탱고, 백워데이션에 대해서는 '7장. 금융공학' 에서 보다 상세하게 다루기로 한다.

[그림 5-9]는 자산군별 캐리 팩터를 구현한 과거 백테스팅 결과다.

❶주식 캐리 ❷채권 캐리 ❸외환 캐리 ❹캐리 포트폴리오 ❺원자재 캐리 (RHS)

[그림 5-9] 자산군별 캐리 팩터 성과[11]

---

11 출처: Ilmanen et al(2021)

5.5.6 팩터의 분산투자 효과

팩터 포트폴리오의 목적은 결국 안정적이면서도 꾸준한 수익을 낼 수 있는 투자 시스템을 만드는 것이다. 그런 면에서 크로스에셋과 멀티팩터에 기반한 팩터 포트폴리오는 전통적인 롱온리 자산배분 모델의 한계를 뛰어넘는 투자 솔루션이다.

　[그림 5-10]은 앞에서 언급한 여러 팩터를 단순히 동일 비중 방식으로 투자한 팩터 포트폴리오와 롱온리 자산배분 포트폴리오의 과거 성과를 나란히 보여주고 있다. 두 가지 포트폴리오가 수익률의 측면에서는 크게 차이가 없으나 한 눈에 봐도 팩터 포트폴리오가 보다 더 안정적인 모습을 보여주고 있는 것을 확인할 수 있다.

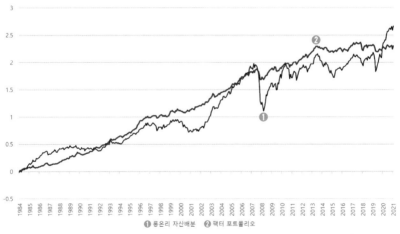

[그림 5-10] 롱온리 자산배분과 팩터 포트폴리오의 성과(1985년~2021년)[12]

---

12 출처: Ilmanen et al(2021)

	주식 베타	채권 베타	외환 베타	원자재 베타	주식 모멘텀	채권 모멘텀	외환 모멘텀	원자재 모멘텀	주식 밸류	채권 밸류	외환 밸류	원자재 밸류	주식 캐리	채권 캐리	외환 캐리	원자재 캐리
주식 베타	1	-0.04	-0.01	0.29	-0.05	-0.03	0.07	0.06	-0.01	0.16	0.09	-0.05	-0.04	0.01	0.39	0.10
채권 베타	-0.04	1	-0.02	-0.23	0.09	0.17	-0.03	-0.02	-0.01	0.07	0.02	-0.02	0.02	0.15	-0.15	0.12
외환 베타	-0.01	-0.02	1	0.34	-0.03	0.00	0.01	-0.03	0.00	0.02	-0.19	0.01	0.09	0.18	0.10	-0.03
원자재 베타	0.29	-0.23	0.34	1	-0.08	-0.08	0.10	0.10	0.03	0.06	-0.09	-0.09	0.06	0.07	0.38	-0.02
주식 모멘텀	-0.05	0.09	-0.03	-0.08	1	0.20	0.16	0.14	-0.34	0.01	-0.04	-0.09	-0.05	-0.04	0.00	0.13
채권 모멘텀	-0.03	0.17	0.00	-0.08	0.20	1	0.22	0.10	0.01	-0.41	-0.05	0.06	0.01	0.03	-0.06	-0.06
외환 모멘텀	0.07	-0.03	0.01	0.10	0.16	0.22	1	0.10	-0.04	-0.04	-0.12	0.00	0.02	0.00	0.14	0.14
원자재 모멘텀	0.06	-0.02	-0.03	0.10	0.14	0.10	0.10	1	-0.01	0.05	-0.04	-0.48	0.04	0.07	0.02	0.46
주식 밸류	-0.01	-0.01	0.00	0.03	-0.34	0.01	-0.04	-0.01	1	0.03	0.05	0.09	0.14	0.02	-0.02	-0.03
채권 밸류	0.16	0.07	0.02	0.06	0.01	-0.41	-0.04	0.05	0.03	1	0.06	-0.03	0.03	0.18	0.02	0.03
외환 밸류	0.09	0.02	-0.19	-0.09	-0.04	-0.05	-0.12	-0.04	0.05	0.06	1	0.01	0.00	0.03	0.18	0.01
원자재 밸류	-0.05	-0.02	0.01	-0.09	-0.09	0.06	0.00	-0.48	0.09	-0.03	0.01	1	-0.18	-0.06	-0.03	-0.29
주식 캐리	-0.04	0.02	0.09	0.06	-0.05	0.01	0.02	0.04	0.14	0.03	0.00	-0.08	1	0.15	0.06	-0.05
채권 캐리	0.01	0.15	0.18	0.07	-0.04	0.03	0.00	0.07	0.02	0.18	0.03	-0.06	0.15	1	0.11	-0.01
외환 캐리	0.39	-0.15	0.10	0.38	0.00	-0.06	0.14	0.02	-0.02	0.02	0.18	-0.03	0.06	0.11	1	0.00
원자재 캐리	0.10	0.12	-0.03	-0.02	0.13	-0.06	0.14	0.46	-0.03	0.03	0.01	-0.29	-0.05	-0.01	0.00	1

[그림 5-11] 팩터 간 상관계수 구조[13]

13 출처: Ilmanen et al(2021)

실제로 포트폴리오의 성과지표 중 하나인 샤프비율을 계산해보면, 롱온리 자산배분의 샤프비율은 0.5인 반면에, 팩터 포트폴리오의 샤프비율은 1.1로 위험 대비 성과라는 포트폴리오의 안정성 측면에서 보았을 때 팩터 포트폴리오가 두 배 이상 더 좋은 효과를 보여주고 있다는 것을 알 수 있다.

팩터 포트폴리오가 이처럼 뛰어난 안정성을 가져갈 수 있는 이유는 결국 각 팩터들의 상관성이 낮기 때문이다. 잘 설계된 팩터 유니버스라면 그 안의 팩터들은 각기 고유하고, 독립적인 수익 구조를 지니며, 이러한 낮은 상관관계 구조는 좋은 팩터 포트폴리오로 귀결된다.

[그림 5-11]은 각 팩터들의 과거 수익률 데이터를 토대로 전체 기간 동안 각 팩터들 간의 상관계수 값들을 계산한 결과다. 다시 말해, 이 그림을 보면 각각의 팩터들이 어느 정도의 상관성이 있는가를 확인할 수 있는데, 한눈에 보아도 각각의 팩터들 서로가 보다 낮은 상관관계가 있는 것을 알 수 있다.

투자라고 하는 장기적인 게임에서 포트폴리오의 안정성을 확보하는 일은 매우 중요하다. 그 이유는 바로 인간의 본성 때문인데, 아무리 과거에 좋은 퍼포먼스를 보여주었던 투자 시스템이라고 할지라도 최신 편향으로부터 자유롭지 못한 인간은 심리적으로 감당하지 못하는 수준의 손실을 볼 때마다 그 시스템에 의구심을 품기 때문이다. 만약 이러한 의구심이 지나치게 되면 심리적 불안에 휩싸여 합리적인 의사결정을 내리지 못하게 되고 결국에는 좋은 투자 시스템이라고 생각했던 것을 폐기 처분해 버리는 판단의 오류를 저지른다.

좋지 못한 시기에 섣부른 투자를 무작정 감행하는 것은 올바른 투자가 아니다. 하지만 좋은 시기에 투자를 하지 않는 것 또한 올바른 투자라고 볼 수 없다. 그 시기를 놓치게 됨으로써 발생하는 기회 비용이 매우 크기 때문이다. 따라서 투자라는 것은 강물에 항상 발을 담그고 있어야 하는 것과 같다. 단지 상황에 따라 얼마나 깊게 혹은 얕게 발을 담글 것인가의 차이만 있을 뿐이다. 그런데 투자를 지속할 수 있게 하는 자신감과 실천의지는 결국 포트폴리오의 안정성에 따라 달려있다고 해도 과언이 아니다. 우리 모두는 결코 합리적인 존재가 아니기 때문이다. 결국 퀀트가 만들고자 하는 팩터 포트폴리오는 결코 사라지지 않을 이러한 인간의 결함을 극복해내고자 하는 도구다.

5.6 팩터와 시장 국면 분석

퀀트가 다루는 대부분의 팩터는 결국 팩터 고유의 리스크가 존재한다. 이 말인즉슨 팩터 투자라는 것이 일반적인 주식투자와 마찬가지로 손실의 위험이 존재한다는 것을 의미한다. 또한 이를 다르게 표현하자면 어떤 좋은 팩터를 찾았다고 해서 그 팩터가 무적불패의 전략은 아니라는 것이다. 무위험 수익을 얻을 수 있는 퓨어 알파가 아닌 이상 어떤 종류의 팩터든지 손실이 나는 구간은 분명 존재하는데, 이러한 사실은 팩터를 다룸에 있어 시장 국면 분석이 필수적인 것임을 시사한다.

시장 국면 분석이란 단어 중 시장 국면이란 한마디로 가변적인 시장의 특정 상태를 의미한다. 시장은 정적인 것이 아니기에 마치 살아 움직이는 생물처럼 시장의 상태는 계속해서 변한다. 또한 시장은 각각의 국면에 따라 해당 국면 상에서 특유한 움직임과 특징을 지니게 된다. 시장의 국면이 바뀌게 되면 시장의 속성이 바뀌게 되는 것이다.

시장 국면에 대한 이해가 중요한 이유는 동일한 팩터라고 하더라도 현재 시장이 어떤 국면에 있느냐에 따라 그 팩터의 성과가 확연히 달라지기 때문이다. 예를 들어, 어떤 국면에서는 뛰어난 성과를 내던 팩터가 새로운 국면을 맞닥뜨린 경우 오히려 좋지 못한 성과를 내기도 하는데, 이는 각각의 팩터마다 힘을 낼 수 있는, 즉 성과를 만들어 낼 수 있는 시장 국면이 다르기 때문이다. 따라서 팩터를 다루는 퀀트의 입장에서 시장 국면 분석이 중요한 이유는, 쉽게 말해 특정 시장 국면에 있을 때 어떤 팩터를 보다 더 적극적으로 사용해야 하는지에 대한 힌트를 얻기 위함이다. 남녀 간에도 궁합이라는게 있듯이, 팩터와 시장 국면 사이에도 좋은 궁합과 나쁜 궁합이 있다. 퀀트가 해야 할 일은 시장 국면 분석을 통해 각각의 시장 국면에 맞는 최적의 팩터 포트폴리오를 구성하는 것이다.

시장 국면 분석을 활용한 대표적인 예시는 바로 레이 달리오의 올웨더 포트폴리오다. 레이 달리오는 브리지워터 어쏘시에이츠라는 세계 1위의 헤지펀드를 만들어낸 장본인으로, 2021년 기준 이 헤지펀드가 운용하는 자금의 규모만 해도 1057억 달러에 달하며 이를 원화로 환산하면 130조 원이 넘는다. 금융계의 스티브 잡스라는 별명을 가지고 있는 레이 달리오는 세계 부자 순위 71위를 기록하고 있다.

올웨더 포트폴리오는 그 이름에 걸맞게 펀드의 목적 자체가 어떠한 계절, 즉 어떠한 시장 상황에서도 무너지지 않고 꾸준히 수익을 창출해나가는 것이다. [그림 5-12]와 같이 올웨더 포트폴리오는 크게 두 가지 기

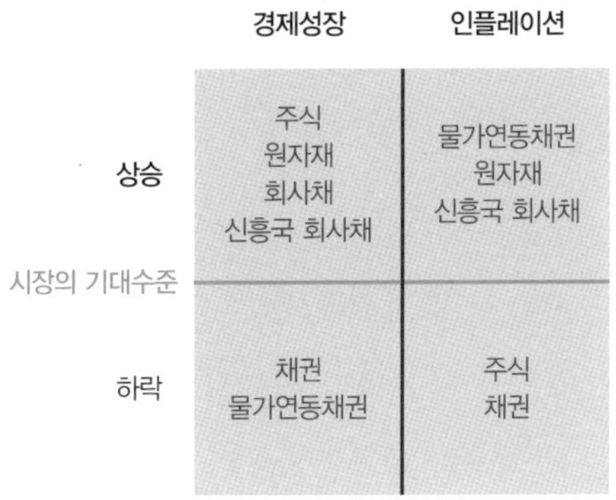

	경제성장	인플레이션
상승	주식 원자재 회사채 신흥국 회사채	물가연동채권 원자재 신흥국 회사채
하락	채권 물가연동채권	주식 채권

시장의 기대수준

[그림 5-12] 올웨더 포트폴리오의 시장 국면 분류와 그에 맞는 자산군[14]

준으로 시장 국면을 구분했는데, 이 두 가지 기준은 각각 경제성장과 인플레이션이었다. 경제가 호황이냐 불황이냐, 그리고 인플레이션 여부에 따라 국면을 나누었고, 각각의 국면에서 좋은 성과를 내는 자산군들을 제시했다. 올웨더 포트폴리오는 결국 시장이 어떠한 상황에 있더라도 안정적인 성과를 낼 수 있도록 4장에서 다루었던 리스크 패리티 기법을 사용해 각 국면의 자산군들에 분산투자를 하는 포트폴리오다.

레이 달리오의 올웨더 포트폴리오를 예시로 들었지만, 사실 팩터 포트폴리오를 구축하는 과정에서 시장 국면 분석을 활용하는 것은 이와 크게 다르지 않다. 팩터 포트폴리오의 목표는 결국 어떤 팩터를 사용할 것인지를 결정하고 각 팩터들의 가중치를 상황에 맞게 재조정하여 안정적이고 지속적인 성과를 창출하는 것에 있다. 그렇기 때문에 팩터 포트폴리오

---

14 출처: Bridgewater Associates(2009)

를 다루는 퀀트 또한 다양한 시장 국면에서 팩터 유니버스의 여러 팩터들이 각각의 국면에 따라 어떠한 차이를 보이고 국면에 따른 적절한 팩터는 과연 무엇인지를 밝혀내고자 한다.

퀀트마다 사용하는 시장 국면의 판단 기준은 서로 다르겠지만, 일반적으로 시장 국면 분석을 수행하기 위해서 사용되는 거시경제지표에는 올웨더 포트폴리오가 제시한 경제성장과 인플레이션 외에도 시장 변동성과 자금 유동성, 그리고 시장 유동성, 이렇게 세 가지를 추가한 총 다섯 가지 지표들이 있다.

- 경제성장: OECD 경기선행지표
- 인플레이션: OECD 소비자물가지수
- 시장 변동성: S&P 500 지수의 1개월 변동성
- 자금 유동성: TED 스프레드
- 시장 유동성: Pastor-Stambaugh(2003)의 주식시장 유동성 지표

이 중 자금 유동성 지표인 TED 스프레드는 3개월짜리 LIBOR 금리와 3개월짜리 미국 국채 금리 간의 차이를 의미하며, 시장 유동성 지표는 Pastor와 Stambaugh가 그들의 2003년 논문에서 제시한 시장 유동성을 추정하는 방법에 기반해 계산해낸 주식시장의 유동성 지표다.

[그림 5-13]은 1984년부터 2021년까지 월간으로 이 다섯 가지 지표를 정규화하여 표시한 차트다. 우리가 여기서 알 수 있는 사실은 시장에 크고 작은 위기들이 발생했을 때마다(음영 처리된 구간) 글로벌 거시경제

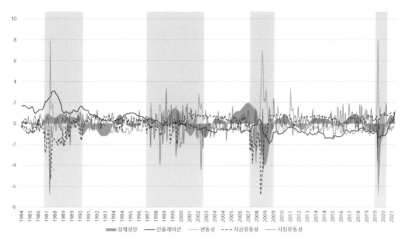

[그림 5-13] 글로벌 거시경제 지표 추이[15]

지표들의 변화가 크다는 점이다. 일례로 대부분의 경제 위기 당시 변동성
은 솟구치고 자금 유동성과 시장 유동성은 급격하게 고갈되는 것을 확인
할 수 있다.

  팩터 투자에서의 시장 국면 분석은 자산 배분에서의 시장 국면 분석
과 흡사하다. 다만 여기서는 주체가 자산에서 팩터로 치환되었을 뿐이다.
따라서 시장 국면 분석을 하기 위해서는 각각의 거시경제 지표가 변할 때
팩터의 성과가 어떻게 변하는지를 추적하면 된다. 그렇게 하면 우리는 각
각의 시장 국면에서 어떤 팩터가 좋은지 혹은 그렇지 않은지를 판단할 수
있다.

---

15 출처: OECD, Bloomberg, Pastor-Stambaugh(2003)

	경제성장			인플레이션			변동성			지금유동성			시장유동성		
	낮음	중간	높음	낮음	중간	높음	낮음	중간	높음	낮음	중간	높음	낮음	중간	높음
주식 베타	3.70%	11.20%	7.40%	13.60%	-0.60%	9.20%	21.00%	17.60%	-16.10%	3.20%	9.20%	9.90%	-10.20%	16.30%	16.20%
채권 베타	6.10%	4.30%	-0.60%	3.20%	2.60%	4.00%	1.90%	2.80%	5.20%	2.70%	2.30%	4.90%	2.10%	4.60%	3.10%
외환 베타	-0.10%	1.30%	1.30%	0.00%	0.50%	2.00%	2.70%	-0.60%	0.40%	1.90%	-0.10%	0.70%	0.50%	1.90%	0.10%
원자재 베타	-0.10%	1.40%	11.30%	6.10%	1.60%	2.20%	8.60%	2.40%	-1.10%	-3.00%	5.30%	7.50%	-1.00%	10.50%	0.30%
주식 모멘텀	3.00%	6.10%	8.20%	1.40%	2.40%	13.30%	2.10%	11.60%	3.40%	7.70%	5.80%	3.80%	5.50%	7.50%	4.30%
채권 모멘텀	0.40%	1.80%	-0.80%	0.40%	0.40%	0.50%	0.80%	1.20%	-0.70%	-1.00%	0.00%	2.30%	-1.30%	1.90%	0.70%
외환 모멘텀	0.50%	0.20%	0.50%	-1.10%	0.00%	2.20%	1.70%	1.90%	-2.40%	1.00%	-3.30%	3.40%	-0.30%	-0.20%	1.60%
원자재 모멘텀	-3.80%	0.30%	13.50%	-5.10%	9.30%	5.90%	15.50%	2.10%	-7.50%	3.50%	7.00%	-0.40%	-4.80%	5.80%	9.00%
주식 밸류	3.90%	0.80%	-2.90%	-0.30%	0.90%	1.20%	1.50%	0.60%	-0.30%	0.10%	1.00%	0.80%	-0.50%	3.70%	-1.40%
채권 밸류	1.60%	-0.60%	1.90%	1.90%	-0.20%	1.20%	1.60%	0.20%	1.20%	0.60%	0.40%	2.00%	-0.50%	1.80%	1.60%
외환 밸류	5.20%	6.10%	0.10%	3.50%	3.40%	4.60%	4.90%	2.40%	4.10%	4.60%	5.10%	1.70%	3.40%	4.40%	3.60%
원자재 밸류	14.20%	10.10%	0.60%	10.30%	-1.50%	15.90%	11.80%	4.00%	9.10%	12.20%	4.50%	8.20%	7.00%	8.70%	9.10%
주식 캐리	4.70%	-1.90%	3.10%	-2.80%	2.20%	6.70%	0.50%	7.50%	-2.00%	2.30%	1.10%	2.60%	4.70%	4.80%	-3.50%
채권 캐리	1.60%	2.40%	0.60%	1.70%	0.70%	2.10%	3.30%	1.10%	0.10%	0.80%	1.50%	2.30%	0.70%	2.50%	1.30%
외환 캐리	3.40%	2.80%	2.80%	3.40%	2.30%	3.40%	6.50%	2.50%	0.10%	0.70%	4.80%	3.60%	1.50%	2.80%	4.80%
원자재 캐리	7.20%	0.40%	14.40%	2.00%	14.90%	5.30%	9.90%	14.40%	-2.10%	2.50%	13.70%	5.90%	7.30%	6.10%	8.70%

[그림 5-14] 팩터별 시장 국면 분석[16]

16 출처: OECD, Bloomberg, Pastor-Stambaugh(2003), Ilmanen et al(2021)

[그림 5-14]는 위에서 제시된 5가지 지표를 낮음, 중간, 그리고 높음으로 3등분하여 각각의 시장 국면에 따른 팩터별 평균 수익률을 보여주고 있다. 이렇게 시장 국면에 따른 팩터별 성과 분석을 한다면 시장 국면이 변화했을 때 인간의 감이 아닌 철저히 데이터에 기반해 현재 시점에서 어떤 팩터 포트폴리오가 최적이 될 수 있는가에 대한 힌트를 얻을 수 있고, 또 이로 말미암아 합리적인 투자 의사결정을 내릴 수 있다. 따라서 시장 국면 분석은 팩터 포트폴리오를 구축함에 있어 없어서는 안 될 필수적인 요소다.

5.7 팩터 포트폴리오의 완성

만약 팩터 포트폴리오 구현을 위해 꼭 필요한 세 가지가 무엇이냐고 묻는다면, 나는 이렇게 답하고 싶다. 첫째는 '팩터 모델링', 둘째는 '시장 국면 분석', 그리고 마지막 세번째는 '포트폴리오 엔진'이라고. 이 세 가지 구성 요소는 팩터 포트폴리오의 구현을 떠받치고 있는 근본적인 세 가지 기둥이다. 이는 포트폴리오 성과라는 대들보를 안정적으로 지탱해준다.

우선, 팩터 모델링은 수익의 원천이 되는 팩터를 찾고 이를 수익화시 키기 위해 시스템화하는 과정을 의미한다. 팩터 유니버스에 어떤 팩터가 들어갈지, 팩터를 어떤 방법론으로 설계할지 등에 대한 고민을 하는 단계 이며, 포트폴리오라는 그룹 전체의 관점보다는 개별 팩터에 초점을 맞춘 다. 전쟁을 대비하기 위해서는 다양한 종류의 무기가 필요한데, 팩터 모델링은 이러한 각각의 무기를 하나씩 하나씩 벼리는 과정이라고 할 수 있다. 앞서 말했듯이 좋은 팩터는 역사적으로도 좋은 성과를 냈어야 했었을뿐만 아니라 그 기저에 자리한 경제적인 논리 또한 충분히 합리적이어야 한다. 팩터 모델링을 통해 만들어낸 각각의 팩터들은 팩터 유니버스의 구성원이 된다.

두 번째, 시장 국면 분석은 앞서 팩터 모델링으로부터 만들어진 팩터들의 성과가 시장 상황이 변함에 따라 어떻게 달라지는가를 분석하는 단계다. 어떠한 상황에서도 무조건 돈을 벌 수 있는 무적의 팩터는 존재하지 않는다. 모든 팩터는 각자가 가지고 있는 강점과 약점이 있기 마련이며, 시장 상황이 어떻게 전개되느냐에 따라 그 상황에서 좋은 성과를 보이는 팩터도, 반대로 좋지 못한 성과를 보이는 팩터들도 있다. 그렇기 때문에 시장 국면 분석은 필수적이다. 시장 국면 분석을 통해 각 팩터들의 장단점을 파악하여 시장 상황에 맞는 최적의 팩터 포트폴리오를 가져가야 하기 때문이다. 따라서 시장 국면 분석은 여러 가지 거시경제적 변수 혹은 사용자가 특별히 중요하다고 생각하는 외부 변수의 변화에 따라 해당 팩터의 성과가 어떻게 달라지는가를 면밀하게 살펴보는 단계다.

마지막 단계는 포트폴리오 엔진이다. 여기서 말하는 포트폴리오 엔진은 결국 4장에서 말한 자산배분의 방법론과 같다. 다만, 포트폴리오 엔진의 목적은 자산배분이 아닌 팩터배분이다. 팩터 포트폴리오를 만들고자 할 때, 팩터 간의 가중치를 어떻게 결정할 것인가, 그리고 팩터 포트폴리오와 현금의 비중을 어떻게 가져갈 것인가를 결정하는 단계이며, 결국은 포트폴리오의 목표에 맞는 최적화를 수행하는 것이 관건인 단계다. 정의

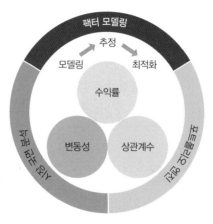

[그림 5-15] 팩터 포트폴리오 프레임워크

된 팩터 유니버스 그리고 여기에 속한 팩터들이 시장 국면에 따라 어떤 성과를 보이는지에 대한 분석이 끝나게 되면, 포트폴리오 엔진은 횡적 배분 모델과 종적 배분 모델을 통해 우리가 궁극적으로 원하는 결과물인 팩터 포트폴리오를 완성시킨다.

　　팩터 포트폴리오를 구현하기 위한 전체 과정을 한마디로 표현하자면, 이는 '모델링-추정-최적화의 연속'이라고 할 수 있다. 팩터 모델링과 시장 국면 분석, 그리고 포트폴리오 엔진은 이 과정 속에서 서로 계속해서 영향을 주고받으며 보다 나은 팩터 포트폴리오를 건설하고자 한다. 자산 배분 모델의 입력변수였던 자산들의 수익률과 변동성, 그리고 상관계수가 팩터 포트폴리오에서는 팩터들의 수익률과 변동성, 상관계수로 대체된다. 이처럼 팩터 모델링과 시장 국면 분석, 포트폴리오 엔진은 팩터 포트폴리오를 구성하기 위한 3요소라고 할 수 있으며, 이 세 가지 요소들이 하나로 결합되면 보다 온전한 팩터 포트폴리오 프레임워크가 비로소 완성된다. 오늘도 퀀트들은 시장에 숨겨진 팩터를 찾아내고, 또 이를 통해 현재보다 더 나은 팩터 포트폴리오를 만들어내기 위해 매일 팩터와의 사투를 벌이고 있다.

참고문헌 및 추천도서

- 〈월스트리트 퀀트투자의 법칙〉 영주 닐슨, 비즈니스북스 (2019)

- 〈주식시장은 어떻게 반복되는가〉 켄 피셔, 라라 호프만스, 에프엔미디어 (2019)

- 〈절대수익 투자법칙〉 김동주, 이레미디어 (2020)

- 〈월가의 퀀트투자 바이블〉 제임스 오쇼너시, 에프엔미디어 (2021)

- 〈Capital Asset Prices: A Theory of Market Equilibrium under Conditions of Risk〉 Sharpe, Journal of Finance (1964)

- 〈The Arbitrage Theory of Capital Asset Pricing〉 Ross, Journal of Economic Theory (1976)

- 〈An Empirical Investigation of the Arbitrage Pricing Theory〉 Roll & Ross, The Journal of Finance (1980)

- 〈The Cross-Section of Expected Stock Returns〉 Fama & French, Journal of Finance (1992)

- 〈Common Risk Factors in the Returns on Stocks and Bonds〉 Fama & French, Journal of Financial Economics (1993)

- 〈On Persistence in Mutual Fund Performance〉 Carhart, Journal of Finance (1997)

- 〈Value versus Growth: The International Evidence〉 Fama & French, Journal of Finance (1998)

- 〈Portfolio Advice for a Multifactor World〉 Cochrane, Federal Reserve Bank of Chicago (1999)

- 〈Triumph of the Optimists: 101 Years of Global Investment Returns〉 Dimson, Marsh & Staunton, Princeton University Press (2002)

- 〈Liquidity Risk and Expected Stock Returns〉 Pastor & Stambaugh, Journal of Political Economy (2003)

- 〈Quantitative Equity Portfolio Management: An Active Approach to Portfolio Construction and Management〉 Chincarini & Kim, McGraw-Hill (2006)

- 〈Quantitative Equity Portfolio Management: Modern Techniques and Applications〉 Edward E. Qian, Chapman and Hall/CRC (2007)

- 〈Quantitative Trading: How to Build Your Own Algorithmic Trading Business〉 Ernest P. Chan, Wiley (2008)

- 〈The All Weather Strategy〉 Bridgewater Associates (2009)

- 〈Expected Returns: An Investor's Guide to Harvesting Market Rewards〉 Ilmanen, Wiley (2011)

- 〈The Myth of Diversification: Risk Factors versus Asset Classes〉 Page & Taborsky, Journal of Portfolio Management (2011)

- 〈The Death of Diversification Has Been Greatly Exaggerated〉 Ilmanen & Kizer, Journal of Portfolio Management (2012)

- 〈Do Financial Markets Reward Buying or Selling Insurance and Lottery Tickets?〉 Ilmanen, Financial Analysts Journal (2012)

- 〈The All Weather Story: How Bridgewater Associates created the All Weather investment strategy, the foundation of the 'risk parity' movement〉 Bridgewater Associates (2012)

- 〈Algorithmic Trading: Winning Strategies and Their Rationale〉 Ernest P. Chan, Wiley (2013)

- 〈A Five-Factor Asset Pricing Model〉 Fama & French, Fama-Miller Working Paper (2013)

- 〈Value and Momentum Everywhere〉 Asness, Moskowitz & Pedersen, Journal of Finance (2013)

- 〈Factor-Based Asset Allocation vs. Asset-Class-Based Asset Allocation〉 Idzorek & Kowara, Financial Analysts Journal (2013)

- 〈Inside the Black Box: A Simple Guide to Quantitative and High-Frequency Trading〉 Rishi K. Narang, Wiley (2013)

- 〈Betting Against Beta〉 Frazzini & Pedersen, Journal of Financial Economics (2014)

- 〈Asset Management - A Systematic Approach to Factor Investing〉 Andrew Ang, Oxford University Press (2014)

- 〈Quality Minus Junk〉 Asness, Frazzini & Pedersen (2014)

- 〈Facts and Fantasies About Factor Investing〉 Cazalet & Roncalli (2014)

- 〈Risk Premia: Asymmetric Tail Risks and Excess Returns〉 Lemperiere et al (2014)

- 〈Facts About Factors〉 Cocoma et al, MIT Sloan School Working Paper (2015)

- 〈Factor Investing: A Welfare Improving New Investment Paradigm or Yet Another Marketing Fad?〉 Martellini & Milhau, EDHEC Working Paper (2015)

- 〈How Can a Strategy Still Work If Everyone Knows About It?〉 Asness, AQR (2015)

- 〈Momentum Crashes〉 Daniel & Moskowitz, Journal of Financial Economics (2016)

- 〈A Primer on Alternative Risk Premia〉 Hamdan et al (2016)

- 〈Factor Investing and Risk Allocation: From Traditional to Alternative Risk Premia Harvesting〉 Maeso & Martellini, EDHEC-RISK Institute (2016)

- 〈Who Is On the Other Side?〉 Antti Ilmanen, Q Group Fall Conference (2016)

- 〈Systematic Investment Strategies〉 Giamouridis, Financial Analysts Journal (2017)

- 〈Alternative Risk Premia Investing: From Theory to Practice〉 Blin, Lee & Teiletche, Unigeston Research Paper (2017)

- 〈Alternative Risk Premia: What Do We Know?〉 Roncalli (2017)

- 〈A Framework for Risk Premia Investing〉 Vatanen & Suhonen (2017)

- 〈Total Portfolio Factor, Not Just Asset, Allocation〉 Bass et al, Journal of Portfolio Management (2017)

- 〈Optimal Blending of Smart Beta and Multifactor Portfolios〉 Dopfel & Lester, The Journal of Portfolio Management (2018)

- 〈Carry〉 Koijen et al, Journal of Financial Economics (2018)

- 〈The Characteristics of Factor Investing〉 Blitz & Vidojevic, Journal of Portfolio Management (2019)

- 〈Alice's Adventures in Factorland: Three Blunders That Plague Factor Investing〉 Arnott et al (2019)

- 〈A Census of the Factor Zoo〉 Harvey & Liu (2019)

- 〈Factor Investing from Concept to Implementation〉 Gelderen et al, The Journal of Portfolio Management (2019)

- 〈What Alleviates Crowding in Factor Investing?〉 DeMiguel et al (2021)

- 〈Factor Timing: Keep It Simple〉 Mike Aked, Research Affililates (2021)

- 〈How Do Factor Premia Vary Over Time? A Century of Evidence〉 Ilmanen et al, Journal of Investment Management (2021)

- 〈Investing Amid Low Expected Returns: Making the Most When Markets Offer the Least〉 Ilmanen, Wiley (2022)

6장
시스템 구현

퀀트 투자를 위한 다섯 번째 빌딩블록은 시스템 구현이다. 퀀트 시스템을 구현한다는 것은 머릿속에만 혹은 이론적으로만 존재하던 추상적인 투자 아이디어를 실제 세상 밖으로 가져오는 이른바 '생각의 현실화 작업'이라고 할 수 있다. '구슬이 서 말이라도 꿰어야 보배'이듯이, 아무리 좋은 투자 아이디어라고 해도 결국엔 실제 주문을 거쳐 투자 포지션을 가져가야만 수익화의 기회가 생기는 법이다. 여기에서는 시장미시구조라 불리는 실제 거래가 발생하는 세상을 설명하고 이와 관련하여 주문방식과 거래비용, 고빈도매매 등에 대해 다룬다. 마지막으로는 퀀트 투자를 위한 종합적인 시스템의 구조를 어떻게 설계하고 운영해나갈지에 대한 틀을 제시한다.

6.1 이론에서 현실로

바티칸의 사도 궁전에는 르네상스 시대의 거장 라파엘로가 그린 〈아테네 학당〉이라는 그림이 있다. 이 그림의 중심부를 자세히 살펴보면 고대 철학의 거장인 플라톤과 그의 제자 아리스토텔레스가 나란히 서있는 모습을 볼 수 있는데, 여기서 재미있는 점은 이 두 철학자의 손이 서로 반대 방향을 가리키고 있다는 것이다. 플라톤의 오른손은 검지로 하늘을 가리키고 있으며, 아리스토텔레스의 오른손은 쫙 편 상태로 땅을 가리키고 있다. 이러한 모습은 그들의 서로 다른 생각을 잘 보여주고 있다. 플라톤은 이데아, 즉 아무런 결점이 없는 이상향을 꿈꿔왔기에 하늘을, 반대로 아리스토텔레스는 이데아의 비현실성을 비판하며 현실 세계의 중요성을 설파했기에 땅을 가리키고 있는 것이다.

[그림 6-1] 아테네 학당(라파엘로 作)[1]

이상향을 꿈꾸는 것은 인생을 살아가는 데 굉장히 중요하다. 그 지향점이야말로 내가 어떤 방향으로 나아가야 할지에 대한 나침반 역할을 해줄 수 있기 때문이다. 하지만 이러한 지향점이라는 것도 결국은 현실 세계에서의 실현 가능성이 존재해야만 그 의미가 있다. 실현 가능성이 없는 지향점은 그저 헛된 망상에 불과하기 때문이다. 결국 우리는 하늘이 아닌 땅 위에 두 발을 딛고 살아가는 존재다.

그런 의미에서 아무리 좋아보이는 팩터라 할지라도, 우리가 그것을 현실 세계로 가져올 수 없다면 사실 그것은 그저 한낱 지적 유희에 불과하

1   출처: 위키백과

다. 퀀트가 팩터를 설계하고 과거 데이터를 통해 그 팩터의 성과를 검증해 보는 궁극적인 이유는 이를 실제 금융시장에서 실현시켜 수익을 창출하는 것이기 때문이다. 따라서 퀀트는 금융시장이라는 현실 세계에 발을 들여 놓아야 하는 매우 현실적인 존재다.

효율적 시장 가설은 시장의 완벽성을 가정하고 그 논리를 전개해 나간다. 예를 들어, 효율적 시장 가설에서는 "어떠한 거래비용도 없고, 언제나 원하는만큼 자유롭게 거래를 할 수가 있다"라고 말한다. 우리는 이를 '시장에 마찰이 없다'고 표현하지만 현실 세계는 효율적 시장 가설이 가정하는 것처럼 그렇게 호락호락한 상대가 아니다. 실제 시장은 사실 마찰투성이의 존재이며 그렇기 때문에 실제 시장에서 효율적 시장 가설의 잘못된 가정들은 철저히 파괴된다. 현실 세계에서 그들이 상정한 깔끔하고 이상적인 금융시장의 모습은 온데간데없이 사라지며, 또한 이 때문에 잘못 만들어진 구현 시스템은 포트폴리오의 성과를 심각하게 갉아먹을 수 있다. 따라서 우리는 이론적으로 혹은 추상적으로만 생각했던 모든 것을 현실 세계로 끌어내려야 할 필요가 있다. 퀀트의 팩터 포트폴리오가 현실세계로 진입하기 위해서는 실제 거래가 발생하는 세상을 보다 자세히 들여다볼 수 있는 이른바 시장미시구조라 불리는 도구가 필요한 이유다. 이러한 시장미시구조 이론은 IT 기술의 발달로 인해 현대 금융시장이 계속해서 전산화 그리고 자동화됨에 따라 발전할 수 있었다.

6.2 현대 금융시장의 모습

오늘날의 금융시장은 과거의 그것과는 아예 다른 모습을 하고 있다. 옛날에는 거래를 하기 위해서 트레이더들이 피트Pit(구덩이)라고 하는 장소에 모여 큰 소리로 호가를 외쳐야만 했었다. 이렇게 수많은 사람이 한데 모여 큰 소리로 거래를 하는 방식을 오픈 아웃크라이Open Outcry라고 한다. 다음의 [그림 6-2]는 과거 시절 이러한 피트의 전경을 잘 보여주고 있다. 이러한 거래의 모습은 그때 당시의 거래소가 지금과 같은 중앙청산소 역할을 제대로 하지 못했음을 의미한다. 거래소라는 것은 단지 물리적인 어떤 장소를 의미하는 것이었으며, 수많은 트레이더들과 브로커들은 이 거래소에 모여 고래고래 소리를 질러대며 수신호로 거래의사를 전달했다. 이는 인간적이어도 너무나 인간적였던 상인들의 거래 모습이었다.

[그림 6-2] 20세기 초 시카고선물거래소 전경[2]

하지만 기술이 발달하면서 오늘날 금융시장의 면모는 180도 달라졌다. IT 기술의 발전으로 거래소는 전산화되기 시작하였고 사람들은 더이상 거래소라는 물리적인 장소에 모이지 않아도 되었다. 만약 거래를 원한다면 우리는 단순히 인터넷에 접속해서 브로커에게 주문을 넣기만 하면 된다. 이제는 HTS나 MTS 같은 시스템을 사용하여 편리하게 브로커리지 서비스를 제공하는 증권사에 주문을 낼 수 있는 시대가 된 것이다.

더불어 기술이 발전하면서 이제는 더이상 수동으로 주문을 내지 않아도 되는 시대가 도래했다. 알고리즘에 의해 자동으로 주문이 나가고 체결될 수 있도록 시스템이 발전한 것이다. 고객들은 이제 프로그래밍을 통해 규칙 기반의 주문 체결 알고리즘을 만들 수 있게 되었고, 이를 활용해 훨

2   출처: 시카고 백과사전

[그림 6-3] 트레이딩 플로어의 과거와 현재[3]

씬 더 효율적으로 매매를 할 수 있게 되었다. 이는 인간 브로커의 입지를 점점 더 약화시켰다. 이전에는 고객이 주문을 제출하면 인간 브로커가 알아서 적절하게 주문을 처리하는 방식이었다. 2019년에 개봉한 영화 〈돈〉에서 류준열 배우가 맡았던 주인공 역할이 바로 이 인간 브로커다. 하지만 알고리즘 트레이딩이 도입되면서 인간 브로커 또한 알고리즘에게 서서히 자리를 내주게 된다. 과거에 몇 백 명에 달했었던 트레이딩 플로어의 직원들이 이제는 거의 없어졌다는 이야기를 우리는 종종 들을 수 있는데 이러한 현상은 바로 이를 두고 하는 말이다.

---

3   출처: Liz Ann Sonders 트위터

[그림 6-3]은 UBS라는 글로벌 투자 은행의 트레이딩 플로어의 과거와 현재를 비교해서 보여주고 있다. 이를 통해 알 수 있듯이 이제는 인간 브로커들의 설 자리가 없어져 버렸고, 금융시장에서 알고리즘에 의한 매매체결은 당연한 것이 되어버렸다. 2016년 어떤 한 연구[4]에 의하면 현재 미국 주식시장 거래량과 유럽 주식시장 거래량의 약 55%와 40% 정도를 알고리즘이 담당하고 있다고 한다. 이러한 경향은 알고리즘의 영향력이 훨씬 더 큰 선물시장에서 더 뚜렷한데, 외환선물 거래량의 약 80%, 금리선물 거래량의 약 2/3 정도를 알고리즘이 맡고 있다고 한다. 2022년인 현재 이러한 수치는 훨씬 더 증가했을 것으로 예상된다. 이제 브로커리지 서비스를 제공하는 회사들은 단지 중개 라이선스를 가지고 고객들이 거래를 할 수 있도록 그 플랫폼만을 제공할 뿐이다. 이 플랫폼에서 실제 거래에 대한 주문을 체결시키는 주체는 이제 알고리즘이 되어버렸다.

---

4   Miller and Shorter(2016)

6.3 시장미시구조

시장미시구조는 지금까지 바라보았던 금융시장이라는 것을 현미경으로 확대하여 그 내부를 들여다보고자 하는 금융 이론의 한 분야다. 장기적인 관점에서 투자를 하는 투자자든, 단기적으로 시장을 바라보는 트레이더든 간에 금융시장에서 돈을 벌고자 한다면 무조건 시장에서 거래를 일으켜야만 한다. 매수자와 매도자가 만나 서로 반대 포지션을 가져가면서 거래를 성사시키는 것, 이것이 매매의 본질이며, 이 매매의 행태를 분석하고자 하는 이론이 바로 시장미시구조 이론이다. 시장미시구조는 양자의 세계로 들어가는 영화 〈앤트맨〉처럼 금융시장의 원자 단위라고 할 수 있는 주문과 거래에 초점을 맞춘다.

시장미시구조에 대해 공부를 하는 것은 시장에서 가격이라는 것이 형성되는 과정에 초점을 맞추는 보다 새로운 시각을 제공한다. 기존의 금융 실무가 가격을 입력변수로 생각하는 탑다운Top Down 방식의 접근법이었다면, 이와는 대조적으로 시장미시구조는 시장 참여자들 간의 상호작용으로 인해 가격이 어떻게 만들어지를 바텀업Bottom Up 방식으로 접근한다. 즉, 시장미시구조에서 가격이라는 것은 입력변수가 아닌 복잡한 시장 활동으로 인한 결과물인 것이다.

시장미시구조는 가격을 만들어내는 바로 이 복잡한 시장 활동이 어떠한 메커니즘으로 인해 돌아가는지를 알아내고자 한다. 따라서 시장미시구조를 연구하는 사람들은 일반적으로 가격 형성에 영향을 미치는 시장 참여자들의 행동 패턴과 그에 따른 유동성 및 변동성의 출현에 관심을 가지고 이를 연구하는 데 많은 시간을 할애한다. 시장미시구조를 논할때 호가창과 주문 방식, 그리고 틱데이터에 대한 이야기가 빠질 수 없는 이유다.

6.3.1 호가창

시장미시구조를 파악하기 위한 기본 도구는 바로 호가창이다. HTS나 MTS를 사용해 주식을 매매해본 사람이라면 호가창을 한 번이라도 본 적은 있을 것이다. 호가창이란 말 그대로 현재 시장에 나와있는 호가들을 한 눈에 볼 수 있는 창, 즉 화면이다. 호가창은 영어로 Limit Order Book, 줄여서 LOB라고 부르는데, 그 이유는 호가창에 있는 모든 호가들은 전부 지정가 주문들이기 때문이다. 지정가 주문에 대해서는 다음 절에서 보다

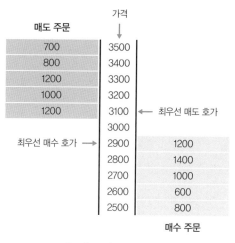

[그림 6-4] 호가창 예시

자세히 설명하기로 한다. 현시점에 시장에 나와있는 지정가 주문들이 전부 기록되어 있는 장부, 그것이 바로 호가창이다. [그림 6-4]는 일반적인 호가창의 모습을 잘 보여주고 있다.

호가창은 현재 시장 가격을 기준으로 매수 주문들과 매도 주문들을 한 눈에 보여준다. 시장의 상황에 따라 매수, 매도 주문의 양과 강도는 달라질 수밖에 없다. 호가창에서 가장 싼 가격의 매도 호가를 우리는 '최우선 매도 호가'라고 부르며, 반대로 가장 비싼 가격의 매수 호가를 '최우선 매수 호가'라고 부른다. 시장에 매수자가 나타나면 가장 싼 가격의 매도자와 거래를 하려고 할 것이며, 또 매도자가 나타난다면 가장 비싼 가격의 매수자와 거래를 하려고 할 것이기 때문이다.

또한 이러한 최우선 매도 호가와 최우선 매수 호가의 차이를 '매수-매도 스프레드'라고 부른다. 매수-매도 스프레드는 현재 시장의 유동성이 어느 정도인가에 대한 지표가 된다. 그 이유는 매수자와 매도자 모두 거래를 꺼리는 상황이 발생하면 이러한 매수-매도 스프레드가 벌어지게 되고 시장에서 거래를 하는 것이 점점 더 어려워지기 때문이다. 또한 시장가 주문을 내는 사람에게 있어 이러한 매수-매도 스프레드는 자신의 포지션을 즉시 구축하기 위해 지불해야 하는 비용이 된다.

6.3.2 주문 방식

트레이더가 시장에서 거래를 하기 위해서는 반드시 브로커들에게 주문을 제출해야 한다. 이 주문은 어떤 종목을 거래할지, 얼마나 거래할지, 매수를 할지 매도를 할지, 어떤 가격에 거래할지 등에 대한 구체적인 정보를 담고 있다. 만약 제출된 주문이 시장에서 반대 방향의 거래를 하고자 하는 거래 상대방을 만난다면, 거래가 발생하고 주문이 체결된다. 이러한 주문 체결을 영어로는 "filled되었다"라고 표현한다.

이러한 주문 방식은 크게 두 가지 방식이 있는데 하나는 시장가 주문이고 다른 하나는 지정가 주문이다. 우선 '시장가 주문'은 체결 가격에 상관없이 우리가 주문을 내는 동시에 바로 체결되는 주문을 의미한다. 가령 내가 시장가 매수 주문을 냈다면 이는 가격에 상관없이 무조건 바로 체결되어야 하므로 시장에서 가장 낮은 매도 호가, 즉 최우선 매도 호가부터 찾아 주문을 체결시킨다. 만약 최우선 매도 호가를 전부 없앨 정도의 주문량이 시장가 주문으로 들어온다면 자연스럽게 주문은 그 다음 매도 호가를 찾아 거래를 체결한다. 따라서 시장가 주문에서 중요한 것은 매매 체결의 즉시성이다. 어떤 가격에 체결되는지보다는 지금 바로 거래가 체결되는 것이 중요하기 때문에 시장가 주문은 호가창에 남아있는 유동성을 바로바로 흡수한다. 따라서 이러한 시장가 주문은 테이커Taker라고 표현하기도 한다.

이와는 다르게 '지정가 주문'은 말 그대로 체결되어야 하는 가격을 지정하여 주문을 내는 방식을 의미한다. 따라서 가격을 명시할 필요가 없는 시장가 주문과 달리 지정가 주문에는 가격을 명시해주어야 한다. 이렇게 제출된 지정가 주문은 호가창에 쌓이게 되고 시장에 유동성을 공급하게 된다. 지정가 주문은 체결을 원하고자 하는 가격이 있기 때문에 이는 시장가 주문과는 다르게 제출이 된다 하더라도 주문의 체결이 보장되는 것은 아니다. 예를 들어, 내가 낸 지정가 매수 주문의 가격이 현재의 최우선 매수 호가보다 낮다면 체결이 되지 않은 채 그대로 호가창에 머물러 있게 된다. 이러한 지정가 주문의 특성 때문에 종종 지정가 주문은 메이커Maker라고도 불린다. 지정가 주문이 호가창에서 시장의 유동성을 만들어내기 때문이다. 시장의 중간에서 시장 조성 업무를 담당하는 마켓 메이커들은 양방향 지정가 주문을 제공하여 시장에 유동성을 공급하고 거래를 원활하게 만들어준다. 지정가 주문은 제출 즉시 체결이 안 될 수 있기 때문에 만약 체결이 안 된 상태라면 트레이더는 언제든지 이 지정가 주문을 정정하거나 취소할 수 있다. 그렇기 때문에 시장의 유동성, 즉 얼마나 쉽게, 그리고 더 낮은 거래비용으로 거래가 체결될 수 있는가는 호가창에 나와있는 지정가 주문들이 얼마나 풍부한가에 따라 달려있다. 지정가 주문으로 인해 호가창에 걸려있는 주문이 많을수록 더 많은 양의 주문을 더 싸게 체결시킬 수 있다.

지정가 주문과 시장가 주문 외에도 시장에는 여러 가지 주문 방식이 존재하는데, 그중 대표적인 것이 바로 'TWAP 주문'과 'VWAP 주문'이다. 이러한 주문 방식들은 대량의 주문을 내야 하는 기관투자자들이 주로 사용하는 주문 방식이다. 이러한 방법을 사용하는 이유는 자금의 규모가 매우 크기 때문에 한꺼번에 주문을 내면 자신에게 불리한 가격으로 체결이 될 확률이 높기 때문이다. 따라서 이러한 문제를 해결하기 위해서는 전체 주문을 소량의 주문으로 잘게 쪼개서 체결을 시켜야만 한다.

우선 TWAP 주문은 Time-Weighted Average Price의 머리글자로 전체 체결 수량을 시간 단위로 균등 분할하여 주문을 내는 방식을 말하며, VWAP 주문은 Volume-Weighted Average Price의 머리글자로 전체 체결 수량을 특정 기간 동안의 거래량에 비례하여 주문을 내는 방식을 의미한다. [그림 6-5]는 TWAP 주문과 VWAP 주문을 직관적으로 보여주고 있다.

대량의 자금을 집행해야 하는 기관투자자의 입장에서 주문 방식을 선택하는 것은 매우 중요한 요소다. 왜냐하면 시장의 유동성은 무한하지 않으며 그때그때의 시장상황에 따라 호가창의 모습도 천차만별이기 때문에 적절하지 못한 주문 방식을 사용한다면 예상했던 가격보다 훨씬 안 좋은 가격에 실제 체결이 이루어질 수 있기 때문이다. 이는 생각보다 훨씬 더 많은 거래비용을 지불할 가능성이 존재함을 의미하며, 장기적으로 이는

TWAP 주문　시간대별로 동일한 양의 주문을 내는 방식

VWAP 주문　시간대별 과거 거래량에 비례해 주문을 내는 방식

[그림 6-5] TWAP 주문과 VWAP 주문

포트폴리오의 성과를 야금야금 갉아먹게 된다. 따라서 과거 데이터를 통해 좋은 아이디어를 발견했다고 해도 이를 실제 성과로 만들어내기 위해서는 시장에서 어떠한 방식으로 주문을 낼 것인지에 대한 고민이 필요하다. 다시 말해, 주문 집행 또한 팩터 전략을 설계하는 것과 같이 전략적으로 접근해야 한다. 최대한 거래비용을 줄여 포트폴리오의 포지션을 구축하는 것은 매매 체결 전략의 궁극적인 목표다.

6.3.3 틱데이터

실제 시장에서 거래가 발생할 때 거래의 기본 단위는 틱이다. 틱은 가장 원초적인 거래 데이터이며, 이러한 틱들이 모여 틱데이터를 만들어낸다. 우리가 흔히 보는 일봉 차트의 시가, 고가, 저가, 종가 등의 데이터는 사실 이러한 틱데이터를 다른 주기로 샘플링한 것에 지나지 않는다. 하루 동안의 틱데이터를 전부 모았을 때, 그 틱데이터 중 가장 높은 가격이 오늘의 고가가 되고 가장 낮은 가격이 오늘의 저가가 되는 식이다. 그렇기 때문에 시장미시구조에서는 틱데이터의 수집과 관리 그리고 활용이 매우 중요하다. 결국 데이터는 정보이며, 데이터를 제대로 활용할수록 더 수준 높은 의사결정을 내릴 수 있기 때문이다.

기본적으로 틱이라고 하는 것은 거래가 새롭게 발생했을 때의 그 순간을 말한다. 가령 어떤 사람이 시장가 매수 주문을 내서 최우선 매도 호가와 만나 거래가 체결된 경우 틱이 발생한 것이다. 금융시장에서 틱은 호가의 기본 단위를 이야기하기도 한다. 가령 어떤 주식에 대한 주문을 100원 단위로만 낼 수 있다면, 그 주식의 한 틱은 100원인 것이다.

틱데이터는 기본적으로 크게 세 가지 종류의 데이터가 하나의 행을 형성하게 되는데, 이 세 가지는 각각 '타임스탬프' '가격' 그리고 '거래량'이다. 쉽게 말하자면, 틱데이터는 특정 시점에 특정 가격으로 특정 수량만큼 발생한 모든 거래내역을 담고 있는 데이터다. 당연히 이러한 거래는 눈 깜짝할 사이에 수백수천 번도 발생할 수 있으며, 그렇기 때문에 틱데이터의 용량은 기본적으로 매우 크다.

시장미시구조 이론에서 틱데이터가 필요한 이유는 실제 거래의 영역이 장중에 발생하기 때문이다. 장중에 수많은 시장 참여자가 모여 어떻게 상호작용을 하면서 가격이 형성되고 거래량이 만들어지는지, 또 이러한 상호작용의 결과 매수와 매도 중 어떤 쪽이 더 강한 힘으로 시장을 밀어붙이는지를 파악하는 것은 매우 중요한데, 틱데이터는 이러한 정보를 얻을 수 있는 가장 원초적인 데이터 원천이다. 우리가 흔히 보는 일간 데이터는 장중에 시시각각 변하는 가격의 흐름과 힘의 불균형을 파악하는 데 한 계가 있다. 일간 데이터는 단순히 하루 전체 거래의 결과를 단일한 값으로 정리해서 보여주기 때문이다.

6.3.4 HFT

또한 시장미시구조를 논할 때 빠질 수 없는 주제 중 하나가 바로 HFT다. HFT를 풀어쓰면 High-Frequency Trading, 즉 '고빈도매매'라고 해석할 수 있다. 고빈도매매를 정의하는 방식에는 여러 가지가 있고 또 일반 투자자들에게는 사실 이것이 널리 알려져 있지 않기에 종종 오해가 발생하지만, 미국의 선물 규제 당국인 CFTC 산하의 기술 위원회가 말한 고빈도매매의 정의에 따르면 고빈도매매는 다음을 사용하는 자동화된 트레이딩의 형태를 의미한다.

- 의사결정, 거래주문 및 체결을 인간의 개입 없이 자동으로 처리하는 알고리즘
- 주문 체결에 대한 응답시간을 최소화할 수 있도록 설계된 저지연 기술
- 매매, 정정, 취소에 대한 주문을 빠른 속도로 처리할 수 있는 능력

이러한 HFT에 대한 정의는 시장에서 주문 처리를 위해 알고리즘 기술을 사용하는 대부분의 투자자들과 트레이더들을 아우를 수 있다. 심지

어 효율적인 알고리즘 방식을 사용하여 자신의 매매 주문을 자동화시켜 놓은 개인투자자들 또한 위와 같은 정의에 따르면 고빈도매매 트레이더가 된다. 그만큼 이미 알고리즘에 의한 매매 자동화 기술과 이를 위한 IT 인프라는 금융시장에서 이미 많은 시장 참여자가 활용하는, 없어서는 안 될 도구가 되어 버렸다.

HFT가 가능해지게 된 이유는 당연히 앞서 언급한 IT 기술의 발전 덕택이다. 이러한 기술의 발전으로 인해 이제는 더 이상 사람이 아닌 알고리즘이 거래를 할 수 있게 되었고, 나아가 기존에 인간이 손으로 거래하는 것보다 훨씬 더 빠르고 정확하게 알고리즘이 거래를 할 수 있게 되었다. 기계가 가지고 있는 거래의 즉시성과 정확성, 그리고 주저함 없는 실행 능력이 금융회사의 업무 효율성과 정확성을 높인 것이다. 이러한 고빈도매매의 장점 덕분에 시간이 갈수록 이러한 기술을 도입하여 금융 비즈니스의 수익성을 제고하려는 노력들이 금융투자업의 여러 분야에서 발견되었다.

이러한 HFT를 활용하는 방식에는 다양한 방법이 존재하겠지만 일반적으로 이러한 HFT 비즈니스는 크게 네 가지로 분류된다. 이들은 각각 '알고리즘 주문체결' '차익거래' '마켓메이킹' 그리고 '패스트 알파'라고 불리는 이벤트 기반의 초단기 방향성 거래다.

우선 알고리즘 주문체결은 대규모 자금을 운용해야 하는 기관투자자가 최소한의 거래비용을 지불할 수 있도록 주문체결 알고리즘 서비스를 제공하거나 혹은 기관투자자가 직접 이러한 알고리즘을 제작하는 것을 의미한다. 팩터 포트폴리오를 운용하는 퀀트 입장에서 트레이딩 시스템을 개발하는 이유도 바로 이러한 맥락이다.

두 번째로는 차익거래 비즈니스가 있다. 이러한 차익거래 비즈니스는 지수 차익거래나 통계적 차익거래와 같이 구조가 똑같거나 매우 유사한 두 상품 간에 괴리가 발생하는 경우 그 찰나의 틈을 비집고 들어가 차익거래를 통해 수익을 내는 것을 의미한다. 또한 동일한 상품이 여러 거래소에 상장이 되어 있는 경우 차익거래 비즈니스는 거래소 간 차익거래를 수행하기도 한다.

세 번째로 마켓 메이킹은 고빈도매매가 매우 활발하게 활용되는 분야다. 앞서 언급한 바와 같이 기술의 발전으로 인해 이제 인간 브로커와 트레이더의 입지는 점점 좁아지고 있으며, 그 자리를 알고리즘이 서서히 대체해가고 있다. 시장에 유동성을 공급하는 시장 조성자 또한 이제는 알고리즘이 훨씬 더 그 역할을 잘 하는 세상이 왔다. 마켓 메이킹 알고리즘은 인간의 개입 없이 완전 자동화되어 여러 시장에서 시장 조성 업무를 수행하고 있다.

마지막으로는 패스트 알파라고 불리는 이벤트 기반의 초단기 방향성 거래 전략이 있다. 이러한 방향성 전략은 장중 시장에서의 매우 단기적인 추세를 포착하고자 한다. 이러한 형태의 전략은 고빈도매매 중에서도 가장 공격적이면서 자칫 잘못하면 시세조작이라는 법적인 이슈를 건드릴 소지가 있는 전략이다. 장중에서 단기적으로 형성되는 추세를 좇기 위해서는 순간적으로 엄청난 양의 주문 체결이나 취소가 필요하고 이로 인해 시장 가격이 단기적으로나마 왜곡될 수 있기 때문이다. 금융 규제 당국이 고빈도매매와 관련하여 항상 예의주시를 하고 있는 분야도 바로 이쪽이다.

6.4 거래비용

    세상에 공짜는 없는 법이다. 매매에 있어 거래비용은 피할 수 없는 존재다. 고속도로를 이용하고 싶다면 톨게이트 비용을 지불해야 하듯이 금융시장에 발을 들이고 싶다면 우리는 거래비용을 지불해야만 한다. [그림 6-6]과 같이 아무리 좋은 수익률 분포를 가지고 있는 전략이라 하더라도, 과도한 거래비용은 이러한 수익률 분포를 좌측으로 옮길 수 있는 힘이 있다. 이런 상황이 발생한다면 장기적으로 이 전략을 통해 수익을 창출하는 것은 쉽지 않을 것이다. 그렇기에 우리가 금융시장에서 투자를 통해 수익을 올리고 싶다면 거래비용이라는 허들을 반드시 넘어야만 한다.

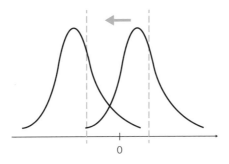

[그림 6-6] 거래비용에 의한 수익률 분포의 악화

수많은 성공한 퀀트는 그들이 벌어들이는 총 수익의 20% 내지는 50% 정도를 거래비용으로 지불한다고 알려져 있다.[5] 오해하지 말자. 이는 실패한 퀀트가 아닌 성공한 퀀트가 지불하는 거래비용의 규모다. 이는 거래비용의 영향력이 얼마나 강력한지를 잘 보여준다. 특히나 이러한 거래비용의 크기는 당연히 거래를 빈번하게 할수록 점점 더 불어난다. 따라서 팩터를 추출하기 위해 전통적인 투자 방식보다 상대적으로 거래의 횟수를 더 빈번하게 가져가는 퀀트의 입장에서는 거래비용을 언제나 염두에 두고 있어야 하며, 이를 기반으로 거래비용을 절감할 수 있는 효율적인 거래방식을 구축해야 한다. 이러한 거래비용은 크게 두 가지 범주로 나뉠 수 있는데, 하나는 명시적 비용이고, 다른 하나는 암묵적 비용이다.

6.4.1 명시적 비용

우선 이름이 나타내는 것처럼 명시적 비용은 우리가 명확하게 알 수 있는 거래비용을 의미한다. 즉, 명시적 비용은 실제 매매에 들어가기 전부터 우리가 정확하게 계산할 수 있는 비용이다. 이러한 명시적 비용에는 브로커에게 지불해야 하는 커미션, 거래소에게 지불해야하는 수수료, 그리고 세금이 있다.

우선 브로커 커미션은 금융시장에서 거래를 하기 위해 투자자가 브로커리지 서비스를 제공하는 브로커에게 지불하는 비용이다. 우리가 주식투자를 할 때 증권사에게 지불하는 매매수수료를 생각하면 쉽다. 회사마다 브로커 커미션의 크기는 서로 다르지만 기본적으로 브로커 커미션을 내는 방식은 1주 혹은 1계약을 거래할 때마다 일정 정도의 커미션이 붙게 된다. 이러한 브로커 커미션은 거래를 하기 전부터 명시적으로 공지가 되어 있기 때문에 우리는 실제 거래를 특정 사이즈만큼 체결한다면 정확히 얼마만큼의 비용이 나가게 될 지 계산할 수 있다.

두 번째 명시적 비용은 거래소에 지불하는 수수료다. 거래소는 수많은 투자자로부터 받은 주문들을 실시간으로 처리하여 원활하게 거래를 성사시키는 역할을 담당하고 있는데, 이러한 거래소의 서비스 역시 공짜는 아니다.

마지막 명시적 비용은 바로 세금이다. 벤자민 프랭클린은 세상에서 죽음과 세금만큼 확실한 것은 없다고 말했다. 모든 경제활동에는 세금이 따라다니는 것처럼 증권 거래에도 예외는 없다. 증권거래세와 양도소득세 같은 세금은 금융시장에서 투자를 할 때 무조건 지불해야 하는 명시적 비용 중 하나다.

6.4.2 암묵적 비용

암묵적 비용은 명시적 비용과는 다르게 거래를 수행하기 전에는 정확히 측정할 수 없는 종류의 거래비용을 의미한다. 만약 우리가 어떤 자산을 매수하기 위해 시장가 주문을 냈다고 해보자. 이때 주문에 대한 실제 체결가격이 얼마나 될 지 우리는 미리 알 수 없다. 매수 시그널이 발생된 시점에 호가창의 상태가 어떤지 우리는 알 수 없기 때문이다. 만약 매수 주문이 시장에 나갔는데 마침 그때 시장의 유동성이 매우 부족하여 최우선 매수 호가와 최우선 매도 호가와의 갭이 엄청나게 벌어져 있다면 어떻게 될까? 이런 경우 시장가 매수 주문은 최우선 매도 호가를 치게 되는데, 갭이 크게 벌어져 있으므로 결국 우리가 예상한 가격이 아닌 훨씬 더 높은 가격에서 주문이 체결될 것이고 이는 우리가 생각보다 더 많은 거래비용을 지불했다는 것을 의미한다. 이러한 암묵적 비용의 종류에는 크게 네 가지가 있다. 이는 각각 '매수-매도 스프레드' '슬리피지' '기회비용' 그리고 '마켓 임팩트'다.

우선 매수-매도 스프레드는 현재 시장에서의 최우선 매수 호가와 최우선 매도 호가의 차이를 의미한다. 이러한 차이는 시장의 유동성이 좋은 경우에는 매우 작지만, 반대로 모두가 거래를 꺼려하는 유동성이 적은 시장에서는 급격히 커지기도 한다. 즉, 매수-매도 스프레드는 그때그때 시장의 상황에 따라 달라지는 변수이므로 우리는 이를 사전에 정확히 측정하지 못한다. 일반적으로 매수-매도 스프레드는 투자자가 현재 포지션을 당장 시장가 주문으로 청산해야 하는 상황에 지불해야 할 비용이다. 반대로 시장조성자에게 있어 이러한 매수-매도 스프레드는 시장을 조성하는 데에 대한 대가, 즉 수익의 원천이 된다.

두 번째 암묵적 비용은 슬리피지Slippage다. 슬리피지라는 용어가 낯설 수도 있을 것 같다. 슬리피지는 퀀트 혹은 퀀트 시스템이 거래를 하기로 결정한 순간의 가격과 실제 주문이 체결된 가격 간의 차이를 의미한다. 바닥에서 슬리퍼가 미끄러지듯이 실제 체결이 될 때까지 가격이 미끄러져서 발생하는 비용이 바로 슬리피지다. 가령 주가가 1,000원이 되면 매수 주문이 나가도록 하는 어떤 전략이 있다고 할 때 실제 시장가 주문에 의한 체결가가 1,200원이 된다면, 여기서의 슬리피지 비용은 200원이 된다. 즉, 슬리피지는 우리가 체결을 원했던 가격과 실제 체결가 사이의 차이를 의미한다. 시장이라는 곳은 실시간으로 변화가 발생하는 장소다. 그렇기 때문에 거래를 하기로 결정한 그 순간에도 시장 가격은 움직인다. 따라서 매수 시그널이 발생한 시점의 가격과 실제 주문이 체결된 가격이 같을 확률은 매우 낮다. 특히나 특정 가격에만 거래가 되어야 하는 지정가 주문이 아닌 이상 바로 체결을 원하는 시장가 주문의 경우 슬리피지의 발생은 피할 수 없는 비용이다.

다음으로는 기회비용이 있다. 여기서 말하는 기회비용은 이 거래를 하지 않음으로써 발생하는 비용을 의미한다. 만약 이 거래를 했다면 얻을 수 있었던 수익인데, 하지 않았기 때문에 놓쳐버린 기회가 바로 기회비용인 것이다. 특히나 퀀트에게 있어서 기회비용은 매우 중요한데, 그 이유는 대수의 법칙을 활용하여 수익을 창출하는 퀀트 투자의 특성상 실제 기대 값을 실현시키기 위해서는 그 거래가 수익이었든 손실이었든 놓치지 않고 거래를 하는 것이 중요하기 때문이다. 만약 내가 놓친 거래들이 사후적으로는 수익을 내는 거래였다면, 실제 투자 성과는 예상보다 더 떨어지게 된다. 기회비용이 실제 발생하지 않은 비용인데도 중요한 암묵적 비용 중 하나인 이유는 바로 이 때문이다.

마지막으로는 마켓 임팩트라고 하는 암묵적 비용이 있다. 이 마켓 임팩트는 나의 주문이 호가창에 영향을 주어 내가 대량의 주문을 내면 낼수록 나에게 더욱더 불리한 체결이 되는 것을 의미한다. 예를 들어, 만약 어떤 매니저가 어떤 한 주식에 대해서 엄청나게 많은 양의 매수 주문을 체결시켜야 한다고 가정하자. 이런 경우 이러한 주문 자체가 시장의 유동성에 영향을 미칠 수 있다. 시장에 존재하는 호가는 결코 무한하지 않기 때문이다. 그렇기 때문에 이러한 마켓 임팩트는 자금의 규모가 큰 기관투자자들에게 있어 전체 거래비용의 상당부분을 차지할 정도로 세심하게 고려해야 하는 거래비용이다.

결론적으로 암묵적 비용은 투자를 하는 데 있어 명시적 비용보다 훨씬 더 주의깊게 살펴보아야 할 요소다. 왜냐하면 실제 거래비용의 대부분을 사실 이 암묵적 비용이 차지하고 있기 때문이다. 또한 암묵적 비용은 사전에 정확히 계산하기가 쉽지 않고 시장의 유동성이 메마르는 경우 급격하게 증가하는 경향이 있다. 팩터를 구현하기 위해 자주 매매를 해야 하는 퀀트 투자의 성격상 이러한 암묵적 비용을 간과하고 매매를 하다보면 기대했던 수익률보다 현저히 낮은 수익률을 경험할 수 있다.

6.5 트레이딩 시스템 개발

6.5.1 트레이딩 시스템이 필요한 이유

트레이딩 시스템이란 알고리즘에 의해 스스로 알아서 매매를 체결시키는 프로그램을 의미한다. 다시 말해, 인간이 손으로 개입할 필요없이 프로그램을 실행시키기만 하면 매매를 수행하는 기계인 것이다. 트레이딩 시스템이 필요한 이유는 퀀트가 설계한 팩터 포트폴리오를 가능한 정확하게 구현하기 위해서다. 팩터 포트폴리오를 구현하기 위해서는 철저히 규칙에 기반해 매매를 수행하는 것이 필수적인데, 팩터 포트폴리오의 운용은 상대적으로 매매 횟수가 빈번하게 발생하기 때문에 장중 거래량과 거래 시간대 및 유동성 같은 시장미시구조적 요소들을 고려하면서 매매를 진행해나가야 한다. 문제는 인간이 손수 수동으로 매매를 수행하는 것은 오류를 일으킬 수 있는 가능성이 다분히 높다는 것이다. 특히나 시장이 거의 하루 종일 열려 있는 해외선물과 같은 상품을 매매하는 경우 인간의 능력은 당연히 한계를 보인다.

또한 시장을 실시간으로 보면서 손수 매매를 수행하다보면 인간은 규칙대로 매매를 하고 싶지 않은 충동을 느끼게 된다. 이성보다 본능이 앞서는 것이다. 특히나 가격이 하락하고 있는 와중에 매수를 해야 하는 상황이 발생하거나 반대로 가격이 상승하고 있는 와중에 매도를 해야 하는 상황이 발생한다면 아무리 팩터의 매매 시그널이 그렇게 나온다고 할지라도 인간인 이상 자신이 마음가는대로 하고자 하는 유혹을 느낄 수밖에 없다.

이러한 유혹을 느끼는 것은 지극히 정상적인 일이다. 왜냐하면 기본적으로 인간의 뇌 구조는 본디 이렇게 설계되어 있기 때문이다. 우리는 우리 스스로가 매우 이성적이고 합리적인 존재들이라고 착각하지만, 인간의 뇌에서는 사실 이성을 담당하는 전두엽보다 감정과 본능을 담당하는 변연계의 영향력이 훨씬 강하다.

따라서 문제는 '이러한 유혹을 어떻게 슬기롭게 대처할 것인가'다. 우리 뇌가 심하게 다치지 않는 한, 이러한 유혹의 발생을 없앨 수는 없기 때문이다. 그러므로 퀀트에게는 트레이딩 시스템이 필요하다. 알고리즘은 어떠한 상황에서도 언제나 합리적이며 이성적인 판단을 내린다. 알고리즘에는 감정이 개입할 여지가 전혀 없다. 다시 말해 시장이 매우 불확실한 상황에서 인간의 멘탈은 아주 쉽게 흔들리는 반면 알고리즘은 이성의 끈을 놓치 않은채 철저히 규칙에 기반해 매매를 수행해나간다. 이것이 바로 퀀트에게 트레이딩 시스템이 필요한 이유다.

6.5.2 트레이딩 시스템의 구조

퀀트가 사용하는 트레이딩 시스템은 [그림 6-7]과 같은 구조다. 이 그림
은 트레이딩 시스템이 어떻게 동작하는지를 한 눈에 보여준다.

트레이딩 시스템의 요체는 실시간으로 주문 체결을 수행할 수 있는
런타임 프로세서를 제작하는 것이다. 이 프로세서, 즉 트레이딩 시스템은
브로커 시스템이나 거래소로부터 틱데이터인 실시간 호가를 수집하여 상
황에 맞게 업무를 처리한다. 이 프로세서가 해야 할 일 중 가장 기본적인
것은 데이터를 처리하여 시시각각 매매 시그널을 만들어내는 것이다. 이
렇게 생성된 매매 시그널은 실제 주문 제출로 연결되며, 알고리즘이 전송
한 매매 주문을 받은 브로커 시스템은 이를 처리한 후 거래 체결에 대한
확인 메시지를 다시 트레이딩 시스템으로 전송한다. 이렇게 되면 실제 주
문 체결이 발생한 셈이다.

또한 트레이딩 시스템은 실시간 호가 데이터를 스트리밍 받아 트레이
딩 시그널을 생성하고 주문을 내는 동시에 매매를 수행하는 전과정에서
발생하는 모든 정보를 기록하는 역할도 담당하고 있다. 여기에는 틱데이
터인 실시간 가격 데이터, 거래내역 데이터, 손익 데이터, 거래비용 데이

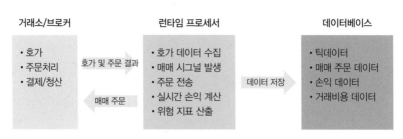

[그림 6-7] 퀀트 트레이딩 시스템의 구조

터 등이 전부 포함된다. 이러한 정보는 전부 데이터베이스화되어 저장된다. 이러한 정보가 중요한 이유는 실제 매매의 결과로 발생한 데이터만큼 정확한 데이터는 없기 때문이다. 이러한 데이터는 향후 전략의 실제 효과를 검증하기 위한 포워드 테스트에 사용되기도 하며, 이 데이터를 활용해 또 다시 새로운 전략을 개발할 수도 있다. 또한 이러한 데이터는 손익 및 포지션 관리와 모니터링에 사용된다.

백테스팅 엔진과 더불어 트레이딩 시스템은 퀀트의 주요 무기다. 트레이딩 시스템의 퀄리티는 팩터 포트폴리오의 성과를 좌우하는 매우 결정적인 요인이며, 그렇기 때문에 퀀트는 좋은 IT 인프라 기반을 토대로 안정적이고 효율적인 트레이딩 시스템을 개발하려고 한다. 좋은 팩터를 찾기 위한 이론적 연구도 중요하지만 이와 더불어 중요한 것은 견고한 트레이딩 시스템을 개발하는 것이다. 따라서 퀀트는 이론적 연구를 하는 시간 외의 대부분의 시간을 이 트레이딩 시스템을 개발하는 데 할애한다.

6.5.3 트레이딩 시스템의 오퍼레이션 위험

퀀트 트레이더의 포지션 진입과 청산은 트레이딩 시스템을 구동함으로써 자동적으로 실행된다. 그렇기 때문에 트레이딩 시스템을 개발하고 사용할 때는 백테스팅 엔진을 만들고 사용하는 경우보다 훨씬 더 세심한 주의를 기울여야 한다. 왜냐하면 자동차를 운전하는데, 만약 자동차에 결함이 있다고 한다면 당연히 도중에 사고가 발생할 가능성이 큰 것처럼, 트레이딩 시스템 또한 알고리즘을 구동하는 과정에서 단 하나의 결점이라도 발생한다면 실제 손익에 심각한 문제가 발생할 수 있기 때문이다. 백테스팅과 달리 코드의 실행은 실제 손익의 발생으로까지 이어진다. 따라서 트레이딩 시스템을 사용해 실제 매매를 수행하는 프로덕션 레벨로 가기 위해서는 수십 번의 코드 리뷰와 크로스 체크, 그리고 모의 테스트가 필수적으로 수반된다. 알고리즘은 절대 실수를 하지 않지만 그것을 개발하는 사람은 항상 실수를 할 수 있기 때문이다.

전통적 트레이더에게 팻 핑거[6]의 위험이 있다면 퀀트에게는 오퍼레이션 위험이 있다. 이러한 오퍼레이션 위험이 발생하면 그 누구를 탓할 수도 없다. 해당 트레이딩 시스템을 개발한 것은 다름 아닌 퀀트 본인이기 때문이다. 실제 프로덕션 레벨로 가기 전에 수많은 테스트와 검증이 필요한 이유다. 더욱이 시스템을 개발하면서 보다 더 신경을 써야하는 부분은 바로 금융시장의 룰을 잘 지키면서 매매를 수행하도록 시스템이 작동하는가를 확인하는 일이다. 여기서 말하는 금융시장의 룰이란 금융규제 당국이나 거래소가 만들어놓은 각종 법규와 준수사항을 의미한다. 스포츠에도 그 경기만의 룰이 있고 이를 모니터링하는 심판이 있듯이, 금융시장에도 마땅히 지켜야 할 규칙이 존재한다. 이러한 규칙을 지키지 않고 매매를 한다면 그것은 엄연한 위법이며 처벌의 대상이다.

트레이딩 시스템을 개발하는 퀀트가 쉽게 간과할 수 있는 부분이 바로 이러한 부분이다. 팩터 포트폴리오의 성과에만 지나치게 골몰한 나머지 알고리즘의 매매 방식이 위법성의 소지가 있는가에 대해서는 상대적

---

6 '굵은 손가락'이라는 뜻으로, 주문을 처리할 때 키보드를 잘못 눌러 엄청난 손실을 초래할 수 있는 상황을 의미한다. 지난 2013년 한맥증권은 주문 실수로 인해 462억 원의 손실을 입고 파산한 바 있다.

으로 소홀하기 쉬운데, 만약 이를 생각하지 못하고 넘어간다면 향후 실제 알고리즘 매매가 룰을 어기는 상황이 발생한 경우에는 그 누구도 퀀트를 보호해줄 수 없다. 오퍼레이션 위험이 법적 위험으로까지 전이될 수가 있는 것이다. 따라서 이러한 위험을 사전에 방지하기 위해서는 트레이딩 시스템을 개발할 때 금융규제 당국과 거래소가 상정한 여러 가지 준수사항을 제대로 지키면서 알고리즘이 작동할 수 있도록 시스템을 구현할 필요가 있다.

6.6 퀀트, 이상을 꿈꾸는 지독한 현실주의자

    퀀트는 어떠한 시장 상황에서도 돈을 벌 수 있는 시스템을 만들고자 하는 이상주의자인 동시에 그 이상을 현실 세계에 구현해내고자 하는 현실주의자다. 그렇기 때문에 퀀트의 진짜 실력은 구현의 디테일에 있다고 해도 과언이 아니다. 우리가 머릿속에서 추상적으로 혹은 이론적으로만 떠올렸던 아이디어가 결국 실질적 가치를 지니기 위해서는 그 아이디어를 실제 시장으로 가져와야만 한다. 즉, 퀀트 투자라는 것이 그저 한낱 피그말리오니즘[7]에 그치지 않기 위해서 퀀트는 금융시장이 실제로 어떻게 돌아가는지, 사람들은 그 속에서 어떤 방식으로 거래를 하는지와 같은 미시

---

[7] 자신의 조각상과 사랑에 빠진 피그말리온의 신화와 관련이 있다. 피그말리오니즘이란 현실로부터 도피해 혼자 고립되어 자신의 원망을 투사한 가상의 이상적 존재에게 집착하는 것을 의미한다.

적 메커니즘을 철저히 해체하여 분석해야만 한다. 나아가 이러한 분석을 기반으로 내가 설계한 팩터 그리고 팩터 포트폴리오를 만들어내야 한다.

'가슴은 뜨겁게 머리는 차갑게'라는 말이 있다. 결국 퀀트는 열정을 가지고 자신의 이상향을 그리되 누구보다 냉정하게 현실에서의 실현가능성을 꼼꼼하게 재고 따져야 하는 사람이다. 새가 한 쪽 날개만으로 날 수는 없듯이 팩터 포트폴리오의 이상과 시장미시구조의 현실은 퀀트에게 필요한 양 날개와도 같다. 결국 퀀트는 이데아를 좇되 이데아의 동굴에서 벗어나 실제 바깥 세상을 오롯이 직면하고자 오늘도 시장이라는 전쟁터에 뛰어드는 글래디에이터다.

참고문헌 및 추천도서

- 〈Asset Pricing and the Bid-Ask Spread〉 Amihud & Mendelson, Journal of Financial Economics (1986)

- 〈The Implementation Shortfall: Paper versus Reality〉 Perold, Journal of Portfolio Management (1988)

- 〈Market Microstructure Theory〉 Maureen O'hara, Wiley (1998)

- 〈Optimal Execution of Portfolio Transactions〉 Almgren & Chriss, Journal of Risk (2000)

- 〈Trading and Exchanges: Market Microstructure for Practitioners〉 Larry Harris, Oxford University Press (2002)

- 〈Illiquidity and Stock Returns: Cross-Section and Time-Series Effects〉 Amihud, Journal of Financial Markets (2002)

- 〈Direct Estimation of Equity Market Impact〉 Almgren et al, Risk (2005)

- 〈Limit Order Book as a Market for Liquidity〉 Foucault et al, Review of Financial Studies (2005)

- 〈The Capacity of Equity Strategy〉 Vangelisti, Journal of Portfolio Management (2006)

- 〈Market Impact Costs of Institutional Equity Trades〉 Bikker et al, Journal of International Money and Finance (2007)

- 〈Execution Risk〉 Engle & Ferstenberg, Journal of Portfolio Management (2007)

- 〈High-Frequency Trading in a Limit Order Book〉 Avellaneda, Marco & Stoikov, Quantitative Finance (2008)

- 〈Building and Evaluating A Transaction Cost Model: A Primer〉 Borkovec & Heidle, Journal of Trading (2010)

- 〈Algorithmic Trading and DMA: An introduction to direct access trading strategies〉 Barry Johnson, 4Myeloma Press (2010)

- 〈What Happened to the Quants in August 2007? Evidence from Factors and Transactions Data〉 Khandani & Lo, Journal of Financial Markets (2011)

- 〈Financial Markets and Trading: An Introduction to Market Microstructure and Trading Strategies〉 Anatoly Schmidt, Wiley (2011)

- 〈Trading Costs of Asset Pricing Anomalies〉 Frazzini et al, Fama–Miller Working Paper (2012)

- 〈Inside the Black Box: A Simple Guide to Quantitative and High-Frequency Trading〉 Rishi K. Narang, Wiley (2013)

- 〈High–Frequency Trading〉 Irene Aldridge, Wiley (2013)

- 〈What Do We Know about High–Frequency Trading?〉 Jones, Columbia Business School (2013)

- 〈High–Frequency Trading: Background, Concerns, and Regulatory Developments〉 Miller & Shorter, Congressional Research Service (2014)

- 〈Algorithmic and High Frequency Trading〉 Alvaro Cartea, Cambridge University Press (2015)

- 〈A Taxonomy of Anomalies and Their Trading Costs〉 Novy–Marx & Velikov, Review of Financial Studies (2016)

- 〈High Frequency Trading: Overview of Recent Developments〉 Miller & Shorter, Congressional Research Service (2016)

- 〈The Impact of Crowding in Alternative Risk Premia Investing〉 Baltas, Financial Analysts Journal (2019)

- 〈Market Impact Decay and Capacity〉 Chan, Journal of Portfolio Management (2021)

- 〈A Practitioner Perspective on Trading and the Implementation of Investment Strategies〉 Cerniglia & Fabozzi, Journal of Portfolio Management (2022)

7장

금융공학

퀀트 투자를 위한 여섯 번째 빌딩블록은 금융공학이다. 금융공학은 금융시장과 퀀트 투자를 한 단계 더 깊게 이해하기 위한 생각의 도구다. 전통적으로 금융공학은 복잡한 파생상품을 이해하고 또 이를 활용해 구조화상품 비즈니스를 하기 위한 지식체계였다. 그렇기에 이러한 금융공학은 팩터라고 하는 투자 전략을 세우고 위험을 감수하는 퀀트 투자와는 크게 상관이 없어 보이기도 한다. 하지만 사실 금융공학에 대한 지식은 기존의 퀀트 투자를 한 단계 더 강화시켜줄 수 있는 무기가 될 수 있다. 이 장에서는 금융공학의 본질을 이해하고 이러한 금융공학적 지식이 어떻게 퀀트 투자와 연결되는지를 설명한다.

7.1.1 금융공학, 금융 문제를 풀다

그리스 · 로마 신화에 등장하는 티탄 신족이자, 미래를 내다보는 선지자였던 프로메테우스. 그는 그 어떤 신보다도 인간을 사랑했기 때문에 신들만의 전유물이었던 불을 훔쳐 인간에게 선물한다. 이러한 사건은 결국 신들의 왕 제우스의 분노를 샀고, 프로메테우스는 평생을 코카서스 산에 묶여 독수리에게 간을 쪼아먹히는 형벌을 당하게 된다.

이러한 프로메테우스 이야기는 문명사적으로 굉장히 중요한 의미를 내포하고 있다. 초기 인류는 새처럼 날개도, 맹수처럼 날카로운 이빨도 가지지 못했던, 한 마디로 아무런 능력이 없던 가장 약한 종(種)이었다. 그랬던 인류가 이제는 불을 사용하고 이를 다룰 수 있게 됨에 따라 이전의 원시 시대에서 벗어나, 마침내 문명이라는 것을 이룰 수 있게 된 것이었다.

[그림 7-1] 불을 훔친 프로메테우스(퓌거 作)[1]

경제학자인 피터 번스타인은 이러한 프로메테우스의 불 이야기를 상당히 참신한 시각에서 바라보고 있다. 그는 자신의 저서 〈리스크〉에서 인류의 역사는 한마디로 '리스크의 역사'이며, 인류 역사는 근본적으로 어떻게 리스크를 측정하고 이를 어떻게 관리할지에 대한 생각의 발전 과정을 따라 진행되어 왔다고 말하고 있다. 한마디로 인간이 불을 가지게 되었다는 것은 불확실성을 다루려는 사고와 의지를 가지게 되었음을 의미하는 것이다.

1 출처: may-garden.com

중세 시대까지만해도 사람들은 신을 세상의 중심으로 여기고 인간 세상에 발생하는 모든 불확실성을 신의 탓 혹은 운명에 따른 결과라고 여겼다. 그 당시 사람들에게 불확실성은 다룰 수 없고 어쩔 수 없이 받아들여야만 하는 그런 운명론적인 것이었다. 하지만 르네상스 시대와 근대 역사를 거치면서 인류는 이제 숫자를 사용하여 세상을 바라보기 시작했고, 이에 따라 확률과 통계에 대한 관념이 싹트기 시작하였다. 나아가 이제 인류는 위험을 관찰하고 측정하고 감수하고 줄이려는 여러 행동을 하기 시작하면서 현대 사회로의 진입을 시도했다. 바야흐로 신들의 권좌와 영역에 도전하는 인류의 대대적인 레지스탕스가 시작된 것이었다.

이러한 관점에서 보았을 때, 금융공학이라는 것은 리스크라는 프로메테우스의 불을 효과적으로 사용하기 위한 인류의 도구다. 이전까지 다루지 못했던 금융시장의 불확실성이라는 녀석을 우리는 금융공학을 사용해 점점 인지하기 시작하였고, 이제 불확실성은 측정이 가능한 리스크로 변환되었기 때문이다.

볼 수 없었던 것을 볼 수 있게 되었고, 들을 수 없었던 것을 들을 수 있게 된 인류는 이제 불확실성에 대해 수동적이었던 기존의 관습과 태도

[그림 7-2] 금융공학을 통해 리스크를 인지하기 시작하다

를 버리고 적극적으로 리스크를 상대하기 시작했다. 생각해보자. 인간의 공포심은 그것의 실체가 아닌 실체의 불가시성에 의해 더욱 커지는 법이다. 영화 〈미스트〉가 공포감을 불러오는 이유는 괴물이 출현하기 때문이 아니라 그 괴물의 실체가 안개 속에 가려져 있어서 무엇이 발생할지 알 수 없기 때문이다. 괴물이 보인다면 그것의 약점은 무엇인지 혹은 어떤 것에 취약한지를 생각해볼 수 있게 되고, 무섭긴 하겠지만 좀 더 능동적이고 이성적인 태도로 상황을 바라볼 수 있다. 그렇다면 더 이상 맹목적으로 광신도 아줌마를 믿을 필요도 없고, 다가올 위험에 대해 미리 대비를 할 수도 있다. 안개를 걷어내고 상황을 직시할 수 있도록 만들어주는 도구, 그것이 바로 금융공학이다.

카이스트 교수들이 모여 공동으로 집필한 〈공학이란 무엇인가?〉라는 책에서는 공학을 '문제를 발견하고 이에 대한 기술적 해결책을 제시하는 학문'이라 정의하고 있다. 마찬가지로 이러한 관점에 기반해 금융공학이라는 학문을 정의하자면, 금융공학은 이전까지는 해결하지 못했던 금융 영역의 문제를 해결하기 위한 공학이다. 여기서 말하는 금융 영역의 문제가 바로 이전까지는 인류가 쉽사리 다루지 못했던 불이자 리스크인 것이다.

이러한 금융공학을 활용한 금융 문제 해결의 대표적인 예시로는 국내 금융 기관의 '달러 자금 조달 문제'를 들 수 있다. 금융공학을 활용한 달러 자금 조달 문제 해결은 우리에게 금융공학이 금융시장에서 과연 어떤 역할을 하는지를 매우 직관적으로 보여준다. 가령 어떤 국내 시중은행이 지금 당장 달러가 필요한 상황이라고 가정을 해보자. 만약 이 은행이 달러

[그림 7-3] 1년 만기 달러 자금 조달 및 상환에 대한 현금 흐름

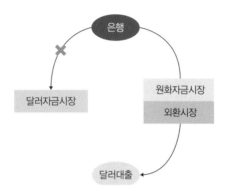

[그림 7-4] 문제 해결을 위한 관점의 전환

자금시장에 가서 1년 만기 달러 대출을 받는다고 한다면 해당 은행의 현재와 1년 후의 자금 입출금은 [그림 7-3]처럼 될 것이다.

그런데 문제는 현재 이 은행이 달러 자금시장에서 달러를 직접적으로 조달할 여건이 안 된다는 것이다. 이런 경우 금융공학에서는 어떻게 이 은행이 직면한 문제를 해결할 수 있을까? 해결책은 바로 이루고자 하는 전체 현금흐름을 다른 방식으로 복제하는 것에 있다. 금융공학에서는 이러한 방식을 '합성'이라고 부른다. 여기서 금융공학은 생각의 관점을 바꿔 자금조달의 원천을 변경함으로써 현금흐름의 합성을 꾀할 수 있다. 모로 가도 서울만 가면 된다고 똑같은 결과물을 산출하는 대신 그 과정을 바꿈으로써 문제를 해결하는 것이다.

만약 달러 자금시장으로의 접근이 제한된다면 우리는 [그림 7-4]와 같이 원화 자금시장과 외환 시장을 동시에 활용하여 같은 결과물을 얻어 낼 수 있다. 구체적인 방법론은 다음과 같은 총 세 개의 거래를 동시에 수행하여 복제 포트폴리오를 만드는 것이다.

1. 원화 자금시장에서 1년 만기로 원화를 차입
2. 외환시장에서 현물 거래로 달러를 매수하고 원화를 매도
3. 외환시장에서 1년 만기 선도 거래로 달러를 매도하고 원화를 매수

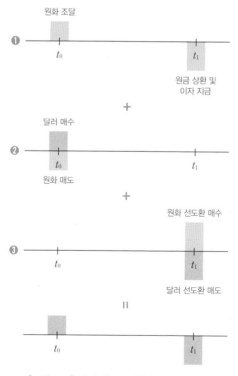

[그림 7-5] 달러 자금 조달을 복제하는 방법

[그림 7-5]와 같이 우리는 총 세 건의 거래를 통해 달러 자금 조달의 현금흐름을 정확하게 복제하여 문제를 해결해내는 데 성공했다. 이처럼 금융공학은 우리가 기존의 방법으로는 풀지 못하는 금융 문제가 발생했을 때 그 문제를 제대로 인식하고 또 그것을 타개하기 위해 창의적인 방법을 구상해내어 마침내 원하는 결과를 얻어내는 과정이라고 할 수 있다.

7.1.2 프라이싱과 헤징

금융공학의 목표는 결국 금융 문제를 해결하는 것이라고 했다. 그런데 대부분의 금융 문제는 사실 앞서 말한 리스크와 결부된다. 즉, 금융시장에 존재하는 리스크를 어떻게 적절히 관리할 것인지가 바로 금융공학이 주로 풀어야 하는 문제인 것이다. 그렇기 때문에 리스크를 관리하기 위해서 실무적으로 금융공학이 관심있는 주제는 바로 프라이싱Pricing과 헤징Hedging이다. 이 프라이싱과 헤징은 파생상품을 다루는 퀀트라면 매우 익숙한 개념이다. 우선 프라이싱은 현재 시점에서 어떤 상품의 이론적 가치를 계산하는 것을 의미하며, 헤징은 이 상품이 과연 어떤 시장 변수에 영향을 받는지, 만약 받는다면 어느 정도로 받는지를 수치화하여 현재 내 목표에 맞게 조치를 취하는 것을 의미한다.

프라이싱의 기본 논리는 우리가 3장에서 다루었던 바로 그 자산가격 결정원리다. 어떤 파생상품에 대한 프라이싱을 한다는 것, 즉 현재 시점에서의 이론적 가치를 계산한다는 것은 이 파생상품이 미래에 제공할 모든 현금흐름을 계산한 뒤 할인율을 활용해 현재 가치로 가져오겠다는 의미다. 이렇게 현재 시점으로 할인되어 온 모든 현금흐름을 더하게 되면 그것이 바로 파생상품의 이론적 가치인 것이다. 이처럼 자산가격 결정원리는 이 세상에 존재하는 모든 종류의 자산에 공통적으로 적용되는 이론이다. 다만 파생상품 프라이싱이 어렵게 다가오는 이유는 파생상품의 구조 자체가 다른 자산들보다 상대적으로 복잡하기 때문이다. 하지만 각각의 파생상품들이 어떠한 구조로 이루어져 있고 이 구조가 어떠한 미래 현금흐름을 창출하는지를 이해한다면 파생상품을 프라이싱하는 일은 다른 기초자산들의 이론적 가치를 추정하는 작업과 다를 바 없다.

파생상품은 종종 투기의 수단이 되기도 하지만 사실 파생상품이 생겨난 본래의 목적은 바로 기존에 가지고 있던 포지션에 대한 위험을 없애거나 줄이기 위함이다. 다시 말해, 파생상품은 리스크 관리 도구인 것이다. 금융공학에서는 이러한 리스크를 제거하는 것을 헤징이라고 표현한다. 헤징을 하게 되면 원래 있던 포지션에 정반대되는 포지션을 잡음으로써 전체 포지션이 시장의 움직임에 영향을 받지 않게 되는, 한마디로 리스크가 없는 포지션이 된다. 리스크가 없다는 말은 포지션의 가치가 위로든 아래로든 움직이지 않는다는 것을 의미한다. 금융시장에서 리스크는 변동성 그 자체이기 때문이다. 헤징을 하게 되면 시장에 영향을 받지 않게 되므로 포지션의 변동성이 사라지는 것이다. 이러한 헤징은 프라이싱과 더불어 우리에게 금융공학이 필요한 이유다.

경영학의 아버지 피터 드러커는 "측정할 수 없는 것은 관리할 수 없다"는 말을 남기면서 계량화의 중요성을 설파했다. 금융시장에서 또한 자신의 포지션을 적절히 관리하여 원하는 목표를 달성하기 위해서는 계량화가 필수적이며, 그렇기 때문에 금융공학이야말로 금융시장에 존재하는 리스크를 계량화시켜주는 도구다.

7.2 파생상품

파생상품, 말만 들어도 무언가 위험해 보인다. 그만큼 파생상품을 제대로 이해하지 못하고 그저 투기 수단의 일환으로 사용하다가 큰 손실을 본 케이스들이 매체에 많이 노출되어서 그럴 것이다. 하지만 사실 파생상품의 본질적인 목적은 기초자산에 대한 리스크를 관리하기 위함이다. 여기서 말하는 기초자산이라 함은 파생상품의 움직임에 영향을 미치는 기초적인 자산을 의미한다. 파생상품이란 단어가 말해주듯이 결국 파생상품은 어떤 자산으로부터 파생되어 나온 상품을 의미한다. 파생되어 나왔기 때문에 이 파생상품의 움직임은 주식, 금리와 같은 기초자산의 움직임에 영향을 받을 수밖에 없으며 이 둘은 아주 밀접한 관계가 있다. 따라서 파생상품의 원래 목적은 투기가 아닌 리스크 관리다. 즉, 파생상품은 우리가 기초자산으로부터 갖게 되는 위험을 적절히 관리하기 위해 만들어진 상품이다. 따라서 파생상품은 리스크 관리를 통해 내가 제거하고 싶은 리스크는 제거하고, 보유하고 싶은 리스크는 보유하여 투자 성과를 최적화하는 것에 그 목적이 있다. 정리하자면 파생상품은 결국 금융공학이 목표하고자 하는 금융 문제 해결이 상품의 형태로 발현된 것이라고 볼 수 있다.

사실 우리가 생각하는 것보다 파생상품의 역사는 굉장히 오래되었다. 파생상품의 역사는 그 옛날 그리스 시대까지 거슬러 올라간다. 기원전 6세기경 그리스의 도시국가 밀레투스에는 탈레스라는 철학자가 살고 있었다. 우리에게 "만물은 물이다"라는 주장으로 더 잘 알려져 있는 이 철학자는 주변 사람들로부터 철학이라는 것은 쓸모없는 학문이라고 멸시를 당했다. 이에 본때를 보여주어야겠다고 다짐한 그는 천문학을 활용해 그 해 올리브 농사가 대풍작이 될 것이라 예측한 뒤, 올리브유를 짜내는 데 사용되는 압착기를 사용할 수 있는 권리를 시장에서 전부 매수한다. 예상대로 올리브가 대풍작을 거두자 사람들은 어쩔 수 없이 울며 겨자먹기로 탈레스에게 비싼 값에 올리브유 압착기를 빌려 사용할 수밖에 없게 되었고 그는 이를 통해 큰 돈을 벌었다. 인류 역사에서 최초로 파생상품이 등장했던 순간이었다.

이후 시간이 흘러 인류 역사에서 근대적 의미의 파생상품 거래는 17세기에 비로소 등장한다. 우연의 일치인지는 모르겠으나 17세기 일본에서는 쌀에 대한 선물 옵션 거래가, 네덜란드에서는 튤립에 대한 옵션 거래가, 그리고 런던에서는 주식을 기초 자산으로 한 옵션 거래가 이루어졌다. 이후 미국을 필두로 하여 장내시장과 장외시장에서 여러 가지 파생상품이 거래되면서 파생상품 시장은 해가 갈수록 성장하게 된다. 국제결제은행 BIS가 2022년 5월에 발표한 조사 결과에 따르면 2021년 하반기 기준 글로벌 장외파생상품 시장의 규모는 600조 달러에 달한다고 한다.[2] 만약 여기에 장내파생상품 시장의 규모까지 합친다면 전 세계 전체 파생상품 시장의 규모는 1,000조 달러 이상으로 추산된다.[3] 실로 어마어마한 규모다. 그만큼 이제 글로벌 금융시장은 파생상품을 빼놓고서는 이야기하기가 힘든 구조가 되어버렸다. 이는 파생상품에 직접적으로 투자를 하지 않더라도 글로벌 금융시장을 보다 입체적으로 이해하기 위해서는 금융공학과 파생상품에 대한 지식이 필수라는 것을 암시한다. 여기에서는 이러한 파생상품의 가장 대표적인 종류인 선도, 선물, 스왑, 옵션에 대해 간단히 설명한다.

7.2.1 선도

선도는 파생상품 중에서 그 구조가 가장 단순한 상품이다. 선도는 선도계약이라고도 불리는데, 이 선도라는 것은 먼저 거래를 한다는 의미다. 일반적으로 우리가 주식을 사는 경우에는 매수를 함과 동시에 현금을 지불하고 주식에 대한 소유권을 얻게 된다. 거래 의사 타진과 실물의 교환이 동시에 일어나게 되는 것이다. 하지만 선도는 거래 의사 타진이 먼저 발생하고 그 이후에 실물의 교환이 일어난다. 미리 어떤 상품에 대해 예약을 걸

---

2 출처: BIS(2022)
3 출처: Investopedia(2022)

어두는 것처럼 현재 돈은 없지만 일단 나중에 거래를 하겠다고 미리 계약을 해놓는 것이다. 돈이 당장 없어도 시장의 기회를 포착하여 일단 즉시 거래를 일으킬 수 있다는 점, 이것이 바로 선도거래가 주는 장점이다.

이러한 선도계약은 일반적으로 해외 수출을 통해 먹고 사는 우리나라 기업들이 외환 리스크를 헤지하기 위해 주로 사용한다. 가령 어떤 기업이 해외에 수출을 해서 이에 대한 대금을 3개월 뒤에 달러로 받는다고 하자. 이런 경우 앞으로 3개월 동안 환율이 어떻게 움직이게 될지 우리는 알 수 없다. 다시 말해, 이 기업은 3개월 동안 외환 리스크에 노출이 되게 되는 것이다. 만약 환율이 올라가게 되면 기업 입장에서는 득이 되지만 반대로 환율이 하락하는 경우에는 그만큼 또 손실을 보게 된다. 따라서 이러한 불확실성이 싫은 기업은 선도환거래를 통해 외환 리스크를 제거할 수 있다. 3개월 뒤 특정 환율에 달러를 매도하겠다고 미리 계약을 해놓는 것이다. 이렇게 하면 기업은 환율 변동으로 인한 불확실성에 시달리지 않아도 되고 오직 기업 활동에만 집중할 수 있다.

7.2.2 선물

그런데 선도계약에는 거래상대방 위험이라는 것이 존재한다. 이 거래상대방 위험이라고 하는 것은 거래 시점에 쌍방이 계약을 맺었지만 실제 계약의 내용을 이행해야 하는 만기가 도래했을 때 어느 한 쪽이 이 거래를 못하겠다고 "배째라" 식으로 버티는 경우에 발생하는 위험이다. 즉, 거래상대방이 계약을 지키지 않고 일방적으로 이를 파기하는 것이다. 이런 경우 문제를 풀 수 있는 방법은 소송밖에 없지만 사실 소송이라고 하는 것이 시간과 돈이 드는 것임을 감안할 때 이러한 위험은 정말로 피하고 싶은 위험 중에 하나다.

선물이라는 상품은 이러한 선도계약의 문제점을 보완하기 위해 선도계약이 정형화, 규격화되어 거래소 시장에 상장된 상품이다. 결국 선도와 선물은 같은 구조를 가지고 있는 상품이지만, 선도와 다르게 선물이라는 상품은 거래상대방끼리 직접적으로 거래를 하지 않고 투명성이 보장되는 거래소에서 자유롭게 거래를 할 수 있다는 장점이 있다.

선물은 거래소에 상장되어 자유롭게 거래가 되어야 하는 상품이기에 규격이 일정하고 정형화가 잘 되어 있는 상품이다. 장외시장에서 충분히 거래상대방 간의 협상과 조정이 가능한 선도계약과 다른 점이 바로 이것이다. 정리하자면 선도는 커스터마이징이 가능하지만 거래상대방 위험이 있는 반면, 선물은 융통성이 없는 꽉 막힌 규칙대로 하는 상품이지만 그만큼 계약불이행의 위험이 없는 투명한 상품이다.

추가적으로 이러한 거래상대방 위험을 사전에 제거하고자 선물 시장에서는 일일정산제도를 활용하고 있다. 이 일일정산제도는 매일매일 장이 마감하면 거래소가 모든 시장 참여자의 손익을 정산하여 결제하는 제도다. 이렇게 하면 시장 참여자들이 손실 포지션이 너무 커져 파산을 한 뒤 나몰라라하는 행위를 사전에 방지할 수 있다. 장내시장에서 선물을 거래하고 싶을 때 미리 증거금을 납입해놓아야 하는 이유는 바로 이 때문이다. 매일매일 장이 끝나면 거래소는 정산을 하게 되는데 만약 수익이 발생했다면 내 계좌에는 원래 있던 증거금에 추가하여 수익이 쌓이게 되고, 반대로 손실을 보았다면 거래소는 기존의 증거금에서 손실분만큼 돈을 차감

해간다. 만약 계좌의 증거금이 충분하지 않은 경우 마진콜이 발생하게 되는데, 마진margin 즉 증거금이 부족하다고 연락이 오는 것이다. 게임오버가 되지 않기 위해서는 추가적으로 동전을 투입해야 하듯이, 선물 거래를 계속하고 싶다면 마진콜이 왔을 때 추가증거금을 납입해야 한다.

또한 5장에서 원자재 캐리 팩터를 이야기하면서 잠깐 언급했듯이 선물이라고 하는 상품에는 만기에 따른 기간구조가 존재한다. 이는 마치 만기별로 금리가 전부 다르듯이 선물의 가격 또한 월물별로 가격이 전부 다른 현상을 의미한다. 일반적으로 선물 기간구조는 크게 두 가지 모양으로 구분이 되는데, 하나는 콘탱고이며 다른 하나는 백워데이션이다.

우선 콘탱고는 만기가 길어질수록 선물 가격이 높아서 선물 기간구조가 우상향의 모습을 보이는 경우를 일컫는다. 이렇게 선물 시장이 콘탱고에 놓이게 되면 현물보다 선물 가격이 높다는 의미이므로, 선물을 매도하는 경우 캐리 수익을 가져갈 수 있다. 하루하루 시간이 지날수록 선물 가격은 현물 가격에 점점 수렴해가기 때문이다. 반대로 백워데이션은 만기가 길어질수록 선물 가격이 낮아져 선물 기간구조가 우하향하는 경우를 의미한다. 이 때는 당연히 현물보다 선물의 가격이 낮기 때문에 캐리 수익을 얻기 위해서는 선물 매수 포지션을 가져가야 한다. 만약 잔존만기까지 가격이 크게 움직이지 않는다면 선물가격은 현물가격으로 점점 수렴해갈 것이기 때문이다. [그림 7-6]은 선물 시장의 콘탱고와 백워데이션 상황을 직관적으로 보여주고 있다.

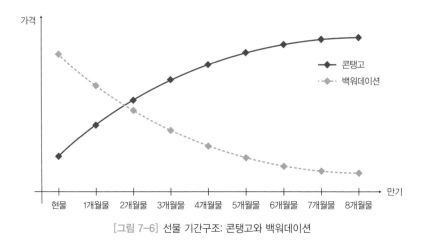

[그림 7-6] 선물 기간구조: 콘탱고와 백워데이션

7.2.3 스왑

스왑이라고 하는 파생상품은 스왑이라는 단어의 의미가 암시하듯이 무언가를 교환하는 형태의 계약을 의미한다. 시장에서 거래가 발생하기 위해서는 매수자와 매도자가 만나 서로 반대의 포지션을 교환하는 것처럼 스왑 또한 두 주체가 만나 상대방은 원하지만 자신은 원하지 않는 것을 서로 교환하는 방식으로 거래가 이루어지는 상품이다.

스왑이라는 상품을 직관적으로 이해하기 위해서는 교환학생이라는 제도를 생각하면 된다. 교환학생은 말 그대로 어떤 두 학교가 자매결연을 맺고 서로의 학생들을 파견하여 새로운 경험과 학습을 할 수 있도록 하는 시스템이다. 이때 이 두 학교의 학생들은 일정 기간 동안 서로의 학교에 파견되어 공부를 한 뒤 교환학생 기간이 끝나면 다시 각자의 학교로 복귀를 하게 된다.

[그림 7-7] 교환학생과 스왑의 관계

    스왑이라는 상품 또한 마찬가지다. 스왑에는 2년, 10년 등과 같이 만기가 있는데 이 만기가 될 때까지 스왑 계약을 맺은 두 주체는 서로 반대되는 포지션을 교환하게 된다. 이러한 스왑의 대표적인 예는 바로 이자율 스왑과 통화스왑이다.

    먼저 이자율 스왑은 성질이 서로 반대인 금리를 교환하는 파생상품을 의미한다. 여기서 교환되는 두 가지 형태의 금리는 바로 고정 금리와 변동 금리다. 즉, 이자율 스왑은 서로 반대되는 금리 리스크를 교환하는 파생상품인 것이다.

    예를 들어, 10년짜리 고정 금리 채권을 보유하고 있는 채권 투자자가 향후 금리가 상승할 것이라고 예상한다면 금리 상승 리스크를 없애기 위해 고정 금리 이자를 내고 변동 금리 이자를 받는 이자율 스왑 거래를 체결할 수 있다. 이자율 스왑을 통해 금리 상승 리스크를 없앤 셈이다. 또 이와 비슷하게 또다른 채권 투자자가 변동 금리 채권을 들고 있는데 향후 금리가 내려갈 것이라고 예상한다면 그는 반대로 변동 금리 이자를 내고 고정 금리 이자를 받는 스왑 계약을 체결하여 금리 하락 리스크를 없앨 수 있다.

일반적인 이자율 스왑의 현금흐름은 [그림 7-8]과 같다. 이는 고정 금리를 지급하는, 즉 금리 상승 리스크를 제거하려는 관점에서의 현금흐름이다. 만약 변동 금리를 지급하는 포지션인 경우 시간 축을 기준으로 위아래를 뒤집어 생각하면 된다.

모든 파생상품 프라이싱의 기본은 미래에 발생할 현금흐름을 전부 현재가치로 할인하여 더해주는 것이다. 이자율 스왑의 프라이싱 또한 이와 마찬가지로 고정 금리 이자와 변동 금리 이자를 전부 현재 시점으로 할인해서 총합을 계산해 이론적 가격을 산정한다.

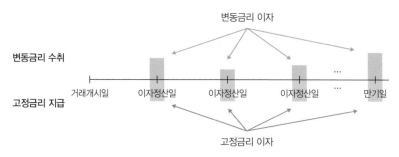

[그림 7-8] 이자율 스왑의 현금흐름 예시(고정금리 지급 포지션)

통화스왑이란 두 거래 상대방이 일정 기간 동안 이종 통화에 대한 이자를 교환하는 파생상품이다. 우리는 가끔씩 한국은행이 외환시장의 안정화를 위해 다른 나라의 중앙은행과 통화스왑을 체결할 것이라는 뉴스를 듣는 경우가 있는데 여기서 말하는 통화스왑이 바로 이를 의미하는 것이다.

통화스왑의 구조를 이해하기 위해 예를 들어 보자. 만약 어떤 통화스왑의 두 통화가 각각 원화와 달러화라면 한 쪽 거래상대방은 원화 자금을 사용한 대가로 원화 이자를 지급하고, 반대로 다른 쪽 거래상대방은 달러화 자금을 사용한 대가로 달러화 이자를 지급한다. 이는 마치 필요한 각각의 통화를 기준으로 서로 대출을 내어주는 것으로 이해하면 된다. 그렇기 때문에 일반적인 경우 통화스왑의 거래 시점과 만기 시점에는 두 통화의 원금이 서로 교환된다. 물론 원금 교환이 발생하지 않는 쿠폰스왑 형태의 통화스왑도 존재한다. 스왑은 기본적으로 장외시장에서 두 거래상대방 간에 발생하는 거래이기 때문에 서로가 합의만 한다면 어떠한 형태의 스왑 계약도 존재할 수 있다.

통화스왑의 현금 흐름은 [그림 7-9]와 같다. 이는 원화 고정 금리를 지급하고 달러 변동 금리를 수취하는 입장에서의 현금흐름이다. 이자율스왑과 달리 통화스왑에서는 거래개시일과 만기일에 각각 원화와 달러화 원금에 대한 교환이 발생한다.

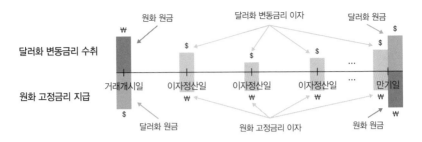

[그림 7-9] 통화스왑의 현금흐름 예시 (원화 고정금리 지급 포지션)

7.2.4 옵션

지금까지 알아본 선도와 선물, 그리고 스왑이라는 상품은 선형 파생상품
이라고 불린다. 그 이유는 파생상품의 손익구조가 말 그대로 선형이기 때
문이다. 이러한 선형 파생상품의 가치는 기초자산과 일대일의 관계를 가
지고 있다. 다시 말해, 만약 기초자산의 가격이 상승하면 파생상품의 가치
또한 상승하며, 반대로 기초자산의 가격이 하락하면 해당 파생상품의 가
치 또한 하락하는 구조다.

옵션은 이러한 선형 파생상품과는 그 결이 다른 새로운 형태의 파생
상품이라고 할 수 있다. 옵션은 선형 파생상품처럼 의무를 지는 상품이 아
니다. 옵션은 옵션이라는 단어가 의미하는 것처럼 선택권을 가질 수 있는
상품이다. 따라서 옵션을 들고 있는 사람에게는 유리한 방향으로 의사결
정을 내릴 수 있는 선택권이 존재한다. 일반적인 형태의 옵션에는 크게 콜
옵션과 풋옵션이 있는데, 콜옵션은 기초자산을 살 수 있는 권리가 있는 옵
션이고, 풋옵션은 반대로 기초자산을 팔 수 있는 권리가 있는 옵션이다.
그렇기 때문에 콜옵션이든 풋옵션이든 옵션 매수자는 매도자에 비해 미

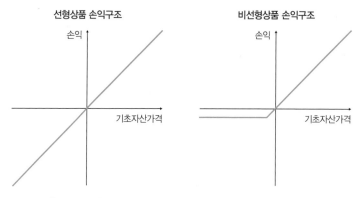

[그림 7-10] 선형 파생상품과 비선형 파생상품의 손익구조 비교

래 시점에 항상 유리한 의사결정을 내릴 수 있다. 콜옵션을 매수했다면 기초자산이 상승했을 때 옵션을 행사하여 이득을 볼 수 있고, 그렇지 않다면 그냥 옵션 행사를 하지 않으면 되기 때문이다. 따라서 이러한 콜옵션과 풋옵션의 수익구조는 [그림 7-10]처럼 꺾인 형태의 모습을 하고 있다.

7.2.4.1 블랙-숄즈 옵션 공식

이전까지만 해도 시장에는 옵션이라는 상품이 존재하기는 했으나 사람들은 옵션의 공정가치를 합리적으로 추정해내는 데 애를 먹었다. 이 옵션의 가격을 산출하기 위한 어떠한 메커니즘도 존재하지 않았기 때문이다. 사람들은 그저 순수히 감에 의해 옵션 가격을 매기고 거래를 해왔다. 그러다 1973년, 사람들은 마침내 옵션의 이론적 가치를 계산할 수 있게 되었다. 바로 블랙-숄즈 옵션 공식에 의해서 말이다. 이 블랙-숄즈 옵션 공식은 몇 가지 변수들의 값만 알면 옵션의 이론적 가치를 계산할 수 있는 아

[그림 7-11] 시카고옵션거래소 설립 초기 당시 모습[4]

주 획기적인 도구였다. 피셔 블랙과 마이런 숄즈, 그리고 로버트 머튼, 이 세 사람은 두 편의 논문을 통해 옵션의 가치를 평가하는 블랙-숄즈 옵션 공식을 세상에 알리게 되었고, 이는 옵션 시장이 비약적으로 발전하게 되는 계기가 되었다. 실제로 시카고옵션거래소(CBOE)가 설립된 해도 바로 1973년이다. 마이런 숄즈와 로버튼 머튼은 금융 역사에 길이 남을 이러한 공로를 인정받아 1997년 노벨 경제학상을 수상했다. 다만 피셔 블랙은 1995년 인후암으로 인해 명을 달리하여 안타깝게도 이를 수상하지 못했다.

---

4   출처: CBOE 홈페이지

| 콜옵션(Call Option) | $c(S, t) = SN(d_1) - Ke^{-r(T-t)}N(d_2)$ |

| 풋옵션(Put Option) | $p(S, t) = -SN(-d_1) + Ke^{-r(T-t)}N(-d_2)$ |

$$where \quad d_1 = \frac{\log\left(\frac{S}{K}\right) + \left(r + \frac{1}{2}\sigma^2\right)(T - t)}{\sigma\sqrt{T - t}}$$

$$d_2 = d_1 - \sigma\sqrt{T - t}$$

[수식 7-1] 블랙-숄즈 옵션 공식

[수식 7-1]은 그 유명한 블랙-숄즈 옵션 공식을 보여주고 있다. 블랙-숄즈 옵션 공식은 콜옵션과 풋옵션의 이론적 가치를 계산할 수 있는 계산기라고 생각하면 된다. 옵션의 가치를 계산하기 위해서는 총 다섯 가지의 입력변수가 필요한데, 이는 각각 기초자산의 가격(S), 행사가격(K), 금리(r), 옵션 만기까지의 잔존 기간($T-t$), 그리고 변동성(σ)이다. 이 블랙-숄즈 옵션 공식 덕분에 우리는 오늘날 옵션의 이론적 가치를 아주 쉽게 계산할 수 있게 되었다.

참고로 여기서 말하는 행사가격이란 옵션의 권리를 행사할 때 기초자산을 사거나 팔 수 있는 가격을 의미한다. 가령 어떤 콜옵션의 행사가가 1,000원이라면 나중에 옵션을 행사하는 경우 그때의 기초자산 가격이 어떤 레벨에 있든지 간에 해당 기초자산을 1,000원이라는 가격에 살 수 있다. 기초자산을 매도하는 권리인 풋옵션의 경우에도 마찬가지 논리가 적용된다.

행사가격과 현재 기초자산의 가격이 얼마만큼의 차이를 보이고 있느냐에 따라 일반적으로 옵션은 '내가격'과 '등가격' 그리고 '외가격'으로 분류된다. 예를 들어, 콜옵션의 경우 현재 기초자산 가격이 행사가격보다 높다면 그 콜옵션은 현재 내가격 상태에 있다고 말한다. 만약에 옵션을 행사하는 시점까지 가격이 변하지 않는다면 콜옵션 매수자는 이 옵션을 행사하여 수익을 얻을 수 있기 때문이다. 또한 현재 기초자산 가격이 행사가와 동일하다면 이는 등가격 상태에 있다고 하며, 현재 기초자산 가격이 행사가보다 낮은 경우 이 콜옵션은 외가격 상태에 있다고 말한다. 풋옵션의 경우는 이와 정확히 반대로 생각을 하면 된다. 조금 헷갈릴 수도 있는 개념이긴 하지만 내가격이냐 외가격이냐를 판단하는 것은 현재 해당 옵션의 매수자가 수익을 낼 수 있는 상황인지 아닌지만을 따져보면 쉽게 이해할 수 있다.

7.2.4.2 그릭스

블랙-숄즈 옵션 공식은 옵션의 이론적 가치를 계산하도록 만들어주었을 뿐만 아니라 해당 옵션의 가격이 시장 상황이 변화함에 따라 얼마만큼 변화할 수 있는가에 대해서도 알려주었다. 이는 다시 말해 블랙-숄즈 옵션 공식에 들어가는 각각의 입력변수들이 변할 때마다 옵션의 가격이 이에 영향을 받아 얼마만큼 변하게 되는지를 계량적으로 알게 되었다는 뜻이다. 우리는 이러한 입력변수의 변화량 대비 옵션 가격의 변화량을 '그릭스'라고 부른다.

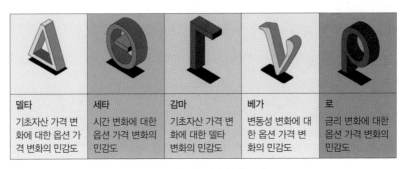

델타	세타	감마	베가	로
기초자산 가격 변화에 대한 옵션 가격 변화의 민감도	시간 변화에 대한 옵션 가격 변화의 민감도	기초자산 가격 변화에 대한 델타 변화의 민감도	변동성 변화에 대한 옵션 가격 변화의 민감도	금리 변화에 대한 옵션 가격 변화의 민감도

[그림 7-12] 기본적인 옵션 그릭스

그릭스는 말 그대로 그리스 문자를 의미한다. 입력변수에 대한 옵션 가격의 민감도를 그리스 문자로 표현하기 시작한 것이다. 옵션을 다루는 사람들이 활용하는 기본적인 그릭스는 총 5가지가 있는데, 이는 각각 델타, 감마, 세타, 베가, 로다. [그림 7-12]는 이러한 그릭스들을 간단히 설명하고 있다.

앞서도 언급했지만 옵션은 다른 선형 파생상품과 다르게 손익구조가 비선형적이며 곡선의 형태를 띠고 있다. 이러한 비선형성 때문에 선형 파생상품에서는 존재하지 않았던 다른 민감도들이 튀어나오게 된 것이다. 선형 파생상품을 거래할 때는 오직 델타만을 신경쓰면 되었다. 선형 파생상품에 영향을 주는 입력변수는 결국 기초자산의 가격 오직 한 가지였기 때문이다. 하지만 비선형 파생상품인 옵션을 다룰 때는 기초자산의 가격뿐만 아니라 다른 시장 변수에 대해서도 신경을 써야한다.

헤지를 한다는 것은 결국 시장 변수들에 대한 민감도를 조절한다는 의미다. 옵션 포지션을 관리하는 방법 중 가장 대표적인 것이 델타 헤지인데, 델타 헤지란 말 그대로 델타로부터 발생하는 위험을 제거하겠다는 의미다. 주식이나 선물로 델타 헤지를 수행하게 되면 나의 옵션 포지션은 더 이상 주가의 변화에 의해 영향을 받지 않는다. 델타를 틀어 막았기 때문이 다. 이제 옵션 트레이더는 기초자산 가격의 변화는 신경쓰지 않아도 되며, 내가 초점을 맞추고자 하는 다른 시장 변수들, 예를 들어 변동성이나 시간 등에 집중을 할 수가 있다. 이러한 옵션의 특징 때문에 옵션 트레이더들은 여러 가지 그릭스들을 시시각각 모니터링하면서 매매를 진행한다. 매매를 하면서 관리해야 할 위험 요인이 여러 개로 늘어난 것이다. 따라서 옵션 트레이더의 실력은 이러한 옵션 그릭스를 적절히 관리하는 것에서 결판 이 난다.

7.2.4.3 내재 변동성

옵션이라는 상품을 다룰 때 또 한 가지 짚고 넘어가야 할 중요한 개념 중 하나가 바로 내재 변동성이라는 개념이다. 블랙-숄즈 옵션 공식은 이론적 으로 이치에 잘 맞으면서도 간결했다. 우리는 블랙-숄즈 옵션 공식을 통 해 몇 가지 변숫값만 알면 아주 쉽게 옵션의 이론적 가치를 매길 수 있었 다. 하지만 이러한 이론적 완결성에도 불구하고 실제 현실 세계에서 블 랙-숄즈 옵션 공식은 한 가지 문제점에 맞닥뜨리게 된다. 그것은 바로 우 리가 현재 시점부터 옵션의 효력이 끝나는 만기 시점까지의 기간, 즉 미래 의 변동성을 알 수 없다는 것이었다.

일반적으로 우리가 떠올리는 변동성은 과거 일정 기간 동안의 가격 데이터를 통해 만들어낸 과거의 변동성이다. 금융공학에서는 이를 '역사 적 변동성'이라고 부른다. 즉, 이는 과거의 변동성인 것이다. 하지만 옵션

[그림 7-13] 역사적 변동성과 실제 우리에게 필요한 변동성

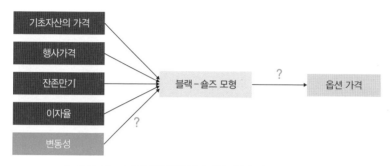

[그림 7-14] 미래의 변동성을 알 수 없는 블랙-숄즈 모델의 한계

의 이론적 가치를 합리적으로 추정하기 위해 필요한 변동성은 미래의 변동성이다. 왜냐하면 옵션은 현재부터 옵션 만기까지의 기간 동안 효력이 있는 상품이기 때문이다. 당연히 우리에게 필요한 변동성 또한 바로 이 옵션 만기까지의 기간으로 기준을 맞춰주어야만 한다.

그런데 미래의 변동성은 결국 미래의 것이고 우리는 미래를 결코 예측할 수 없다. 이는 변동성 하나 때문에 블랙-숄즈 모델이라는 좋은 도구가 있어도 옵션의 이론적 가치를 제대로 계산할 수 없다는 것을 의미한다.

하지만 이러한 모델의 한계에도 불구하고 옵션 시장에서는 블랙-숄즈 옵션 공식을 포기하지 않았다. 오히려 그들은 모델을 그대로 놓고 실제 세상을 반대로 모델에 맞추기 시작했다. 그들은 미래의 변동성을 정확히 알지 못해도 옵션 시장에서는 옵션이 활발히 거래되고 있으며 옵션의 시장 가격이 엄연히 존재한다는 사실에 주목했다.

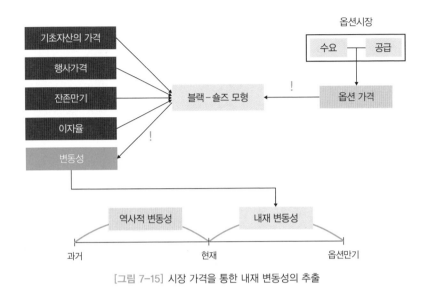

[그림 7-15] 시장 가격을 통한 내재 변동성의 추출

　'어라? 블랙-숄즈 모델을 사용하려면 변동성 값이 필요한데, 실제 변동성 값을 모르더라도 시장에서 옵션은 거래가 되고 가격이 존재하네? 그렇다면 현재 시장에서 거래되는 가격은 어떤 특정 수준의 변동성 값을 입력변수로 하여 계산한 옵션 가격이며, 이 가격을 만들 수 있는 바로 이 변동성 값이 시장참여자들 사이에서 합의된 만기까지의 변동성 추정치라고 볼 수 있지 않을까?'

　결국 이러한 생각은 옵션의 시장가를 통해 현재 시장참여자들이 생각하고 있는 합의된 변동성 값이 얼마인지 알 수 있다는 논리로 귀결된다. 또한 이 생각은 수요와 공급이 만나 시장에서의 가격을 형성하며, 이 시장가격이 바로 시장참여자들이 현재 생각하는 적절한 합리적 가격이라는 논리를 반영한다. 이처럼 옵션의 시장가격을 통해 역으로 추정해낸 시장이 생각하는 변동성 값이 바로 내재변동성인 것이다. 이러한 내재 변동성은 미래 변동성에 대한 자신의 생각과 시장의 생각을 비교해볼 수 있는 기준점으로 작용하기 시작했다.

7.2.4.4 옵션, 변동성 거래의 수단

정리하자면, 내재 변동성은 현재 시장 참여자들이 생각하는 미래 변동성의 기대 수준을 의미하며, 이러한 내재 변동성 수준이 옵션 가격에 반영된다. 이러한 내재 변동성이란 개념의 탄생은 금융시장에서 사람들이 방향성이 아닌 변동성을 거래할 수 있는 기반을 마련해주었다. 만약 자기가 생각하기에 미래의 주식시장의 변동성이 현재의 내재 변동성 수준보다 더 클 것이라고 예상한다면 옵션 시장에서 어떻게 돈을 벌 수 있을까? 답은 간단하다. 현재 옵션의 가격이 저평가되어 있는 것이므로 옵션을 매수하면 된다. 반대로 현재의 내재 변동성 수준보다 미래의 실현 변동성이 더 낮을 것이라고 예상한다면 옵션을 매도하면 된다. 물론 이 과정에서 기초자산 가격 움직임으로 인한 영향력을 제거하기 위한 델타 헤지는 필수적이다. 이렇게 한다면 우리는 미래 변동성이 변화함에 따라 수익을 얻을 수 있다. 주가의 방향성에 전혀 신경을 쓰지 않고서도 말이다.

이처럼 옵션의 탄생으로 인해 우리는 금융시장에서 변동성이라는 것을 거래할 수 있게 되었다. 이러한 변동성 거래의 원천은 바로 옵션의 비선형성이다. 다시 말해, 옵션의 본질은 결국 변동성 매매라고 할 수 있다. 이전까지 우리가 시장에서 할 수 있는 것이라고는 가격의 방향성에 베팅을 하는 것이었다. 주식이나 채권을 매매하게 되면 결국 해당 자산의 가격이 상승하거나 하락하는 것을 기대하고 매매를 하는 것이다. 하지만 옵션은 본질적으로 이러한 방향성의 움직임을 기대하는 상품이 아니다. 옵션은 방향성 대신 자산 가격의 변동성을 거래하기 위한 상품이다. 가령 만약 우리가 주가의 방향성에 대해서는 잘 모르겠지만 조만간 시장에 충격이 발생하여 해당 주가의 변동성이 상승할 것이라고 예상한다면, 우리는 그 주식에 대한 옵션을 매수하고 델타 헤지를 수행하면 된다. 델타 헤지가 되었으므로 주가의 방향성에는 면역이 생겼으며 이제 손익의 변화는 오롯이 변동성으로부터 나오게 된다. [그림 7-16]은 델타 헤지가 된 옵션 매수 포지션의 손익구조를 직관적으로 보여주는 그림이다. x축은 주가의 움직임을, y축은 델타 헤지된 옵션 가치의 움직임을 나타낸다. 그림에서 볼 수 있는 것과 같이 이러한 옵션 포지션의 손익은 주가의 상승이나 하락에는 관심이 없다. 주가가 어떤 방향으로 움직이든간에 주가의 변동성이 높기만 하다면 해당 포지션은 수익을 낼 수가 있다. 반대로 만약 시장의 변동성이 내가 기대했던 수준보다 더 낮게 형성된다면 그 차이만큼 당연히 손실을 보게 된다. 결국 시장의 방향성이 아닌 변동성이 옵션 포지션의 손익을 결정하는 요인이 된다.

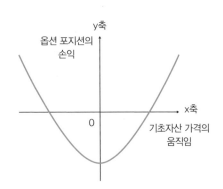

[그림 7-16] 델타 헤지된 옵션 매수 포지션의 손익구조

7.3 퀀트 투자 관점에서의 금융공학

　팩터를 활용해 투자를 하는 퀀트 투자가 파생상품을 다루는 전통적인 금융공학과 대체 무슨 상관이냐 반문할 수 있지만, 사실 퀀트 투자에 대해 보다 깊게 공부를 하다보면 결국엔 금융공학에서 나오는 개념들과 맞닥뜨리게 된다. 왜냐하면 금융공학 또한 금융시장의 이해도를 더욱 높이기 위한 도구이기에 이러한 금융공학 지식들이 종국에 가서는 퀀트 투자의 저변 곳곳에서 사용되기 때문이다. 여기서는 금융공학과 파생상품 지식이 퀀트 투자에 어떻게 활용되고 있는지를 몇 가지 예시를 들어 제시하고자 한다.

7.3.1 변동성 프리미엄

우선 금융공학 지식은 퀀트 투자 영역에서 새로운 팩터를 개발하기 위해 활용될 수 있다. 그 대표적인 예시가 바로 여기서 소개할 변동성 프리미엄이다. 변동성 프리미엄은 옵션이라는 상품을 활용해 얻을 수 있는 새로운 종류의 팩터다. 앞서 우리는 주식시장의 실제 변동성과 내재 변동성의 차이에 대해 짚고 넘어간 적이 있는데, 일반적으로 정상적인 시장 상황에서는 옵션 시장에서의 내재 변동성이 실제 주식시장의 실현 변동성보다 크다. 그 이유는 사람들이 기본적으로 시장 하락이라는 공포에 더 민감하게 반응하고, 이 때문에 평소에도 사람들의 공포가 내재 변동성에 어느 정도 반영되어있기 때문이다. 결국 이는 실제 변동성보다 사람들이 생각하는 변동성이 훨씬 더 고평가되어 있다는 것을 의미한다.

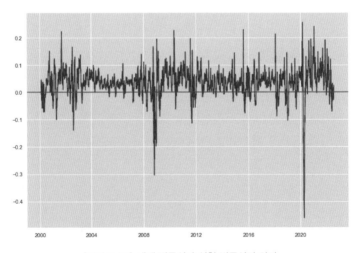

[그림 7-18] 내재 변동성과 실현 변동성의 차이

306

[그림 7-18]의 그래프는 옵션 시장의 내재 변동성과 실제 주식시장의 변동성 간의 차이를 역사적 시계열상에서 보여주고 있다. 우리가 이를 통해 알 수 있는 사실은 정상적인 시장 상황에서는 확실히 옵션 시장의 내재 변동성이 실제 변동성보다 높게 형성이 되어 있다는 것이다. 이러한 내재 변동성과 실제 변동성 간의 차이를 우리는 '변동성 프리미엄'이라고 부른다. 다른 종류의 리스크 프리미엄과 마찬가지로 이 또한 변동성 위험을 감당하는 대가로 시장에서 얻을 수 있는 프리미엄이다.

옵션이라는 상품을 활용하면 시장에서 우리는 이러한 프리미엄을 통해 수익을 창출할 수 있다. 새로운 형태의 팩터이자 투자 전략인 셈이다. [그림 7-19]의 그래프는 S&P 500 지수에 대한 일주일짜리 외가격 풋옵션을 매도하고 이를 만기까지 보유하는 작업을 반복했을 때 해당 전략이 어느 정도의 성과를 낼 수 있는가를 보여주는 백테스팅 결과다.

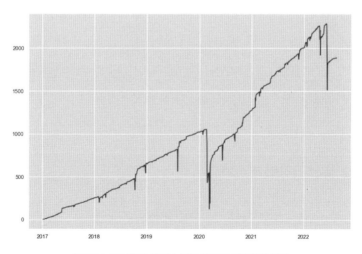

[그림 7-19] 옵션 매도를 통한 변동성 프리미엄 전략

여기서 우리가 알 수 있는 사실은 실제로 시장이 정상적인 상황에서 우리는 옵션 매도 포지션을 통해 변동성 프리미엄을 수익으로 전환할 수 있다는 것이다. 다만 시장에 충격이 와서 실제 변동성이 내재 변동성보다 더 커지는 경우 당연히 해당 팩터 전략은 손실을 보게 된다. 그럼에도 불구하고 이러한 팩터가 의미가 있는 이유는 기존의 팩터들과는 다른 새로운 수익의 원천을 제공하기 때문이다. 따라서 팩터 포트폴리오를 운용하는 퀀트의 입장에서는 이것이 충분히 의미가 있는 팩터라 할 수 있고, 또한 이러한 변동성 프리미엄의 약점은 추가적인 시장 국면 분석을 통해 어느 정도 보완이 가능하다.

나아가 이러한 변동성 프리미엄 외에도 퀀트는 옵션 시장에서 변동성 스큐 혹은 변동성 스프레드와 같은 새로운 수익의 원천을 찾기 위해 연구를 지속해나간다. 따라서 금융공학에 대한 지식을 기반으로 파생상품을 다룰 수 있다는 것은 퀀트 입장에서 남들이 보지 못하는 새로운 수익의 원천이나 투자 아이디어를 생각해낼 수 있는 잠재력이 있다는 것을 의미한다. 이는 팩터 포트폴리오를 만들고자 하는 퀀트 입장에서 매우 중요한 능력인데, 그 이유는 1장에서 언급한 바와 같이 다종다양한 팩터 유니버스를 만들어가는 것이 퀀트에게는 필수적이기 때문이다.

7.3.2 옵션 감마와 주식시장

금융공학 지식이 퀀트 투자에 도움이 되는 두 번째 이유는 파생상품 시장이라는 것이 사실 기초자산 시장과 떼려야 뗄 수 없는 관계를 맺고 있기 때문이다. 시장에서는 이따금씩 웩더독Wag the Dog이라는 표현을 사용하는

데, 이는 꼬리가 몸통을 흔든다는 금융 용어다. 이는 기초자산으로부터 파생되어 나온 파생상품 시장의 움직임이 오히려 반대로 기초자산의 움직임에 영향을 준다는 의미다.

이러한 웩더독 현상을 자주 목격할 수 있는 시장이 바로 주식시장이다. 주식투자자들은 주식시장의 움직임을 설명할 때 일반적으로 경제지표나 기업공시, 뉴스, 투자자들의 심리, 기술적 지표 등과 같은 전통적인 요인들을 분석한다. 하지만 옵션을 다루는 사람들은 이에 한 걸음 더 나가 주식시장의 움직임을 설명하기 위해 옵션 시장의 움직임을 면밀히 관찰한다. 그 이유는 옵션 시장의 움직임에 따라 델타 헤지를 수행하는 시장 참여자들의 행동 패턴이 바뀔 수 있고, 이러한 행동 패턴의 변화가 주식시장에 또다시 영향을 미치기 때문이다.

우리는 앞서 옵션 그릭스 중 하나인 감마에 대해 살펴본 적이 있다. 이 감마라고 하는 지표는 이론적 정의상 기초자산 가격 변화에 대한 델타의 변화율을 의미하지만, 감마라는 것을 보다 직관적으로 이해하자면 이는 결국 나의 옵션 포지션이 주식시장의 실제 변동성에 얼마만큼 영향을 받고 있는지를 계량적으로 나타내는 민감도라고 할 수 있다. 따라서 만약 어떤 옵션 트레이더의 포지션이 롱 감마라고 한다면 이런 경우 옵션 트레이더의 포지션은 주식시장의 실현 변동성이 높아지는 경우 수익을 낼 수 있다는 것을 의미하며, 반대로 숏 감마 포지션이라면 주식시장의 실제 변동성이 낮아져야만 돈을 벌 수 있다는 것을 뜻한다.

이러한 감마로부터 수익을 얻기 위해서는 시장에서 주기적으로 기초자산을 매매하는 델타 헤지를 수행해야 하는데, 문제는 롱 감마 포지션일

때의 델타 헤지 양상과 숏 감마 포지션일때의 델타 헤지 양상이 아예 반대라는 사실이다. 먼저 옵션을 매수한 롱 감마 포지션의 델타 헤지를 먼저 생각해보자. [그림 7-20]을 보자. 옵션을 매수한 상황에서 만약 주가가 상승한다면 이 트레이더는 델타 헤지를 위해 더 많은 양의 주식을 매도해야 한다. 옵션의 비선형성에 의해 주가가 상승하면 델타가 더 늘어나기 때문이다. 반대로 주가가 하락한다면 이 트레이더는 델타 헤지를 위해 오히려 주식을 사야한다. 기존보다 기울기가 줄어들어 델타가 줄어들었기 때문이다. 따라서 정리하자면 옵션을 매수한 롱 감마 포지션의 델타 헤지는 주가가 상승하면 주식을 매도하고 주가가 하락하면 주식을 매수하는 평균회귀 성향의 매매를 하게 된다.

반대로 숏 감마인 상황에서는 델타 헤징이 반대로 이루어진다. 옵션을 매도한 상황에서 장이 오르게 되면 [그림 7-21]과 같이 델타는 오히려 감소하고 그렇기 때문에 델타 헤징을 위해서는 주식을 더 사야만 한다. 또한 장이 빠지면 델타가 증가하여 이때는 주식을 더 팔아서 델타를 중립으로 맞춰주어야 한다. 즉, 옵션을 매도한 숏 감마 포지션에서는 장이 좋을 때 오히려 더 매수를 하고 장이 빠지면 매도를 하는 방식으로 델타 헤징을 하는 것이다. 장이 오르면 더 사고 빠지면 더 파는 이러한 방식은 우리가 흔히 아는 추세추종 전략과 닮아있다. 즉, 숏 감마 포지션에서의 델타 헤징은 결국 추세추종 방식의 매매다. 결국 같은 델타 헤징이라 하더라도 감마 포지션이 롱이냐 숏이냐에 따라 델타 헤징의 스타일은 완전히 달라지게 됨을 알 수 있다.

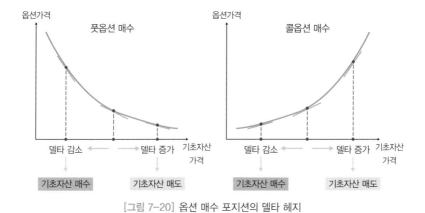

[그림 7-20] 옵션 매수 포지션의 델타 헤지

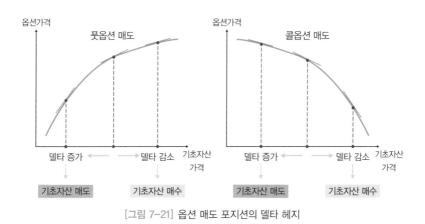

[그림 7-21] 옵션 매도 포지션의 델타 헤지

주식시장에 영향을 미칠 수 있는 지표는 개별 트레이더들의 감마 포지션을 하나로 합친 시장 전체의 감마다. 이 시장 감마가 결국 주식시장의 움직임에 영향을 미친다. 여기서 말하는 시장 감마란 옵션 시장에서의 딜러들, 즉 셀사이드 서비스를 제공하는 마켓 메이커들의 전체 감마 포지션을 의미한다.

투자를 하는 바이사이드 고객들과는 다르게 셀사이드는 시장 위험을 테이크하지 않으므로 그들은 항상 헤징을 통해 트레이딩 북의 위험을 관리하는데, 그렇기 때문에 셀사이드 플레이어들의 감마 포지션 총합은 매우 중요하다.

시장 전체의 감마를 추정하는 것은 옵션 트레이더들의 포지션이 현재 어떻게 설정되어 있는가를 추정하는 작업이며, 이는 그들이 어떤 레벨에서 그리고 언제 헤지할지를 추측하는 작업이다. 그렇기 때문에 또한 시장 감마가 어느 정도인지 추정하는 것은 시장에서 얼마나 델타 헤징 활동이 활발하게 일어나고 있는가를 의미하기도 한다.

생각해보자. 만약 시장 전체의 감마가 양수라면 마켓 메이커들은 델타 헤징을 하기 위해 평균회귀 전략을 사용할 것이고 이는 주식시장을 안정화시키는 데 일조할 것이다. 반대로 감마가 음수라면 주식시장의 변동성은 크게 확대될 수밖에 없다. 트레이더들은 델타 헤징을 위해 가격이 움직이는 방향으로 계속해서 거래를 할 것이기 때문이다. 따라서 이러한 이유 때문에 시장 전체의 감마는 상황에 따라 시장을 과잉반응하게 만들 수도 있고, 과소반응하게 만들 수도 있다.

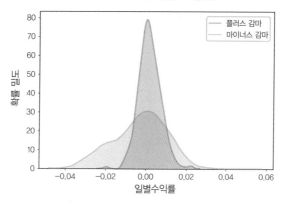

[그림 7-22] 시장 감마 상황에 따른 주가 수익률 분포의 차이[5]

이처럼 시장 전체의 감마 포지션에 따라 주식시장의 변동성은 다른
국면을 보이며, [그림 7-22]는 이러한 현상을 잘 설명하고 있다. 감마가
양수일 때는 수익률 분포가 매우 좁은 모습을 보이는 동시에 평균 수익률
이 플러스가 되지만, 감마가 음수가 되면 주식시장의 변동성이 확대되고
수익률 분포는 보다 넓어지며 이때의 평균 수익률은 오히려 마이너스가
된다.

일반적인 경우 지수 레벨에 따른 시장 전체의 감마 프로파일은 [그림
7-23]의 형태를 띤다. 그 이유는 바이사이드 투자자들이 자신들의 주식
포트폴리오를 보호하기 위해 풋옵션을 매수하는 동시에 수익률을 제고하
는 차원에서 콜옵션을 파는 경향이 있기 때문이다. 셀사이드는 이러한 물

5 출처: SpotGamma

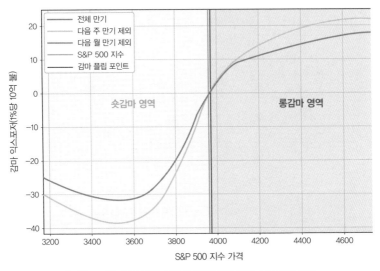

감마 익스포저 프로파일

범례:
— 전체 만기
— 다음 주 만기 제외
— 다음 월 만기 제외
— S&P 500 지수
— 감마 플립 포인트

숏감마 영역 / 롱감마 영역

세로축: 감마 익스포저(1%당 10억 불)
가로축: S&P 500 지수 가격

[그림 7-23] S&P 500 지수에 대한 시장 감마 프로파일 예시

량을 받아 시장에서 헤지를 해야 하는 입장이므로 자연스럽게 지수가 빠지는 쪽에서는 숏 감마 포지션이, 장이 오르는 쪽에서는 롱 감마 포지션이 흔히 관찰된다.

그렇다면 이러한 시장의 감마 프로파일은 트레이딩 관점에서 어떤 의미를 가지고 있는가? 이를 이해하는 것은 크게 두 가지 측면에서 중요하다고 볼 수 있다. 하나는 주식시장이 하락하여 숏 감마 영역으로 진입하게 되면 그때부터 변동성이 급격하게 커져 더 큰 하락을 야기할 수 있다는 점이다. 숏 감마 상황에서의 델타 헤징은 기본적으로 장이 빠지면 주식을 더 매도하게 된다. 즉, 하락 추세가 계속해서 커지게 되는 것이다. 시장이 상승할 때는 안정적인 모습을 보이지만 한 번 매도세가 크게 나오기 시작하면 걷잡을 수 없는 속도로 빠지는 것은 이러한 메커니즘과 전혀 무관하지 않다.

다른 하나는 퀀트 트레이더의 입장에서 감마 포지션에 따라 전략 타입을 다르게 가져갈 수 있다는 것이다. 예를 들어, 시장이 롱 감마인 상황에서는 시장의 변동성이 줄어들고 안정적인 횡보장세를 보일 가능성이 있으므로 추세추종 전략보다는 평균회귀 전략을 사용하는 것이 더 나은 선택이며, 반대로 시장이 숏 감마로 돌아선다면 시장의 방향성에 편승하는 추세추종 전략을 사용하는 것이 현명하다. 이처럼 시장의 감마 포지션을 파악하는 것은 주식시장의 국면을 파악하고 또 그에 걸맞은 트레이딩 전략을 수립하는 데 도움이 된다. 이 때문에 글로벌 투자은행들은 각자의 감마 추정 모델이 있으며, 이를 사용해 주식시장의 국면을 파악하고 또 트레이딩 전략을 세일즈하고 있다.

7.3.3 모멘텀과 옵션 스트래들

금융공학이 퀀트 투자에 도움이 되는 또다른 이유는 금융공학적 지식이 팩터라는 것을 수학적, 통계적 관점에서 바라볼 수 있게 하기 때문이다. 이는 우리가 직관적으로 그리고 정성적으로만 이해하고 있었던 팩터라는 것을 수학적 모델을 사용해 보다 체계적으로 분석해볼 수 있도록 한다. 이에 대한 가장 대표적인 예시는 바로 모멘텀 팩터에 대한 금융공학적 분석이다.

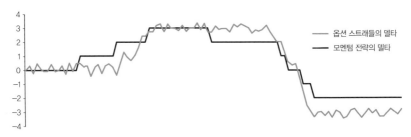

[그림 7-24] 모멘텀 팩터의 델타와 옵션 스트래들들의 델타[7]

일찍이 여러 논문들[6]에서는 모멘텀 팩터, 즉 추세추종 전략의 손익구조가 옵션 스트래들 매수 포지션의 손익구조와 같다는 사실을 밝혀냈다. 여기서 말하는 옵션 스트래들은 행사가가 동일한 콜옵션과 풋옵션을 동시에 매수하는 전략을 뜻한다. [그림 7-24]는 추세추종 전략과 옵션 스트래들의 포지션 변화를 비교해서 보여주고 있는데, 어느 정도의 차이는 있으나 두 전략이 동일한 방향의 포지션을 가져가고 있는 것을 확인할 수 있다.

모멘텀 팩터의 손익구조가 옵션 스트래들 매수 포지션의 그것과 같다는 사실이 의미하는 바는 결국 추세추종 전략이 어떤 상황에서 돈이 되고 어떤 상황에서 돈이 되지 않는지를 명확하게 알 수 있다는 뜻이 된다. 변동성이 급격하게 상승하는 장에서 옵션 스트래들 매수 포지션은 수익을 낼 수 있는데, 추세추종 전략의 손익구조 또한 당연히 이를 충실히 따른다. 다시 말해, 시장이 한 방향으로 내달리면서 급격한 변동성을 보이

6　Fung & Hsieh(1997b, 2001), Kulp et al(2005)

7　출처: Kulp et al(2005)

는 장세에서 모멘텀 팩터는 좋은 성과를 보이며, 반대로 주가의 흐름이 횡보를 거듭하는 비추세장에서는 계속해서 비용만을 내기에 부진한 성과를 면치 못하게 되는 것이다.

QIS 비즈니스라고 부르는 팩터 비즈니스를 주도하고 있는 주요 글로벌 투자은행들은 팩터를 전부 이런 식으로 분해하는 방법을 알고 있다. 그들은 우리가 알고 있는 모멘텀, 평균회귀 같은 팩터 등을 전부 금융공학적으로 분해하여 수학적으로 제시한다. 이렇게 했을 때의 장점은 바로 이 팩터가 언제 수익을 내고 언제 손실을 보는지 수학적으로 정확하게 분석할 수 있다는 것이다. 물론 이것이 시장을 예측할 수 있다는 말은 아니다. 다만 이것은 시장 국면이 변화할 때 어떻게 대응해야 할지에 대한 확실한 힌트를 얻을 수 있다는 의미다. 따라서 이처럼 금융공학을 활용한 팩터 전략의 분석은 각각의 국면에서 그 팩터의 성과가 어떻게 달라질 수 있는지를 보다 계량적으로 이해할 수 있는 틀을 제공한다.

7.4 시야를 좁히는 지식의 편식을 경계하라

전통적으로 금융공학은 파생상품과 이에 기반한 구조화상품에 초점이 맞춰져있던 것이 사실이다. 그렇기에 일각에서는 금융공학이 퀀트 투자와 관련성이 떨어진다고 말하기도 한다. 퀀트 투자와 전통적 금융공학은 금융시장을 바라보는 관점이 서로 다르고 이를 적용할 수 있는 분야들 사이에 어느 정도의 괴리가 존재하기에 퀀트 투자를 하는 입장에서 전통적 금융공학을 배워야하는 당위성이 떨어진다는 것이다. 하지만 이는 금융공학을 활용한 퀀트 투자의 확장성을 생각하지 못하고 하는 발언에 불과하다. 몇 가지 예시를 통해 살펴보았던 것처럼 금융공학적 지식은 충분히 퀀트 투자의 영역에서 다양하게 그리고 가치있게 활용될 수 있다.

결국 극에 달하면 통하는 법이다. 그렇기에 쓸모없는 지식이란 없다. 따라서 만약 그렇게 말한다면 그것은 새로운 것을 애써 외면하고 자신의 시야를 좁은 곳에 가두어버리는 스스로에 대한 한계 설정이자 자기합리화에 불과하다. 퀀트 투자의 기본은 어떠한 편향도 가지지 않는 개방적 마인드다. 따라서 우리는 지식의 편식을 경계할 필요가 있다.

공문십철(孔門十哲)의 한 사람인 자로는 본디 깡패였는데 공자의 제자가 되기 전 공자에게 이런 질문을 했다. "남산의 대나무는 바로잡아주지 않아도 자연히 곧고, 잘라서 쓰면 제아무리 두꺼운 가죽이라도 뚫는다고 합니다. 천성이 그러하다면 굳이 학문을 할 필요가 있습니까?" 이에 대한 공자의 대답은 이러했다. "네가 말하는 남산의 대나무에 날개를 달고, 화살촉을 붙여서 갈면 단순히 가죽을 뚫을 뿐이겠는가?" 퀀트 투자에 금융공학이 절대적으로 필요한 것은 아니다. 다만 금융공학은 퀀트 투자라는 화살을 좀 더 예리하게 해 줄 날개와 화살촉이 된다.

참고문헌 및 추천도서

- 〈스왑실무강의〉 이용제, 나루 (2009)

- 〈금융공학 프로그래밍〉 곽승주, 이기홍, 한빛미디어 (2009)

- 〈금융공학 모델링〉 이준행, 에프엔가이드 (2011)

- 〈알기 쉽게 풀어쓴 파생상품 손익분석〉 민주영, 김재욱, 한국금융연수원 (2013)

- 〈장외파생상품 실무입문〉 홍창수, 서울경제경영 (2014)

- 〈금융공학〉 김창기, 문우사 (2015)

- 〈스왑 선물 채권 트레이딩〉 손석규, 베이시스 (2016)

- 〈실무자를 위한 금리 파생상품〉 정대용, 탐진 (2017)

- 〈처음 만나는 금융공학〉 고석빈, 신임철, 에이콘출판 (2018)

- 〈가볍게 읽는 금융공학〉 다부치 나오야, 북스힐 (2020)

- 〈Dynamic Hedging: Managing Vanilla and Exotic Options〉 Nassim Taleb, Wiley (1996)

- 〈Empirical Characteristics of Dynamic Trading Strategies: The Case of Hedge Funds〉 Fung & Hsieh, The Review of Financial Studies (1997a)

- 〈Survivorship Bias and Investment Style in the Returns of CTAs〉 Fung & Hsieh, Journal of Portfolio Management (1997b)

- 〈The Risk in Hedge Fund Strategies: Theory and Evidence from Trend Followers〉 Fung & Hsieh (2001)

- 〈Managed Futures and Long Volatility〉 Kulp et al, AIMA Journal (2005)

- 〈The Complete Guide to Option Pricing Formulas〉 Espen Gaarder Haug, McGraw Hill (2007)

- 〈Principles of Financial Engineering〉 Neftci, Academic Press (2008)

- 〈The Concepts and Practice of Mathematical Finance〉 Mark S. Joshi, Cambridge University Press (2008)

- 〈Frequently Asked Questions in Quantitative Finance〉 Paul Wilmott, Wiley (2009)

- 〈Arbitrage Theory in Continuous Time〉 Tomas Bjork, Oxford University (2009)

- 〈Options, Futures and Other Derivatives〉 John C. Hull, Pearson (2012)

- 〈Paul Wilmott on Quantitative Finance〉 Paul Wilmott, Wiley (2013)

- 〈The Greeks and Hedging Explained〉 Peter Leoni, Palgrave Macmillan (2014)

- 〈How to Calculate Options Prices and their Greeks〉 Pierino Ursone, Wiley (2015)

- 〈The Money Formula〉 Paul Wilmott & David Orrell, Wiley (2017)

8장

금융 머신러닝

퀀트 투자를 위한 마지막 빌딩블록은 바로 금융 머신러닝이다. 머신러닝은 현재 우리의 삶에 없어서는 안 될 중요한 도구가 되었다. 외국어 번역과 자율주행 등 일상생활의 여러 영역에서 인공지능을 활용하기 위한 노력이 계속되고 있으며, 이러한 머신러닝의 영향력은 금융시장에서도 점점 그 파급력을 더해가고 있다. 이 장에서는 금융시장에서 새로운 수익의 원천이 되고 있는 빅데이터와 대체 데이터, 그리고 이를 분석할 수 있는 머신러닝 기술에 대해 알아본다. 또한 퀀트가 금융 머신러닝을 어떻게 활용하고 있는지를 몇 가지 예시를 통해 살펴볼 것이며, 금융 머신러닝이 가지고 있는 한계점을 짚어보고 향후 금융시장에서 머신러닝이 담당하게 될 역할에 대해서도 알아본다.

8.1 빅데이터라는 새로운 비둘기의 출현

　예나 지금이나 정보는 곧 돈이다. 남들보다 정보를 빨리 얻을 수 있다는 것은 수익의 기회가 될 수 있음을 의미한다. 19세기 로스차일드 가문의 셋째 아들이었던 네이선 로스차일드는 그때 당시 각지에서 소식을 받아볼 수 있는 엄청난 정보 수송 네트워크를 구축하고 있었다. 유대인들은 속도가 빠른 마부들에게 인센티브를 제공하여 닷새 뒤에나 받아볼 수 있었던 정보를 나흘 만에 받아 보기도 했으며, 또한 비둘기는 유대인들이 가진 중요한 정보 수송의 도구 중 하나였다. 비둘기는 귀소 본능과 방향 감각이 탁월할뿐만 아니라 시속 70km로 날아갈 수 있는 동물이다. 실제로 잘 훈련된 비둘기들은 영국과 프랑스 사이의 도버 해협을 30분만에 주파할 수 있었다고 한다.

1815년, 워털루 전투에서 나폴레옹의 군대는 영국과 프로이센의 동맹군에게 패배를 당하게 되는데, 네이선 로스차일드는 비둘기를 활용한 그의 정보 수송 네트워크를 통해 다른 사람들보다 이틀 먼저 워털루 전투의 결과에 대한 정보를 알게 된다. 이러한 정보를 미리 안 그는 증권시장에서 영국 국채를 매각하여 사람들로 하여금 워털루 전투에서 영국이 패배했다고 느끼게 만들었다. 그러자 사람들은 앞다투어 영국 국채를 헐값에 매각하기 시작하였고, 이와 반대로 네이선 로스차일드의 사람들은 아무도 모르게 조용히 영국 국채를 싼 값에 사들인다. 이 거래를 통해 네이선 로스차일드가 보유하게 된 영국 국채의 총량은 전체 발행량의 절반 이상에 달했다고 한다. 그는 이 거래를 통해 20배가 넘는 차익을 올릴 수 있었고 이러한 잭팟은 향후 로스차일드 가문의 금융제국을 건설하는 데 밑거름이 되었다. 결국 예나 지금이나 정보는 곧 돈이자 힘이다.

[그림 8-1] 워털루 전투(앙리 펠릭스 에마뉘엘 필리포토 作, 1874년)

4차 산업혁명을 마주하고 있는 작금의 상황에서 이제 빅데이터는 새로운 형태의 비둘기라고 할 수 있다. 네이션 로스차일드가 살던 시절에는 비둘기가 빠른 정보를 얻기 위한 수단이었다면, 이제는 빅데이터가 그 역할을 대신하고 있는 셈이다. 한마디로 빅데이터는 새로운 수익의 원천이다. 이러한 빅데이터를 통해 우리는 남들보다 빠르게 정보를 얻어 미리 포지션을 구축하는 순수한 알파 전략을 추구할 수도 있고, 혹은 남들이 인지하지 못하고 있는 금융시장의 새로운 패턴을 발견해 이를 팩터로 만들어 투자 전략을 설계할 수도 있다. 글로벌 금융기관들이 앞다투어 빅데이터 생태계를 선점하고자 경주하고 있는 이유는 바로 이 때문이다. 즉, 빅데이터는 현대 금융시장에서 새로운 금광이라고 할 수 있다.

8.1.1 빅데이터와 대체 데이터

8.1.1.1 빅데이터

빅데이터의 사전적 정의는 대량의 데이터가 체계적인 집합을 이루고 있는 것을 의미한다. 어떤 데이터 집합의 세 가지 측면이 매우 클 때 우리는 이 데이터 집합을 빅데이터라고 부를 수 있는데, 그 세 가지 측면은 각각 양과 속도, 그리고 다양성이다. 우리는 이를 빅데이터의 3V라고 부른다.

1. 양(Volume): 빅데이터는 수집되어 저장된 데이터의 사이즈가 매우 크다. 데이터셋의 사이즈가 매우 커서 인간의 육안으로는 쉽게 인지하거나 분석할 수 없으며, 기존의 금융업에서 자주 사용하던 엑셀 프로그램은 더이상 이 엄청난 양의 데이터를 감당해내기 쉽지 않다.

2. 속도(Velocity): 빅데이터는 데이터를 송수신하는 속도 또한 매우 빠르다. 데이터는 스트리밍 방식이나 배치 방식을 통해 전송이 되는데, 이러한 빅데이터의 전송은 거의 실시간으로 발생하거나 혹은 거의 실시간에 준하는 속도로 발생한다.

3. 다양성(Variety): 빅데이터의 특징은 데이터의 형태가 매우 다양하다는 것이다. 빅데이터는 SQL이나 CSV와 같은 기존의 정형화된 데이터를 포함할 뿐만 아니라 JSON이나 HTML 같은 반(半)정형화 데이터, 그리고 댓글이나 블로그 포스트, 트위터, 이미지, 영상 같은 매우 비정형화된 데이터를 모두 포함한다.

8.1.1.2 대체 데이터

빅데이터라는 단어와 함께 자주 회자되는 용어가 바로 대체 데이터다. 대체 데이터는 말 그대로 기존의 일반적인 형태의 데이터가 아닌 새로운 종류와 형태의 데이터를 모두 포괄하는 용어다. 대체 데이터는 생성된 소스에 따라 개인 데이터(SNS, 블로그, 뉴스, 인터넷 검색 등), 비즈니스 데이터(거래 내역, 회사 데이터, 정부 기관 데이터 등), 그리고 센서 데이터(위성, 지리정보, 기상, CCTV 등)로 구분된다. [그림 8-2]는 이러한 분류를 매우 직관

대체 데이터		
개인	비즈니스	센서
소셜미디어	거래 데이터	인공위성
뉴스/리뷰	회사 데이터	지리 정보
검색기록/개인정보	공공기관 데이터	사물인터넷 센서

[그림 8-2] 대체 데이터의 분류

적으로 보여주고 있는데, 이러한 분류 방법은 2015년에 발간된 UN 레포트[1]가 대체 데이터를 분류한 방식을 그대로 따르고 있다.

이러한 분류 방식을 선택한 이유는 각각의 카테고리 내의 데이터들이 해당 카테고리가 공유하는 공통적인 성질, 분석방법론, 그리고 장단점들을 함께 공유하고 있기 때문이다. 예를 들어, 개인에 의해 생성된 데이터는 일반적으로 비정형화된 텍스트의 형태를 띠며, 따라서 이러한 데이터를 처리하기 위해서는 보통 자연어 처리 기술이 요구된다. 또한 신용카드 거래내역과 같이 비즈니스를 통해 만들어진 데이터는 해당 데이터에 접근하고 이를 사용하기 위한 법적인 이슈 그리고 개인정보 보호와 같은 프라이버시 이슈 등에 대한 고려가 필요하다는 게 특징이다. 마지막으로 각종 센서에 의해 생성된 데이터는 물체의 개수를 세거나 인공위성에 잡힌 구름, 날씨 변화의 효과를 제거해 주는 것과 같은 특수한 데이터 처리 기술이 필요하다. 이처럼 위와 같은 방식의 분류법을 기반으로 어떤 데이터

---

1   Revision and Further Development of the Classification of Big Data(2015)

가 어디에서 왔는가를 파악할 수 있다면 매우 직관적으로 데이터의 수집, 처리 방식, 그리고 분석방법론에 대한 아이디어를 떠올릴 수가 있다.

각각의 카테고리가 가지고 있는 특징들을 좀 더 디테일하게 기술해보자면 다음과 같다.

개인 데이터

개인에 의해 생성된 대부분의 데이터는 텍스트 형태를 가지고 있기에, 이러한 데이터는 비정형화되어 있으며 다양한 플랫폼으로부터 생산된다. 이러한 플랫폼들을 좀 디 디테일하게 분류해보자면 ① 트위터, 페이스북, 링크드인과 같은 각종 소셜 네트워크 서비스, ② 각종 상품 리뷰 웹사이트, 그리고 ③ 구글, 네이버 같은 웹사이트에서의 검색 기록으로 나눌 수 있다. 이러한 개인 데이터는 텍스트 기반의 비정형 데이터가 많기 때문에 우리는 자연어 처리를 통해 이러한 텍스트를 분석하여 현재 수많은 사람의 생각과 감정이 어떤지를 들여다볼 수 있고, 또 이를 계량화해 하나의 센티멘트 지표를 만들 수도 있다. RavenPack과 같은 회사는 이러한 자연어 처리 기술에 대한 전문성을 기반으로 금융투자회사들에게 리서치 및 데이터 서비스를 제공하는 회사의 대표적인 예시다. 그들은 웹 상에 있는 수많은 개인 데이터을 수집한 뒤 그들만의 자체적인 머신러닝 모델로 분석하여 유의미한 시그널을 생성해낸다. 이러한 시그널들은 시장에서 사람들이 현재 어떻게 생각하고 있는지 그 전반적인 분위기를 파악하기 위한 지표가 되며 이는 나아가 새로운 투자 전략에 활용될 수도 있다.

비즈니스 데이터

이것은 회사 혹은 공공기관로부터 만들어지고 수집된 데이터를 의미한다. 여기에는 신용카드 사용 기록과 같은 매우 중요한 데이터가 포함되어 있으며, 은행 이체 기록, 슈퍼마켓 바코드 기록, 공급망 데이터 등도 포함된다. 개인이 만들어낸 비정형 데이터와는 다르게 비즈니스 데이터는 고도로 정형화되어있는 것이 많다. 또한 이러한 데이터는 저빈도로 발생하는 기업실적, 재무제표 데이터 등의 선행지표 역할을 하고 있다. 공공기관으로부터 만들어지는 데이터 또한 비즈니스 데이터로 분류가 되는데, 최근 API를 통해 수집이 가능한 정부 부처 및 공공기관 데이터들이 바로 여기에 해당한다.

센서 데이터

마지막으로는 각종 센서에 의해 생성되는 데이터가 있다. 이는 컴퓨터, 냉장고, 세탁기, CCTV 등과 같이 각종 IoT 기기에 부착된 센서를 통해 기계적으로 수집되는 데이터를 의미한다. 보통 센서에 의한 데이터는 비정형화되어 있으며 개인 혹은 비즈니스 데이터보다 상대적으로 그 양이 엄청나게 많다. 그도 그럴 것이 우리가 평소에 자주 사용하는 가전제품들에 달려있는 센서는 24시간 켜져있으며 그 센서를 통해 실시간으로 데이터를 수집하기 때문이다. 이러한 센서 데이터의 대표적인 예시는 바로 앞에서 언급했던 인공위성 이미지다. 인공위성 이미지는 건설, 운반, 제조, 농업 등 다양한 경제활동들을 실시간으로 모니터링하는 데 사용이 가능하다.

[그림 8-3] 인공위성으로 촬영한 이미지 예시[2]

이러한 인공위성 이미지를 촬영하여 데이터를 분석하자는 아이디어
는 사실 최근 들어 새롭게 나온 생각은 아니다. 과거에 이미 이러한 아이
디어를 실현시킨 사람이 존재했다. 그는 바로 월마트를 창업한 샘 월튼이
다. 1950년대 초 그는 그의 헬기를 타고 주차장 위를 돌아다니면서 주차
장에 주차된 자동차 대수가 몇 대인지 세고 다녔다. 이는 그가 소유한 부
동산의 가치평가를 하기 위한 방법이었다. 물론 이러한 방법은 매우 구식
이었지만 기본적인 생각은 예나 지금이나 비슷하다. 다만 기술의 발전은
헬기에서 인공위성으로 데이터 수집의 수단을 진화시켰고, 인공지능을 활
용한 빅데이터 분석 방법은 인간이 주차대수를 일일이 세지 않아도 매우
정확하게 주차장 사진을 분석해주고 있다.

---

2 출처: RS Metrics LLC.

8.1.2 빅데이터 혁명을 가능케 한 세 가지 트렌드

8.1.2.1 가용 데이터의 기하급수적 증가

IBM의 리서치에 따르면 현재 전 세계에 존재하는 데이터의 90%는 불과 2년 만에 생성된 것이라고 한다. 그만큼 우리 인류는 엄청난 속도로 데이터를 만들어내고 또 이를 저장하고 있다. 이러한 데이터 홍수의 유속은 훨씬 더 거세어질 것으로 예상된다. 이처럼 엄청난 양의 데이터가 생성될 수 있었던 것은 바로 모든 가전기기에 센서를 부착한 사물인터넷의 발전과 스마트폰 기술의 발전으로 인한 실시간 데이터 수집, 그리고 인공위성 기술 사용에 대한 비용 감소를 들 수 있다. 이러한 과학기술의 발전은 대용량의 데이터, 그리고 새로운 유형의 대체 데이터를 실시간으로 수집하여 빅데이터를 형성할 수 있기 위한 기반으로 작용하였다.

또한 MIT 테크놀로지 리뷰에 따르면 전 세계에 존재하는 데이터 중 고작 0.5%만이 현재 분석되어 사용되고 있을 뿐이라고 한다. 다시 말해, 지구에 존재하는 데이터의 95.5%는 아직 존재하기만 할 뿐 그 효용가치가 생성되지 않았다. 매일매일 새롭게 만들어지는 신규 데이터까지 포함하면 절대적인 양의 관점에서 아직 분석되어야 할 데이터는 거의 무한대에 가깝다고 볼 수 있다. 이는 빅데이터의 가치 창출 잠재력이 상당하다는 의미다. 스마트폰과 사물인터넷의 세상을 살고 있는 현재, 매일 엄청난 양의 데이터가 새롭게 만들어지고 있으며 이 빅데이터는 자신들이 활용되기만을 오매불망 기다리고 있다.

8.1.2.2 컴퓨팅 파워의 상승 및 데이터 저장 용량 증가

빅데이터 혁명을 야기한 두 번째 트렌드는 바로 컴퓨팅 파워의 상승과 데이터 저장용량의 증가다. 병렬 및 분산 컴퓨팅 그리고 저장용량의 증가는 소위 클라우드 컴퓨팅이라고 불리는 기술에 의해 가능해졌다. 현재 구글은 단 한 번의 검색 결과를 위해 1,000개 이상의 컴퓨터가 협업을 수행하고 있다고 한다. 이러한 컴퓨팅 파워의 상승은 우리가 이전까지는 경험해보지 못했던 새로운 차원의 컴퓨터 연산 수행 능력과 작업 처리 속도를 제공할 수 있음을 의미한다. 전문가들은 앞으로도 이러한 컴퓨팅 파워의 기술이 훨씬 더 빠르게 발전할 것으로 예상하고 있다.

클라우드 서비스로 인한 데이터 저장 용량의 획기적인 증가 또한 빅데이터 혁명에 일조하고 있다. 시간이 지날수록 아파치 스파크와 같은 분산 클러스터 컴퓨팅 기술을 위한 오픈소스 프레임워크는 점점 더 인기를 얻고 있으며, 기술 벤더 업체들은 SaaS(Software-as-a-Service), PaaS(Platform-as-a-Service), IaaS(Infrastructure-as-a-Service)와 같은 클라우드 시스템을 통해 데이터 원격 접속 서비스를 제공하고 있다. 이제 기업들이 자신들의 데이터를 아마존의 AWS나 마이크로소프트사의 애저Azure 등을 활용해 관리하고 있는 것은 예삿일이 되어버렸다. 이러한 클라우드 서비스의 발전은 대량의 데이터 처리와 분석에 대한 진입장벽을 아주 급격히 낮춰주었고, 이는 펀더멘털 투자자들과 퀀트 투자자들이 보다 효율적으로 데이터 기반의 전략을 개발할 수 있도록 만들어 주었다.

8.1.2.3 빅데이터 분석을 위한 머신러닝 방법론

빅데이터 혁명을 가능케한 마지막 요인은 바로 패턴 인식 영역에서의 괄목한만한 발전을 꼽을 수 있다. 우리는 이러한 분석 방법론을 흔히 머신러닝이라고 일컫는데, 이는 통계학과 컴퓨터과학의 한 갈래다. 머신러닝 기술의 가장 큰 장점은 바로 대용량의 비정형 데이터셋에서 우리 인간이 보지 못하는 비선형적 패턴들을 찾아준다는 점이다. 우리는 머신러닝 분석을 통해 얻어낸 패턴을 이용해 금융시장에서 트레이딩 전략 수립이나 리스크 관리 등에 활용할 수 있다.

또한 이전까지 고급 통계학으로 인식되던 다소 고전적인 영역의 머신러닝 기법 이외에도 최근에는 딥러닝과 강화 학습을 활용한 투자 전략 개발이 각광을 받고 있다. 사실 인공신경망이라는 개념은 최근에 만들어진 것이 아니며 이미 학계에서 수십 년 전부터 논의되던 아이디어였다. 다만 최근 들어 이것이 주목을 받고 있는 이유는 컴퓨팅 기술의 발달로 인해 전 산업군에 걸쳐 이를 활용해 비즈니스 수익을 창출할 수 있는 토대가 마련

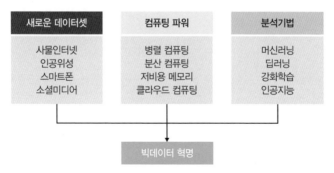

[그림 8-4] 빅데이터 혁명을 가능케 한 세 가지 트렌드

되었기 때문이다. 우리는 이미 2016년부터 아마존 에코, 구글 홈, 그리고 애플 시리와 같이 딥러닝 알고리즘을 토대로 한 스마트 상품들을 접한 바 있다. 이러한 고급 머신러닝 알고리즘은 아주 복잡한 문제들을 풀어내는 데 매우 성공적인 결과를 보여주었고, 투자업계에서도 이러한 알고리즘을 활용해 금융적 문제를 해결하고자 고군분투하고 있다.

8.1.3 빅데이터와 시장의 알파

퀀트 투자자들이 빅데이터를 수집하고 분석하는 목적은 금융시장에 숨겨져 있는 새로운 알파를 찾아내기 위함이며, 빅데이터가 퀀트 투자자에게 새로운 형태의 알파를 제공할 수 있는 방법은 크게 두 가지다. 하나는 빅데이터 자체가 그야말로 새로운 그리고 좀 더 빠른 데이터이기에 투자자들로 하여금 정보적 우위를 제공할 수 있다는 것이고, 다른 하나는 머신러닝 기법과 같은 데이터 과학을 사용해 금융시장 이면에 숨겨진 투자 시그널을 발견할 수 있다는 것이다. 이는 빅데이터가 순수한 무위험 초과수익을 노리는 퓨어 알파 전략과 새로운 종류의 리스크 프리미엄을 얻기 위한 대체 베타 전략, 이 두 영역 모두에 좋은 힌트를 제공할 수 있다는 것을 의미한다.

그중에서도 빅데이터가 가지고 있는 정보적 우위는 바로 스마트폰, 인공위성, 소셜미디어 등과 같은 신기술에 의해 창조된 새로운 유형의 데이터셋, 즉 대체 데이터로부터 나온다. 주식시장에서 돈을 벌기 위해 가장 확실한 방법은 남들은 모르는 정보를 나 혼자만 알고 있는 경우 아니

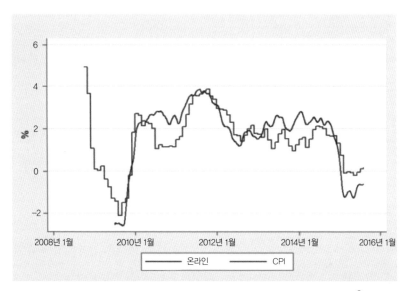

[그림 8-5] 나우캐스팅으로 추정한 물가지표와 기존의 전통적 CPI 데이터[3]

던가. 이전까지 전통적인 방식의 투자자들은 분기 혹은 월마다 발표되는 다소 느린 경제지표를 보고 의사결정을 내려왔다. 그런데 만약 실시간으로 수집되는 빅데이터와 대체 데이터를 통해 한 달 전의 데이터가 아닌 지금 현재 시점의 물가와 GDP 추정치를 알 수만 있다면 시장에서 남들보다 좀 더 빨리 우위를 선점할 수 있음은 당연한 일이다. 최근 경제학에서는 이처럼 미래가 아닌 지금 현재 시점의 지표를 추정하는 일을 나우캐스팅Nowcasting이라고 부른다.

3　출처: Cavallo and Rigobon(2016)

[그림 8-5]는 월간으로 발표되는 기존의 CPI 데이터와 온라인 쇼핑 몰에서 거래되는 수천 개 상품의 가격 데이터를 토대로 만들어낸 새로운 물가지표를 보여주고 있다. 나우캐스팅을 활용한다면 퀀트는 보다 촘촘한 해상도를 가지고 있는 경제지표 데이터 소스를 기반으로 의사결정의 속도와 질을 한 층 더 높일 수 있다.

이러한 빅데이터 혁명은 마치 19세기 서부 개척시대를 생각나게 한다. 1848년 캘리포니아에서 금광이 발견되면서 그 당시 미국 사람들은 부푼 꿈을 안고 금을 찾아 서부를 개척해나갔던 이른바 골드러시를 만들어냈다. 앞으로 금융투자업의 미래는 결국 누가 먼저 양질의 대체 데이터를 찾아내고 분석하여 그 속에서 알파를 창출해낼 수 있는가의 싸움이 될 것이다. 바야흐로 데이터 러시의 시대가 열린 것이다.

하지만 빅데이터와 대체 데이터라는 원료를 수집하는 것만으로 좋은 의사결정을 내릴 수 있는 것은 아니다. 보석은 결국 원석을 예쁘게 가공하여 얻게 되는 결과물인 것과 같이 사실 빅데이터를 분석할 수 있는 기술이 없다면 데이터 자체만으로는 무용지물일 수밖에 없다. 그런 의미에서 금융 머신러닝을 활용한 퀀트 투자 프레임워크를 보다 온전하게 만들어줄 수 있는 나머지 반쪽짜리 조각은 바로 머신러닝이다. 다시 말해, 머신러닝 기술은 빅데이터와 대체 데이터로부터 우리가 보지 못하는 새로운 패턴을 찾아내 우리에게 알파를 안겨다 주는 채굴 도구인 것이다. 빅데이터 시대를 맞아 우리에게 머신러닝 기술이 필요한 이유는 바로 이 때문이다.

8.2.1 머신러닝의 정의

우선 머신러닝을 다루기에 앞서 우리가 짚고 넘어가야 할 점은 업무 자동화라는 것이 머신러닝을 의미하지는 않는다는 것이다. 우리는 예전부터 컴퓨터에게 일련의 규칙과 순서를 통해 특정 업무를 처리하도록 시킬 수 있었지만, 이것을 머신러닝이라고 부르지는 않는다. 예를 들어, 우리는 컴퓨터에게 만약 주가가 일정 정도 하락한다면 해당 종목을 매도하도록 명령할 수 있다. 그런데 이것은 머신러닝이라기보다는 단순한 업무 자동화에 불과하다. 이러한 업무 자동화의 문제점은 우리가 미리 정해준 규칙 이외의 상황에 알고리즘이 맞닥뜨리게 되면, 컴퓨터는 이를 어떻게 해결해야 할지 몰라 오류를 내고 가동을 멈춘다는 것이다.

머신러닝은 이러한 업무 자동화와는 확연히 다른 모습을 보여준다. 머신러닝에서는 컴퓨터가 일련의 입력값과 출력값을 받으면 스스로가 입력과 출력 간의 관계를 설명할 수 있는 법칙을 찾기 위해 학습을 수행한다. 이러한 학습의 궁극적인 목적은 바로 주어지지 않은 샘플에 대해서도 잘 작동을 하는 모델을 만드는 것에 있다. 결국 우리는 머신러닝을 활용해

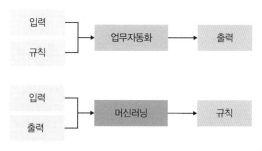

[그림 8-6] 업무자동화와 머신러닝의 비교

여러 변수들 간의 상관관계에 대한 유용한 지식을 얻을 수 있으며, 아직 보지 못한 상황에서의 결과를 생각해볼 수도 있다.

8.2.2 머신러닝의 분류

[그림 8-7]은 머신러닝의 전체적인 구성을 간단하게 묘사하고 있다. 머신러닝은 크게 지도 학습과 비지도 학습, 그리고 강화 학습으로 나뉜다.

8.2.2.1 지도 학습

우선 지도 학습에서는 알고리즘에게 입력 데이터와 출력 데이터가 주어지며, 알고리즘은 표본 외 데이터, 즉 미래 데이터에 대한 가장 좋은 예측력을 가지는 모델을 찾기 위해 노력한다. 지도 학습은 좀 더 세부적으로 회귀와 분류로 나누어질 수 있다. 회귀는 어떤 입력변수가 주어졌을 때 이를 기반으로 연속적인 값을 갖는 출력변수를 예측하기 위한 모델이다. 회귀가 풀고자 하는 문제의 예시로는 갑작스러운 인플레이션이 발생했을 때 시장은 얼마나 어떻게 반응할 것인가가 있다. 분류는 출력값들을 특정

[그림 8-7] 머신러닝의 분류

카테고리로 분류하고자 하는 모델이다. 예를 들어, 물가, GDP, 주가 등의 입력변수가 주어졌을 때 '달러를 살 것이냐 말 것이냐' 하는 이진적인 의사결정 같은 것이 분류 모델이 풀어야 할 문제다.

우리가 흔히 알고 있는 매우 단순한 선형 회귀 모델 또한 사실은 이러한 지도 학습 머신러닝의 일종이다. 하지만, 이러한 선형 회귀 분석 모델은 너무나 단순해서 변수들 간의 실제 상관관계를 밝혀내기에는 한계가 있다. 예를 들어, 일반적으로 인플레이션은 주식시장에 호재로 작용하나, 너무 높은 수치의 인플레이션은 오히려 주가에 악영향을 끼치는데 선형 회귀 모델은 말 그대로 선형적 관계만을 고려하므로 이러한 변수들 간의 비선형적 관계를 설명해낼 수가 없는 것이다.

이러한 회귀 모델에는 여러 가지 세부적인 방법론이 존재한다. 예를 들어, 가장 간단한 형태의 회귀 모델은 라쏘 회귀다. 라쏘 회귀는 가장 설명력이 높은 입력변수들을 최소한으로 선택하여 상관관계를 찾아내려 한다. 또한 K-최근접 이웃 알고리즘은 과거 데이터를 보고 비슷한 상황들이 발생한다면 어떤 결괏값이 나올 것인가를 예측하는 모델이다.

분류 모델의 대표적인 예에는 로지스틱 회귀가 있다. 로지스틱 회귀는 수많은 입력변수들이 있을 때 이를 기반으로 주식을 살 것인가 팔 것인가 같은 이진 의사결정을 할 때 주로 사용된다. 의사결정 트리 또한 분류 모델의 일종이며, 이것은 연속적인 의사결정 과정에 기반하여 결과를 예측하기 위한 최적의 법칙을 찾으려 하는 방식이다. 의사결정 트리는 과거 수익률을 매우 잘 설명해 주지만 표본 외 성과가 그리 좋지 못하다는 치명적인 단점이 있다. 랜덤 포레스트는 이러한 의사결정 트리의 단점을 보완한 분류 모델인데, 랜덤 포레스트는 그 이름 그대로 수많은 의사결정 트리를 무작위적으로 생성해놓고 그것들의 결과를 취합하여 분석 결과를 도출해낸다.

8.2.2.2 비지도 학습

다음으로 비지도 학습은 데이터들의 공통적인 특징을 찾아 데이터들이 가지고 있는 구조를 파헤치기 위한 방법론이다. 비지도 학습 모델에서 알고리즘은 아무런 레이블 처리도 되어있지 않은 데이터를 받게 된다. 즉, 그 데이터가 독립 변수인지 종속 변수인지에 대한 아무런 설명이 제공되지 않는 것이다. 비지도 학습에서 알고리즘은 스스로 데이터들 간의 공통점을 찾고, 그룹 지어진 데이터들을 공통적으로 설명하는 요인이 무엇인지 찾으려 학습을 시도한다. 비지도 학습은 또다시 세부적으로 군집화와 차원 축소로 나누어진다.

군집화 혹은 클러스터링이라고도 불리는 방식의 비지도 학습 기법은 데이터들의 닮은 꼴에 기반하여 전체 데이터셋을 몇 개의 그룹으로 나눈다. 클러스터링 기법을 활용한 예시는 고변동성/저변동성 국면, 금리 상승/금리 하락 국면, 물가 상승/물가 하락 국면을 나누는 알고리즘이 있다. 만약 이러한 국면에 대한 구분이 적절하게 이루어진다면 우리는 각각에 국면에 대해 적절한 포트폴리오 비중을 분배함으로써 투자의 성과를 높일 수 있다. 클러스터링 기법의 대표적인 예시는 K-평균 알고리즘인데, 이 알고리즘은 각 클러스터의 분산을 최소화하는 K개의 그룹을 만들어낸다.

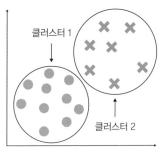

[그림 8-8] 클러스터링

차원 축소는 데이터 이면의 주요 동인을 파악하기 위해 사용되는 비지도 학습 기법이다. 빅데이터라는 고차원 공간에서는 실제 시장을 움직이는 주요한 변수들이 어떤 것들인지를 파악하기가 쉽지 않다.

차원 축소는 이러한 고차원 공간의 데이터를 저차원 공간에 투영하여 정보를 조금 더 효율적으로 나타내기 위한 분석 방법이다. 주성분 분석이나 독립성분분석, 그리고 t-SNE 같은 방법론들이 이러한 차원 축소 방법의 대표적인 예시들이다.

8.2.2.3 강화 학습

마지막으로 강화 학습은 알고리즘이 최종 보상 수준을 극대화할 수 있는 일련의 행동을 스스로 선택하게 하는 방법이다. 예를 들어, 강화 학습 모델은 100번의 매매 후 최종 손익을 극대화할 수 있는 트레이딩 법칙을 찾는 것과 같은 문제를 풀기 위해 존재한다.

[그림 8-9]에서와 같이 에이전트라고 불리는 강화 학습 알고리즘은 주어진 환경을 관찰하고 행동함으로써 그 환경으로부터 보상을 받게 된

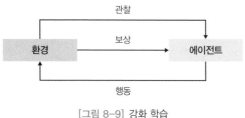

[그림 8-9] 강화 학습

다. 이 보상이라고 하는 것은 긍정적 보상이 될 수도 있고 반대로 부정적 보상이 될 수도 있다. 부정적 보상은 통상적으로 페널티라고 불린다. 에이전트는 자신이 받은 보상을 기반으로 해서 자신의 행동이 좋은 행동이었는지 아니었는지를 판단한 후, 다음 번 행동을 어떻게 할지를 결정한다. 결국 에이전트는 이러한 과정을 계속 반복하는 시행착오를 거침으로써 보상을 극대화하기 위한 학습을 하게 된다.

8.2.3 인공 신경망과 딥러닝

인공신경망 기술은 우리 인간의 뇌가 작동하는 방식에 영감을 받아 만들어진 방법이다. 인공신경망 내에서 각각의 뉴런은 다른 뉴런들로부터 입력값을 전달받아 입력값에 대한 가중평균을 계산한다. 만약 이러한 가중평균값이 특정 역치를 넘게 되면, 뉴런은 또다시 다른 뉴런들에게 출력값을 전송하게 되고 궁극적으로 이러한 일련의 과정은 최종 결괏값의 계산으로 이어진다. 여러 입력값에 대한 가중치를 얼마나 부여할 것인가는 학습을 통한 과거 경험에 의해 결정된다. 컴퓨터 과학자들은 소위 딥러닝이라는 기술을 활용해 뇌 구조와 비슷한 인공신경망 구조를 개발해오고 있다.

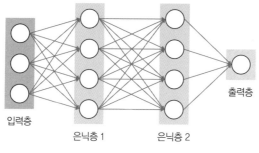

[그림 8-10]은 기본적인 인공신경망의 구조를 보다 단순화하여 보여주고 있다. 그림에서와 같이 인공신경망에서 입력을 처리하는 맨 왼쪽 레이어를 입력층이라고 하며, 오른쪽 가장자리의 레이어를 출력층이라고 한다. 딥러닝에는 기본적으로 이 입력층과 출력층에 해당되는 데이터셋이 제공된다. 입력층과 출력층의 중간에 위치한 레이어를 우리는 은닉층이라고 부른다. 인공신경망을 설계하는 설계자는 이러한 은닉층의 개수 및 각 은닉층에서의 뉴런의 개수를 결정할 수 있다. 딥러닝이 딥러닝이라고 불리는 이유는 바로 이러한 은닉층이 매우 많이 사용되어 보다 깊은 인공신경망 구조를 만들어내기 때문이다.

결국 딥러닝은 수많은 뉴런 계층에 데이터를 전달하여 분석하는 방법이다. 이러한 뉴런들의 다층 구조는 딥러닝 모델이 인간의 능력으로는 풀기 힘든 매우 복잡한 문제까지 해결할 수 있도록 도와준다. 딥러닝의 구조에 따라 해결할 수 있는 문제의 종류도 달라지는데, 어떤 구조는 시계열 데이터 분석에 특화되어 있는 반면, 또 다른 구조는 이미지와 텍스트 같은 비정형 데이터를 분석하는 데 특화되어 있다.

이러한 딥러닝 기술은 빅데이터와 결합하여 금융시장을 분석하는 새로운 아이디어를 제공할 수 있다. 가령 우리는 이미지 분석에 탁월한 CNN이라고 불리는 모델을 사용해 인공위성으로 찍은 주차장 사진을 분석해 어떤 기업의 매출을 추정해볼 수 있고, 또한 LSTM 같은 모델을 활용해 소셜미디어 상의 텍스트를 분석하여 시장 참여자들의 감정과 분위기를 감지할 수도 있다. 이렇게 대체 데이터로부터 만들어진 시그널들은 새로운 퀀트 전략의 밑바탕이 된다.

8.2.4 공짜 점심은 없다

어떤 데이터셋에 머신러닝 방법론을 적용하는 것은 과학이라 말할 수 있다. 하지만 수많은 머신러닝 방법론 중 특정 모델을 선택하고 또 모델의 패러미터를 조정하는 것은 사실 예술의 영역이다. 컴퓨터 과학자들은 종종 이를 '공짜 점심은 없다(No Free Lunch Theorem)'라고 표현하는데, 이 정리는 결국 다양한 상황, 다양한 데이터셋 하에서 최고의 퍼포먼스를 낼 수 있는 단 하나의 절대적인 머신러닝 알고리즘은 존재하지 않는다는 것을 의미한다. 즉, 어떤 데이터로 굉장히 좋은 성과를 내는 모델이 다른 데이터로는 좋지 못한 성과를 낼 수도 있으며, 과거 데이터로 수익을 냈던 백테스팅 결과가 실제 프로덕션 과정에서는 손실을 끼칠 수도 있는 것이다. 표본 외 데이터에 대한 예측 안정성을 유지하는 것은 퀀트 트레이딩 영역에서 가장 달성하기 어려운 과업 중 하나인데, 빅데이터와 머신러닝을 활용한 전략들 또한 이러한 상황에서 예외가 될 수는 없다.

이러한 이슈에서 가장 핵심이 되는 이론은 바로 편향과 분산 간의 트레이드오프 관계(Bias-Variance Tradeoff)다. 이는 결국 표본 외 예측이라는 것이 크게 세 가지 이유에 의해 나빠질 수 있다는 것을 의미한다. 이 세 가지는 바로 ① 표본 내 에러(편향), ② 모델의 불안정성(분산), 그리고 ③ 랜덤 에러이며, 예측에 대한 오류는 이 세 가지의 합으로 표현될 수 있다.

그중에서도 모델 예측력의 퀄리티를 결정하는 두 가지 주요 요인은 표본 내 에러와 모델의 불안정성이다. 우선 표본 내 에러는 모델 자체가 과거 데이터를 제대로 설명하지 못하는 데에서 발생하는 오류다. 표본 내 에러가 크다는 것은 향후 미래 데이터를 예측함에 있어서도 모델의 성과가 좋지 못할 가능성이 크다는 것을 의미한다. 이는 모델 편향이라고 불리는데, 우리는 모델의 복잡도를 증가시켜 모델 편향을 감소시킬 수 있다. 새로운 패러미터들을 모델에 추가하여 모델의 복잡도를 증가시키면 모델은 과거 데이터를 정확하게 맞출 수 있고, 결국 표본 내 에러는 감소한다. 하지만 보통 이는 과최적화로 이어지며, 표본 외 에러를 증가시키고 예측력을 떨어뜨린다. 모델의 복잡도를 증가시키는 것은 모델의 불안정성을 높이기 때문이다. 우리는 이것을 모델 분산이라 부른다. 결국 머신러닝의 예술은 모델 편향과 모델 분산 간의 최적 밸런스를 찾는 것이라고 할 수 있다.

모델 예측력의 퀄리티는 결국 모델 복잡도에 대한 함수다. 모델의 복잡도가 증가하면 할수록 표본 내 에러는 줄어들지만, 반대로 모델의 불안정성은 커지게 된다. 좀 더 엄밀한 수학적인 이론에 따르면, 모델 전체의 에러를 최소화시킬 수 있는 모델 복잡도의 최적점은 항상 존재한다. [그림

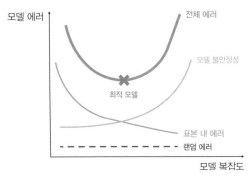

[그림 8-11] 편향과 분산 간의 트레이드오프 관계

8-11]은 편향-분산 트레이드오프 그리고 모델 복잡도와 모델 에러의 관계를 직관적으로 보여주고 있다.

결론적으로 머신러닝 영역에서도 모든 문제를 해결할 수 있는 유일무이한 성배 같은 해결책은 존재하지 않는다. 머신러닝 또한 금융공학과 같이 과학과 예술의 모습을 동시에 지니고 있다. 따라서 빅데이터를 분석하기 위한 가장 적합한 방법론을 선택하기 위해서는 다양한 머신러닝 방법론들에 익숙해져야 한다. 또한 각각의 장점과 단점은 무엇인지, 각각의 특징은 무엇인지, 그리고 머신러닝 기법을 금융 시계열 예측에 사용하기 위해서는 어떤 것들을 주의해야 하는지에 대한 깊이 있는 고민이 필요하다. 또한 머신러닝 기법 자체에 대한 이해와 더불어 우리가 사용하고자 하는 데이터에 대한 근본적인 이해 및 금융 시장에 대한 깊이 있는 도메인 지식 또한 필요하다. 결국 금융 머신러닝의 본질은 머신러닝에 있는 것이 아니라 금융에 방점이 찍혀 있기 때문이다. 머신러닝은 결국 금융적 문제를 해결하기 위한 한 가지 도구일 뿐이다.

퀀트 투자와 금융 머신러닝

그렇다면 이러한 머신러닝이 퀀트 투자 영역에 어떻게 적용될 수 있는 것일까? 여기서는 몇 가지 사례를 통해 퀀트 투자의 영역에서 활용할 수 있는 금융 머신러닝의 도구들을 살펴본다.

8.3.1 주성분 분석을 활용한 통계적 팩터

금융 머신러닝이 퀀트 투자에 활용될 수 있는 가장 첫 번째 예시는 바로 주성분 분석을 활용해 데이터 기반의 통계적 팩터를 만들어내는 것이다. 앞서도 살펴보았지만 차원 축소는 데이터셋으로부터 해당 데이터를 잘 설명할 수 있는 몇 가지 주요한 특성을 뽑아내는 것을 의미한다. 차원 축소를 활용하면 이렇게 고차원의 데이터셋으로부터 우리가 식별 가능한 몇 가지 주요 동인들을 추출해낼 수 있다. PCA라 불리는 주성분 분석 기법을 사용하면 이러한 차원 축소가 가능하다.

주성분 분석이란 데이터의 분산, 즉 데이터의 변동을 가장 잘 설명할 수 있는 특성을 밝혀내는 비지도 학습 기법이다. 이렇게 나온 주요한 성분들을 우리는 주성분이라고 부르는데, 이러한 주성분들은 데이터의 움직임을 설명할 수 있는 요소들이다. 이처럼 주성분 분석을 활용하면 우리가 연역적으로는 생각지 못했던 새로운 팩터들을 발견할 수 있다. 새로운 팩터 모델링의 접근 방식이 하나 더 생기게 되는 셈이다. 이렇게 추출된 팩터들은 인간의 어떠한 개입 없이 순수하게 데이터 기반의 팩터이기 때문에 귀납적 팩터이자 통계적 팩터가 된다.

[그림 8-12]는 다우존스 지수에 포함된 30개 종목을 대상으로 하여 주성분 분석을 실행한 결과를 보여주고 있다. 왼쪽의 그래프는 설명력이 가장 큰 10개의 주성분들을 나타내고 있으며, 오른쪽 그래프는 이 10개 주성분들의 누적 설명력을 보여주고 있다. 가장 큰 설명력을 보이는 첫 번째 팩터가 주가 수익률 변동성의 약 40%를 설명하고 있는 것을 확인할 수 있는데, 이는 보통 주식시장 전체의 움직임을 설명하는 마켓 베타로 해석된다.

물론 이러한 통계적 팩터에도 분명 한계점은 있다. 그것은 바로 팩터의 해석성과 관련된 이슈다. 우리는 주성분 분석을 통해 이러한 팩터들을 추출하는 데까지는 성공했으나 과연 이 팩터들이 경제적으로 어떤 의미인지는 알지 못한다. 물론 추가적인 추론 과정을 통해 각각의 통계적 팩터들이 과연 어떤 경제적 함의를 가지고 있는가에 대해서는 추측해볼 수 있

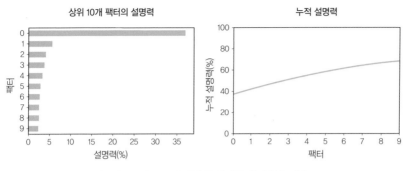

[그림 8-12] PCA를 활용한 통계적 팩터 추출 예시

는 여지는 있으나, 사실 이는 정확한 것이 아니며 말 그대로 추측에 불과하다. 또한 이러한 통계적 팩터의 특성 때문에 우리는 이러한 팩터들이 미래에도 여전히 잘 작동할 것인지에 대해서도 알 수가 없다. 어떤 기간의 데이터를 사용했는지에 따라 통계적 팩터 분석의 결과가 달라질 수 있기 때문이다.

이는 귀납적 팩터 모델링이 가지고 있는 전형적인 한계다. 이처럼 모델의 해석성, 즉 설명가능성이라는 이슈는 대부분의 머신러닝 모델들이 가지고 있는 문제이기에 우리는 이를 활용할 때 우선 이러한 한계점을 인지할 필요가 있다. 실패하는 머신러닝 펀드의 근본적인 원인은 바로 이러한 머신러닝 모델의 한계점을 간과한 채 무작정 이를 사용했기 때문인 경우가 많다.

8.3.2 계층적 리스크 패리티

계층적 리스크 패리티는 자산배분 영역에서 기존 MVO 모델이 가지고 있는 한계점을 해결하고자 나온 클러스터링 기반의 자산배분 모델이다. 우리가 4장에서 다룬바 있듯이 기존 MVO 모델은 자산들의 기대 수익률과 공분산 행렬이라는 입력변수를 필요로 한다. 문제는 자산들 간의 상관관계가 높을 경우 MVO 모델을 통한 투자 가중치를 산출하는 데 있어 안정성이 매우 떨어진다는 것이다. 마코위츠의 저주라고도 불리는 이러한 문제는 전통적으로 자산배분 의사결정을 내리는 투자 매니저들에게 골칫거리였다.

이러한 문제를 해결하고자 계층적 리스크 패리티는 투자 유니버스에 포함되어 있는 자산 혹은 팩터들 간의 상관성을 측정하여 비슷한 성질의 것끼리 군집화를 시킨다. 이러한 군집화는 비지도 학습 기반의 클러스터링 기법을 사용하여 이루어지며, 클러스터링 작업이 끝나게 되면 아래와 같은 트리 모양의 구조가 만들어진다. 계층적 리스크 패리티의 기본 논리는 상관성이 높은, 즉 서로 특징이 비슷한 녀석들끼리 클러스터를 만든 뒤 개별 자산이나 팩터가 아닌 클러스터에 예산을 배분하자는 것이다. 이렇게 하면 서로 성격이 다른 클러스터들에 자산배분이 이루어지게 되며 이는 포트폴리오의 안정성과 견고함을 보다 높일 수 있게 된다.

[그림 8-14]는 계층적 클러스터링 기법을 적용해 팩터간의 상관계수 행렬을 준대각화시킨 결과물이다. 준대각화를 통해 상관계수가 높은 요소들끼리 군집화를 시키게 되면 직관적으로 어떤 팩터들이 서로 비슷한 양상을 보이는지를 확인할 수 있다. 여기서는 크게 4개의 클러스터가

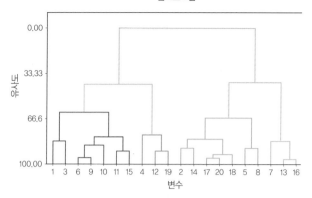

[그림 8-13] 계층적 클러스터링의 예시

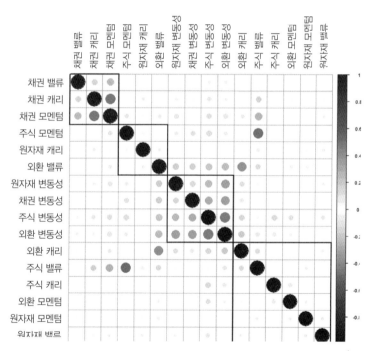

[그림 8-14] 계층적 클러스터링 알고리즘으로 재구성한 팩터 간의 상관계수 행렬[4]

---

4 출처: J.P.Morgan(2017)

만들어진 것을 확인할 수 있다. 계층적 리스크 패리티 모델은 이러한 클러스터들 간에 동등한 위험 예산을 분배하여 표본 외 영역에서 포트폴리오의 안정성을 높이고자 한다.

8.3.3 특성 공학과 특성 중요도 분석

기존의 퀀트들이 주로 사용하던 연역적 방식의 팩터 모델링은 가설을 만드는 단계에서 퀀트의 주관과 생각이 개입될 수밖에 없었다. 물론 인간의 통찰력과 창의력은 팩터를 설계하는 데 없어서는 안 될 필수적인 요소지만, 이와 동시에 인간은 인간이기에 그 인지적 한계를 가진다. 이러한 인지적 한계로 인해 어떤 특정 변수가 금융시장에서 아주 중요한 변수일지라도 우리는 이를 그냥 무심코 지나칠 수가 있다. 전형적인 연역적 모델링의 태생적 한계인 것이다.

이러한 관점에서 봤을 때 머신러닝은 팩터 모델링의 영역에서 이러한 인간의 한계를 보완해줄 아주 좋은 도구가 될 수 있다. 이때 필요한 것이 바로 특성 중요도 분석이다. 특성 중요도 분석은 특성 공학과 아주 관계가 깊다. 여기서 말하는 특성 공학이란 머신러닝과 빅데이터를 활용해 중요한 의미를 지니고 있는 특성, 즉 주요 변수를 발견하는 과정을 의미한다. 특성 공학에 기반한 특성 중요도 분석은 머신러닝 분석이 금융시장에서의 중요한 변수와 메커니즘 관계를 발견해내는 데 도움을 줄 수 있다.

이는 최근 천문학자들이 새로운 행성을 찾기 위해 머신러닝 기술을 활용하는 것과 같은 방식이다. 이제 천문학자들은 더이상 새로운 행성을 발견하기 위해 육안으로 모든 별을 일일이 확인하지 않는다. 그 대신 머신러닝을 사용해 행성과 행성이 아닌 것들을 1차적으로 분류해내고 새로운 생명이 있을 확률이 높은 행성들만 집중적으로 탐구를 한다. 머신러닝이 없었다면 그들은 별들을 분류해내는 지루하고도 고된 작업을 아직도 계속 해야만 했을 것이다. 이처럼 머신러닝은 우리 인류가 새로운 것을 발견해내고 이를 이론화시키는 데 도움을 주고 있다.

특성 중요도 분석을 통해 금융시장에서의 유의미한 변수를 판별해내는 것 또한 이와 마찬가지 논리다. 금융시장은 복잡계 그 자체이기에, 금융시장에는 수많은 설명 변수가 존재하며 이들의 상호 역학관계는 우리의 육안으로 쉽사리 구별할 수 없을 만큼 매우 복잡하다. 머신러닝은 어떤 변수가 집중적으로 탐구할 가치가 있는지를 말해줄 수 있으며, 우리는 이를 기반으로 금융시장의 새로운 원리를 발견할 수 있는 힌트를 얻을 수도 있다. 마치 천문학자들이 생명이 살만한 새로운 행성을 찾는 데 집중할 수 있도록 머신러닝이 후보군을 좁혀주는 것처럼 말이다.

[그림 8-15]는 2018년에 진행된 한 연구 결과[5]를 보여주고 있다. 여기서는 여러 머신러닝 모델들을 활용해 단기 추세반전(mom1m), 산업 모멘텀(indmom), 유동성(ill), 주가 대비 매출(sp) 등 기존의 연역적 팩터들이 어느 정도의 특성 중요도가 있는가를 보여주고 있다.

---

5   출처: Gu, Kelly and Xiu(2018)

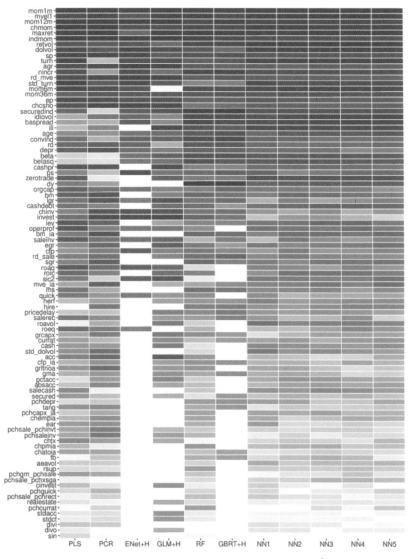

[그림 8-15] 머신러닝 모델 기반의 특성 중요도 분석 예시[6]

---

6 출처: Gu, Kelly and Xiu(2018)

이처럼 특성 중요도 연구를 활용한다면 우리는 금융시장에서 실제로 의미가 있는 변수가 무엇인지 추론할 수 있으며, 이런 변수들이 경제적으로 어떤 의미를 가지고 있는지에 대한 보다 심층적인 경제학적 연구를 할 수 있는 토대를 마련할 수 있다. 이러한 특성 중요도 분석은 과학자들이 좋은 이론을 발견하는 것처럼 퀀트들이 금융시장의 메커니즘을 제대로 설명할 수 있는 좋은 금융 이론을 개발할 수 있도록 돕는다. 결국 퀀트의 투자 수익은 우연의 일치가 아닌 합리적인 경제 원리가 만들어내는 것이며, 그렇기 때문에 바로 이러한 방향이야말로 금융 영역에서 머신러닝을 올바로 사용하는 길이다.

8.4 금융 머신러닝의 한계와 도메인 지식

금융 머신러닝은 기존의 금융 투자 방법론을 보완해줄 수 있다는 점에서 퀀트라면 언제나 곁에 두고 사용할 수 있어야 하는 도구임에는 틀림이 없다. 하지만 불이나 칼을 잘못 사용하게 되면 우리에게 해가 되는 것처럼 금융 머신러닝 또한 이를 오용한다면 우리가 의도하지 않았던 나쁜 결과를 초래할 수 있다.

2016년 6월, 자율주행 중이던 한 자동차가 고속도로에서 옆으로 누운 트럭에 전속력으로 돌진하여 충돌하는 사고가 발생했다. 이 자동차는 트럭을 보고 브레이크를 밟기는커녕 오히려 속력을 높였는데, 그 이유는 AI가 하얀색 트레일러 트럭의 넓은 윗면을 보고 이를 하늘로 인식했기 때문이다. 이 AI는 이전까지 트레일러 트럭의 윗면에 대한 이미지를 학습한

적이 없었기에 이런 사고가 발생한 것이었다. 이처럼 이전까지 본 적도 들은 적도 없는 난생 처음 겪는 상황과 환경에 맞닥뜨리게 되면 성과가 급격히 떨어지는 것은 인공지능과 머신러닝이 가지고 있는 한계점이다.

금융에 머신러닝을 적용하는 것 또한 몇 가지 한계점을 지니고 있는 것이 사실이다. 가령 머신러닝은 데이터만 주어진다면 경제적 의미가 없는 가성적인 패턴일지라도 그것을 기가 막히게 찾아낸다. 머신러닝은 금융시장의 메커니즘이라는 본질적인 인과관계가 아닌 과거 데이터에 기반한 상관관계에만 초점을 맞추고 있기 때문이다. 다시 말해, 머신러닝은 과거 데이터에 기반한 상관관계가 실제로 유의미한 것인지 아니면 우연의 일치에 의한 잘못된 발견인지를 알지 못한다. 따라서 금융 머신러닝을 사용하려는 시도는 고무적이나 그 밑바탕에는 반드시 도메인 지식이 자리하고 있어야 한다. 금융 머신러닝은 이러한 관점에서 봤을 때 양날의 검이 될 수 있다. 특히나 실제로 매일매일 엄청난 돈이 오가는 금융시장에서는 금융 머신러닝을 잘못 사용했을 경우 그 대가가 매우 크다.

3장에서도 도메인 지식의 중요성에 대해서 이미 한 번 얘기한 바 있지만, 이러한 금융 머신러닝의 한계를 인지하고 이를 보완하기 위해 도메인 지식을 쌓으려는 노력은 아무리 강조해도 지나침이 없다. 결국 머신러닝은 패턴 인식에는 도사이나 금융시장이 어떤 방식으로 돌아가는지, 그 동적 역학에 대한 원리 이해 능력을 가지고 있지는 못하다. 그렇기 때문에 도메인 지식에 기반해 시장의 작동 원리를 밝혀내는 작업은 순전히 퀀트의 직관과 통찰력의 몫이다.

대결보다는
협업의 구도로

향후 빅데이터와 머신러닝 혁명은 투자 업계의 지평을 송두리째 바꾸게 될 것이다. 점점 더 많은 투자자들이 빅데이터를 도입함에 따라, 금융 시장은 지금보다 더 빠른 속도로 반응하게 될 것이고, 이는 나아가 기존의 전통적인 데이터를 예측하는 수준에까지 이르게 될 것이다. 이러한 변화의 흐름은 퀀트들 그리고 새로운 데이터와 새로운 분석 기법을 받아들이고자 하는 사람들에게 엄청난 우위를 선사할 것임이 명약관화하다. 만약 이를 배우고 진화하길 거부한다면 머지 않은 시기에 19세기 개항을 거부하고 쇄국정책을 펼쳤던 후기 조선의 운명과도 같은 말로를 따르게 될 것이다. 따라서 이러한 신문물을 받아들일 것인가의 여부에 따라 앞으로의 금융투자업의 전망과 방향은 확연히 차이를 보이게 될 것이다.

그렇기 때문에 이제는 시간문제일 뿐이지만 결국엔 리서치 애널리스트와 포트폴리오 매니저, 트레이더, 그리고 CIO 등 금융권의 모든 의사결정자들은 빅데이터와 머신러닝이라는 도구에 친숙해져야만 한다. 마치 우리가 지금 엑셀을 자유자재로 사용하여 업무를 하는 것처럼 미래에는 이러한 분석 도구 없이는 의사결정을 내린다는 것이 불가한 세상이 될 것이다. 이러한 흐름은 기본적, 기술적 분석을 하든 계량적 분석을 하든지에 상관이 없으며, 또한 어떤 자산군을 다루는 가에도 상관이 없다.

하지만 그렇다고 해서 공상과학 영화와 같이 머신러닝과 인공지능이 인간을 몰아내고 그 자리를 대체하지는 않을 것이다. 이보다는 오히려 인공지능과 인간이 서로 협업하여 보다 나은 결과물을 만들어내는 이른바 협력의 구도를 보일 가능성이 크다. 마치 아이언맨과 그의 인공지능 비서인 자비스와의 관계처럼 말이다. 이렇게 될 수밖에 없는 이유는 바로 인간과 AI가 각각 가지고 있는 상대적 우위가 서로 다르기 때문이다. AI의 강점은 빅데이터로부터 인간의 육안으로 인지하지 못하는 패턴을 발견하는 일을 매우 정확하게 매우 빠른 속도로 한다는 것이다. 반면 인간은 그런 면에서는 AI보다 뒤처지지만 직관과 통찰력을 사용해 세상이 돌아가는 메커니즘을 이해할 수 있고 또 창의성과 상상력을 기반으로 미래에 무슨 일이 펼쳐질까에 대한 생각들을 할 수 있다.

이는 인간과 AI가 같은 것을 두고 경쟁을 한다기보다는 서로가 부족한 부분을 보완해주는 방향으로 발전하게 될 것임을 시사한다. 실제로 1997년 딥블루가 체스 마스터 카스파로프를 꺾은 이후 AI와 인간이 한 팀이 되어 AI를 상대로 체스를 둔 실험들이 있어 왔고, 이렇게 팀으로 플레이를 한 결과 계속해서 AI보다 우위를 보이고 있다. 또한 2021년에 있었던 한 연구[7]에 의하면 미래의 목표주가와 실적을 예측하는 데 있어 인간과 AI가 같이 팀으로 일한 경우 가장 좋은 성과를 냈다고 한다. 이는 결국 미래 금융시장의 판도가 금융 머신러닝이라는 도구를 활용할 줄 아는 사람을 중심으로 흘러갈 것임을 암시한다. 퀀트의 마지막 빌딩 블록이 금융 머신러닝인 이유는 바로 이 때문이며, 이제 머지않은 미래에 퀀트의 도구상자에는 금융 머신러닝이 필수적으로 자리잡게 될 것이다.

---

[7] Sean Cao et al(2021)

참고문헌 및 추천도서

- 〈실전 금융 머신 러닝 완벽 분석〉 마르코스 로페즈 데 프라도, 에이콘 (2019)

- 〈AI 최강의 수업〉 김진형, 매경출판 (2020)

- 〈1년 안에 AI 빅데이터 전문가가 되는 법〉 서대호, 반니 (2020)

- 〈데이터는 어떻게 자산이 되는가?〉 김옥기, 이지스퍼블리싱 (2021)

- 〈자산운용을 위한 금융 머신러닝〉 마르코스 로페즈 데 프라도, 에이콘 (2021)

- 〈존 헐의 비즈니스 금융 머신러닝〉 존 헐, 에이콘 (2021)

- 〈퀀트 투자를 위한 머신러닝 · 딥러닝 알고리즘 트레이딩〉 스테판 젠슨, 에이콘 (2021)

- 〈금융 전략을 위한 머신러닝〉 하리옴 탓샛 외, 한빛미디어 (2021)

- 〈비전공자도 이해할 수 있는 AI 지식〉 박상길, 반니 (2022)

- 〈금융 머신러닝: 이론에서 실전까지〉 매튜 딕슨 외, 에이콘 (2022)

- 〈코딩의 미래〉 홍전일, 로드북 (2022)

- 〈Data Science for Business: What You Need to Know about Data Mining and Data-Analytic Thinking〉 Provost & Fawcett, O'Reilly Media Inc. (2013)

- 〈An Investigation of the False Discovery Rate and the Misinterpretation of p-values〉 Colquhoun, Royal Society Open Science (2014)

- 〈Evaluating Trading Strategies〉 Harvey & Liu, The Journal of Portfolio Management (2014)

- 〈Pseudo-Mathematics and Financial Charlatanism: The Effects of Backtest Overfitting on Out-of-Sample Performance〉 Bailey et al, Notices of the American Mathematical Society (2014)

- 〈News Beta: Factoring Sentiment Risk into Quant Models〉 Hafez & Xie, The Journal of Investing (2016)

- 〈The Billion Prices Project: Using Online Prices for Measurement and Research〉 Cavallo & Rigobon, Journal of Economic Perspectives (2016)

- 〈Statement on Statistical Significance and p-values〉 American Statistical Association (2016)

- 〈Alternative Data for Investment Decisions: Today's Innovation could be Tomorrow's Requirement〉 Deloitte (2017)

- 〈Empirical Asset Pricing via Machine Learning〉 Gu et al, Swiss Finance Institute (2018)

- 〈A Backtesting Protocol in the Era of Machine Learning〉 Arnott et al (2018)

- 〈The 10 Reasons Most Machine Learning Funds Fail〉 Lopez de Prado, The Journal of Portfolio Management (2018)

- 〈A Data Science Solution to the Multiple-Testing Crisis in Financial Research〉 Lopez de Prado, Journal of Financial Data Science (2019)

- 〈Ten Applications of Financial Machine Learning〉 Lopez de Prado (2019)

- 〈Artificial Intelligence: The Next Frontier for Investment Management Firms〉 Deloitte (2019)

- 〈Can Machines 'Learn' Finance?〉 Israel et al, Journal of Investment Management (2020)

- 〈Three Quant Lessons from COVID-19〉 Lopez de Prado & Lipton (2020)

- 〈An Introduction to Statistical Learning: With Applications in R〉 James et al, Springer (2021)

- 〈Artificial Intelligence, Machine Learning and Big Data in Finance: Opportunities, Challenges, and Implications for Policy Makers〉 OECD (2021)

- 〈Alternative Data in Investment Management〉 Ekster & Kolm, The Journal of Financial Data Science (2021)

- 〈From Man vs. Machine to Man + Machine: The Art and AI of Stock Analyses〉 Sean Cao et al, Columbia Business School Research Paper (2021)

- 〈Investable and Interpretable Machine Learning for Equities〉 Li et al, The Journal of Financial Data Science (2022)

에필로그

퀀트의 드래곤볼: 퀀트 투자를 위한 7가지 빌딩블록

우리는 지금까지 책 전반에 걸쳐 퀀트 투자를 위한 7가지 빌딩블록들에 대해 살펴보았다. 이 7가지 빌딩블록들은 퀀트의 도구 상자라는 거대한 프레임워크를 구성하고 있는 부품들이며, 보다 견고한 팩터 포트폴리오를 만들기 위해 퀀트의 지식 체계 안에 하나씩 모아나가야 하는 드래곤볼이다.

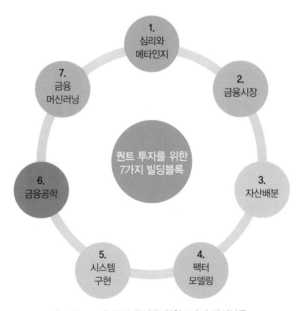

[그림 ep-1] 퀀트 투자를 위한 7가지 빌딩블록

사실 여기서 제시한 각각의 빌딩블록들은 단 한 가지 주제만으로도 해야 할 이야기가 굉장히 방대하면서도 깊은 꽤나 무거운 주제들이다. 그런데도 내가 이 책에서 이 모든 것을 모으고 정리하여 하나의 틀로써 제시한 이유는 퀀트 투자라는 전체적인 숲을 보여주고 싶었기 때문이다. 퀀트 투자의 디테일을 다루기 전에 먼저 전체적인 얼개를 구조화하고 시각화시켜 머릿속에 집어넣는 것은 아무런 스케치도 없이 무턱대고 달려드는 것과 확연한 차이를 가져오기 마련이다. 설사 이러한 차이가 처음에는 그렇게 티가 나지 않더라도 말이다. 이 책은 퀀트 투자에 대한 전체적인 지도를 보여줌으로써 퀀트 투자에 도전하고자 하는 사람들이 꽤 괜찮은 네비게이션을 가지고 여정을 시작할 수 있도록 하는 취지에서 썼다.

[그림 ep-2] 만다라트 계획표

따라서 나는 이 책이 퀀트 투자를 위한 공부 방향을 설정하는 데 있어 만다라트 계획표의 가장 중앙에 위치해 있는 코어 프레임워크가 되기를 희망한다. 만다라트 계획표와 같이 방사형의 형태로 핵심에서 디테일로 뻗어나가는, 그리고 그 디테일들이 하나하나 쌓이고 쌓여 결국에는 자신만의 견고한 퀀트 투자 시스템을 만들어갈 수 있는 자양분이 되기를 바란다.

각각의 챕터 말미에 참고문헌과 추천도서 리스트를 적어놓은 이유는 바로 이 때문이다. 다른 모든 것도 그렇겠지만 투자라는 행위는 더욱이 직접 실천해보고 경험해보지 않으면 제대로 된 투자를 하고 있는 건지 아닌지 알기가 쉽지 않다. 특히나 투자라는 행위는 불확실성 그 자체이기 때문에 스스로 내가 무엇을 알고 있는지 무엇을 모르고 있는지에 대한 메타인지가 선행되어야 하며, 이러한 메타인지를 기반으로 합리적인 원칙에 기반한 투자 시스템을 만들어나가야 한다.

퀀트 투자라는 것 또한 스스로 의지를 가지고 하나씩 배워 쌓아나가야만 올바른 퀀트 투자를 할 수 있는 역량을 기를 수 있으며, 그렇게 해야만 이를 제대로 할 수 있는 심리적 토대 또한 만들어지는 법이다. 로마는 하루아침에 만들어지지 않았다. 퀀트 투자 시스템을 만든다는 것은 자신만의 찬란한 로마 제국을 건설하기 위해 처음부터 벽돌을 한 장 한 장씩 빌드업해나가는 과정이다. 그 과정 속에서 이 책이 조금이나마 보탬이 되기를 희망한다.

변하는 것과 변하지 않을 것: 퀀트 투자는 필연적이다

퀀트 투자는 사실 최근 들어 새롭게 갑자기 튀어나온 것이 아니며, 이미 꽤 오래 전부터 존재해왔다. 이미 글로벌 투자업계에서 퀀트 투자, 퀀트 펀드의 위상은 매우 높다. 글로벌 탑 헤지펀드 중 절반 이상이 퀀트 펀드이거나 계량적 방식의 투자를 사용하는 펀드들이며, 우리가 잘 알고 있는 블랙락, 피델리티 같은 글로벌 자산운용사에서 또한 계량적 방법을 사용하는 것은 이제 매우 당연한 일이 되었다.

문제는 앞으로 해가 지날수록 투자의 세계에서 퀀트의 영향력은 점점 더 높아질 공산이 크다는 점이다. 금융투자업의 미래를 이렇게 전망하는 이유는 우리 앞에 두 가지의 거대한 변화의 흐름이 다가오고 있기 때문이다. 하나는 미래의 실질 수익률이 과거보다 낮을 가능성이 높다는 것이고, 다른 하나는 우리가 마지막 장에서 살펴보았듯이 데이터 홍수의 시대가 도래했다는 것이다.

우선 1980년대 이후 과거 40년간의 기간 동안 글로벌 경제는 지속적인 금리 하락 기조를 경험했었다. 이러한 금리 하락 기조는 예상했던 것보다 훨씬 더 높은 자산의 실질수익률을 제공해주었는데, 이렇게 될 수 있었던 것은 기본적으로 자산가격 결정원리의 분모에 할인율, 즉 금리가 위치해 있기 때문이며 이 분모가 40년 동안 지속적으로 낮아져왔다는 사실은 자산을 보유하기로 결정한 시점보다 할인율이 더 많이 하락하여 자산의 밸류에이션이 증가했다는 것을 의미한다.

[그림 ep-3] 미국 국채 10년물 금리 역사적 추이[1]

그런데 이러한 금리 하락 기조가 끝이 나면서 이제는 더 이상 금리 하락으로 인한 밸류에이션 상승의 추가적인 순풍 효과를 기대하기가 어려워진 상황이 되었다. 더군다나 시계를 좀 더 넓혀 과거 100년간의 금리 추이를 살펴보았을 때 우리가 경험했던 최근 40년간의 금리 하락 기조는 사실 매우 특수한 경우에 불과했다. 다시 말해, 40년 동안의 금리 하락 기조가 앞으로도 이어질 것이라 예상하는 것은 전형적인 최신 편향의 오류라는 의미다. 실제로 1940년부터 금융시장에 몸을 담갔던 사람이라면 이후 40년 동안 금리가 계속 오르기만 하는 상황을 지켜봐야만 했을 것이다.

결국 이러한 상황은 기존의 전통적인 투자 방식만으로는 이전과 같은 높은 실질 수익률을 올리는 것이 더 이상 불가능하다는 것을 의미한다. 이

---

1 출처: 로버트 실러 교수 웹사이트

제 투자자들은 좋든 싫든 금융시장에서 새로운 수익의 원천을 찾는 일에 골몰해야 한다. 다시 말해, 새로운 수익 원천을 발굴하는 일이 더이상 특정 소수만이 관심을 가져야 하는 일이 아닌 투자자라면 응당 모두가 눈에 불을 켜고 뛰어들어야 하는 일이 되어버렸다. 퀀트 투자는 이러한 새로운 수익 원천을 발굴하는 방법 중의 가장 대표적인 케이스다. 머지않은 미래에는 퀀트 투자가 투자자들의 필수템으로 자리잡을 수밖에 없는 이유다.

또한 현재 우리는 데이터 홍수의 시대에 살고 있다. 기존의 정성적인 방법만 가지고는 이렇게 물밀듯이 쏟아져 들어오는 데이터를 제대로 분석해낼 재간이 없다. 현재 우리 인류가 보유하고 있는 전체 데이터의 대부분은 최근 2, 3년간 생성된 데이터라고 한다. 그 말인즉슨 과거에는 지금보다 데이터가 훨씬 적었으며, 그렇기에 예전에는 투자 의사결정을 내리는 데 있어 뛰어난 데이터 분석 능력이 그다지 필요하지 않았다는 것을 의미한다. 하지만 이제 모든 유의미한 정보와 신호들은 데이터화되어 저장되는 시대가 되었다. 점점 더 빠른 주기로 생성되고 업데이트되는 데이터들이 늘어날 것이며 금융시장의 반응 속도도 이러한 데이터의 속도에 보폭을 맞추게 될 것이다.

결국 일어날 일은 일어날 것이며, 우리는 이러한 새로운 환경의 변화를 목전에 두고 있다. 특히나 코로나 사태 이후 이러한 변화의 속도는 이전보다 훨씬 더 빨라졌다. 새로운 변화에 적응할 것인가 아니면 도태될 것인가. 당연히 퀀트 투자라는 것이 유일무이한 투자 방법은 아니다. 하지만 이러한 세상의 변화는 모든 투자자가 퀀트 투자에 대해 어느 정도는 알고 있어야 하며 또 이를 활용할 수 있어야 한다는 것을 말해주고 있다.

앞서 말한 변화의 흐름들은 앞으로 퀀트 투자의 위상을 공고히 시켜줄 것이다. 하지만 이와 동시에 퀀트 투자의 위상을 훨씬 더 드높여주는 만고불변의 존재는 따로 있다. 그것은 바로 인간의 본성이다. 이러한 인간의 본성은 세월이 흐르고 세상이 '상전벽해'하더라도 절대로 변하지 않는다. 퀀트는 이러한 인간 본성에 대한 절대적인 믿음을 가지고 흔들리지 않는 원칙에 기반한 계량적인 투자를 해나가는 사람들이다. 이러한 인간의 본성은 과거의 그것과 다르지 않으며 미래에도 우리의 이러한 본성은 변하지 않을 것이다.

인간에게는 직관과 창의성, 통찰력이라는 뛰어난 점이 있지만, 또 반대로 엄청난 약점도 있다. 그것은 바로 이성보다 감정, 그리고 본능이 앞선다는 것이다. 우리의 뇌는 이전 버전의 소프트웨어에 최신 버전을 덕지덕지 임시방편으로 덧붙여온 방식으로 진화해왔다. 그래서 뇌의 제일 안쪽에는 파충류의 뇌라 불리는 뇌간이, 그다음에는 포유류의 뇌라 불리는 변연계가, 마지막으로 뇌의 가장자리에는 영장류의 뇌라고 불리는 대뇌피질이 위치해있다.

우리 인간은 영장류의 뇌를 사용할 수 있는 특혜를 가지게 되었지만, 문제는 우리가 위험한 상황에 처할 때마다 파충류와 포유류의 뇌가 어디선가 갑자기 튀어나와 영장류의 뇌로부터 통제권을 빼앗아 마음대로 조종을 하기 시작한다는 것이다. 이러한 뇌의 작동 방식은 현재의 우리가 보기엔 어처구니가 없을 수 있으나 사실 발가벗고 원시시대의 야생에서 생존을 해야 했던 인류에게는 최적의 방식이었다. 그 시대에는 외부 위협에 대한 순간적이고 즉각적인 반응과 행동만이 생존을 가능케했기 때문이다.

사람들이 불확실성이라는 금융시장에 발을 들이는 순간 합리적인 판단을 쉽게 하지 못하는 이유도 사실은 이에 기인한다. 애초에 인류에게 불확실성이라는 것은 위험 그 자체였기 때문이다. 따라서 우리의 뇌는 제멋대로 날뛰는 금융시장의 불확실성을 눈앞에 맹수가 나타난 것과 똑같이 인지한다. 부지불식간에 파충류의 뇌와 포유류의 뇌가 행동의 통제권을 뺏어와 본능과 감정에 따라 비이성적인 판단을 내리는 것이다. 인정하기 싫지만 사실 원래 우리 인간은 이렇게 생겨먹었다.

전설적인 투자자들과 트레이더들이 원칙 있는 투자를 강조하는 이유는 바로 이러한 인간의 본성 때문이다. 투자와 트레이딩이 오직 기술만으로 하는 것이라고 많은 사람이 착각한다. 하지만 투자나 트레이딩을 함에 앞서 기술보다 더 중요한 것은 바로 인간에 대한 이해다. 사실 우리가 잘 알고 있는 투자의 귀재들은 인문학적 지식에 도가 튼 사람들이다. 인문학적 지식에 대한 지평이 넓다는 것은 그들이 인간에 대한 깊은 이해를 하고 있다는 것을 의미한다. 금융시장에서 상호작용을 하는 인간 군상의 본성, 그리고 그 속에서 의사결정을 내리고자 하는 '나'라는 한 명의 인간에 대한 메타인지를 명확히 하고 있는 셈이다. 우리 모두는 인간이고 인간의 뇌는 필시 그렇게 작동할 수밖에 없다는 것을 알고 있기 때문에 그들은 원칙 있는 투자를 중시하는 것이다. 이는 심리와 메타인지가 퀀트 투자를 위한 빌딩블록들 중 가장 첫 번째를 차지하고 있는 이유다.

이런 관점에서 봤을 때 철저히 규칙에 기반해 투자 의사결정을 내리는 퀀트 투자는 그들이 말하는 원칙이 있는 투자를 실제로 실현시켜줄 수 있는 좋은 도구이자, 인간 본성의 심리적 약점을 사전에 방어해줄 수 있는 방어막과도 같다. 데이터에 기반한 투자 방법인 퀀트 투자는 그 무엇보다 금융시장의 현실을 객관적이고 냉철하게 바라보고 판단하고자 노력하기 때문이다. 퀀트는 데이터를 관찰하고 데이터가 지금 현재 우리에게 전하고자 하는 메시지가 무엇인지 귀를 기울이며, 이에 따라 지금 상황에서 최적의 판단이 무엇인지 결정한다. 즉, 퀀트 투자는 원칙이 있는 투자를 지향한다.

이처럼 현재 우리는 세상이 급격하게 변하는 변곡점의 기로에 서 있다. 동시에 우리는 죽었다 깨어나도 인간의 본성이 결코 변하지 않으리라는 것 또한 알고 있다. 중요한 것은 이 모든 것이 앞으로 퀀트 투자의 영향력을 점점 더 강화시켜줄 것이라는 점이다. 결국 일어날 일은 일어나게 마련이다. 그런 의미에서 퀀트 투자는 필연적이다.

찾아보기

377